诚信为本
坚持准则

操守为重
不做假账

——与学习会计的同学共勉

坚持准则
诚信为本

不做假账
操守为重

——与学习会计的同学共勉

全国职业教育规划教材
高等职业教育财务会计类专业“教学做”一体化系列教材

CAIWU BAOBIAO FENXI SHIXUN

财务报表分析实训

王娜 主编
王京朝 李爱玲 副主编

高等教育出版社·北京

内容提要

本书是高等职业教育财务会计类专业“教学做”一体化系列教材之一。本书以实训为主，理论为辅，通过案例演练、案例实训等内容，培养学生对各项财务指标的分析能力和运用能力。本书以拓展和综合运用财务分析的基本框架、基本程序、基本方法和基本内容为宗旨，以中小企业和上市公司的实例资料为依托，营造企业财务分析的仿真实训环境。全书共分为九个模块，包括财务报表分析认知实训、财务报表的初步阅读与分析实训、短期偿债能力分析实训、长期偿债能力分析实训、盈利能力分析实训、现金流量分析实训、营运能力分析实训、发展能力分析实训、综合财务分析实训。每个模块下设置知识目标、能力目标、素质目标，教材内容按案例演练、案例实训、综合测试三大板块展开，通过案例演练指导学生在进行任务分析时应使用的分析方法和分析步骤，及其如何得出分析结果，通过案例实训训练学生分析方法的运用，通过综合测试实现知识点、技能点的巩固提升和实际应用，从而真正实现教、学、做合一。

本书既可作为“财务报表分析”课程的配套实训教材使用，也可单独使用。本书可作为高等职业院校、成人高等院校的财经与管理类专业教材，对社会从业人士也有一定的参考价值。

本书配套开发有课件、参考答案等数字化教学资源，具体获取方式请见书后“郑重声明”页的资源服务提示。

图书在版编目(CIP)数据

财务报表分析实训/王娜主编. --北京:高等教育出版社,2015.9

ISBN 978-7-04-042817-9

Ⅰ.①财… Ⅱ.①王… Ⅲ.①会计报表-会计分析-高等职业教育-教材 Ⅳ.① F231.5

中国版本图书馆 CIP 数据核字(2015)第 106127 号

策划编辑 武君红　责任编辑 孟 仟　封面设计 王 洋　版式设计 杜微言
责任校对 胡美萍　责任印制 赵义民

出版发行	高等教育出版社	咨询电话	400-810-0598
社　　址	北京市西城区德外大街 4 号	网　　址	http://www.hep.edu.cn
邮政编码	100120		http://www.hep.com.cn
印　　刷	北京市白帆印务有限公司	网上订购	http://www.landraco.com
开　　本	787mm×1092mm 1/16		http://www.landraco.com.cn
印　　张	14.25	版　　次	2015 年 9 月第 1 版
字　　数	350 千字	印　　次	2015 年 9 月第 1 次印刷
购书热线	010-58581118	定　　价	24.80 元

本书如有缺页、倒页、脱页等质量问题，请到所购图书销售部门联系调换

物 料 号 42817-00

高等职业教育财务会计类专业
“教学做”一体化系列教材编写委员会

前言

本书是高等职业教育财务会计类专业“教学做”一体化系列教材之一。

本书在创作思想、体例设计、结构和内容等方面充分体现了高职教育以能力为本位、以够用为尺度、以实用为目的的教材特色。本书以拓展和综合运用财务分析的基本框架、基本程序、基本方法和基本内容为宗旨，以中小企业和上市公司的实例资料为依托，营造企业财务分析的仿真实训环境。本书通过一系列的案例演练、案例实训等内容，引领学生掌握分析企业财务状况、经营成果及现金流量的方法和视角，进而提升学生的实务操作能力，夯实学生的理论基础。

全书共分为九个模块，包括财务报表分析认知实训、财务报表的初步阅读与分析实训、短期偿债能力分析实训、长期偿债能力分析实训、盈利能力分析实训、现金流量分析实训、营运能力分析实训、发展能力分析实训、综合财务分析实训。每个模块下设置知识目标、能力目标、素质目标，教材内容按案例演练、案例实训、综合测试三大板块展开，通过案例演练指导学生在进行任务分析时应使用的分析方法和分析步骤，既让学生在具体业务的分析中学到了知识，又提高了学生解决具体问题的技能。通过案例实训训练学生分析方法的运用，实现“做中学、学中做”。最后通过综合测试实现知识点、技能点的有机融合和检测，达到提升学牛综合财务素质的目的。

本书的案例资料来自上市公司（模拟公司）或中小企业，为适合高职学生的认知特点，本书对上市公司（模拟公司）的报表进行了部分修改，由此得出的分析结论仅作为教学观点，请勿“对号入座”。

本书由天津滨海职业学院王娜担任主编，天津滨海职业学院王京朝、李爱玲担任副主编，天津滨海职业学院苏鹏、董彦汐，北京科技大学于连媛担任参编。各模块分工如下：王娜编写模块一、模块二，王京朝编写模块四、模块七、模块八，苏鹏编写模块三、模块六，董彦汐编写模块五。王娜、李爱玲、于连媛共同编写模块九，王娜负责本书总体框架设计、大纲编写、初稿的修改，李爱玲、于连媛负责统稿和定稿。

本书在编写过程中参考了大量的网络资料、教材和文献，吸取和借鉴了同行的相关研究成果，在此向有关作者表示衷心的感谢。

由于编者水平有限，书中难免有不当之处，恳请广大读者批评指正。

编者

二〇一五年七月

前言

目录

01 模块 1 财务报表分析认知实训

【知识目标】

通过本模块的学习，掌握财务报表分析的程序与方法，熟悉财务报表分析的意义、内容、步骤，了解进行财务报表分析需收集的信息资料及其来源。

【能力目标】

通过本模块的学习，能运用财务报表分析的主体、内容、方法等知识，做好财务分析的全面准备工作，能收集完整的信息资料，能选用恰当的分析方法，能设计合理的分析步骤，能准确把握分析内容和目的。

【素质目标】

通过本模块的学习，培养学生扎实的财务分析专业知识，良好的会计职业判断能力，收集和获取信息的能力，团队协助和沟通能力，及在大数据时代下熟练运用计算机软件进行财务分析、财务决策的能力。

1.1 案例演练

案例1 财务分析人员应具备的职业能力

【案例资料】

龙达有限公司是一家主营机床生产的中型企业。会计科小张原来主要从事存货核算和成本核算工作，由于他工作认真负责，成绩突出，现接到公司任命，提升他为会计科副科长。在喜悦之余小张又有些愁眉不展，因为这个职位其中一项工作是进行公司财务的全面分析，并根据存在的问题提出改进措施。这项工作做得好坏关系到公司的发展方向、价值提升,责任重大。对小张而言,财务分析是一项全新的业务领域,他该如何做好财务分析工作呢?

【任务要点】

1. 会计核算岗位与财务分析岗位工作内容分析。
2. 掌握财务分析工作要点。

【任务分析】

任务1 会计核算岗位与财务分析岗位工作内容分析

中型企业会计工作岗位一般可分为:①会计主管;②出纳;③资金管理;④预算管理;⑤固定资产核算;⑥存货核算;⑦成本核算;⑧工资核算;⑨往来结算;⑩收入、利润核算;⑪税务会计;⑫总账报表;⑬稽核;⑭会计电算化管理;⑮档案管理等。其中会计主管属于会计管理岗位,其他属于会计核算岗位。

会计主管岗位职责一般包括:负责公司经营工作中的财务预决算;负责对公司经营活动进行成本分析、核算与控制;负责对公司经营活动定期进行财务分析,并提出改进建议;负责制订和完善公司财务制度,并推动执行;负责公司有关税务申报工作,规范公司发票管理及纳税工作;负责公司各类费用的审核报销等。

会计核算岗位的职责主要集中在记账、算账、报账过程中,根据各个核算岗位的业务特点分别负责现金、银行存款收付和账户、支票管理;负责成本核算,包括费用报销,编制成本报表,成本费用的归集、分配,成本分析;负责销售业务处理,包括开票、编制销售周报、盘点产成品、与客户核对往来账、与销售部门核对出货等;负责采购业务及应付账款管理,包括盘点原材料、合同初审、核对客户往来款项。

通过对上述岗位职责内容的分析可以看出,小张要负责的财务分析工作属于会计主管岗位工作内容的一部分,要在掌握全面的核算信息之后,利用相关技术对历史数据进行处理,发现问题,分析问题,解决问题。相对于简单的事后核算来讲,工作难度提升了。

任务2 做好财务分析工作

要做好企业的财务分析工作需从以下几个方面入手:

1. 收集信息资料

财务分析的资料既要有财务信息资料又要有非财务信息资料。财务信息资料主要包括:资产负债表、利润表、现金流量表、所有者权益变动表及其相关附表和附注说明,非财务信息资料主要包括企业经营总体规划和战略目标、企业所处行业的特点、产品寿命周期及产品结构;经营活动指标、成本指标、关键经营业务指标、关键资源数量;企业面临的机会与风险;管理者的计划;研究与开发创新能力;员工能力;资源利用情况等。

2. 选定分析方法

财务分析一般使用定量分析和定性分析相结合的方法。

定量分析法是指利用财务指标和非财务指标进行企业财务情况的全面分析和专题分析的方

法。定量分析法具体包括：比率分析法、比较分析法、趋势分析法、因素分解法等方法，用以计算、整合业务信息，为公司防范风险与经营决策提供信息支持。

定性分析法是指通过经验判断、专家分析、会议分析、类比分析等方法来评价过去、衡量现在和预测未来的方法。

3. 确定分析内容

财务分析工作主要围绕企业资产的流动性、偿债能力、管理效率、盈利能力进行分析。

（1）资产流动性分析。资产流动性分析主要是通过流动比率和速动比率等财务指标，来反映企业流动资产对流动负债偿付能力的保障程度，并以此说明企业短期财务风险的大小。

（2）长期偿债能力分析。长期偿债能力分析主要涉及企业的长期负债与总资产和权益资本的比例关系，通过长期偿债能力分析能反映企业的融资状况，揭示企业资本结构的合理性及长期负债的风险程度。

（3）资产管理效率分析。资产管理效率分析也称企业营运能力分析，主要是指对企业各项资产的运用能力、周转状况及实际使用效果进行分析。通过资产管理效率分析能了解企业资产实际管理水平的高低，并帮助企业挖掘资金的运作潜力。

（4）盈利能力分析。盈利能力通常是指企业在一定时期内赚取利润的能力。通过盈利能力的分析，可以反映和衡量企业经营业绩，同时，也可以发现企业经营管理中的重大问题，进而采取措施，提高企业收益水平。

4. 撰写分析报告

根据信息资料，选用分析方法，明确分析内容，进行分析后，得出分析结论。将分析过程、发现的问题、改进的措施或建议、对企业后期发展的预测性意见等写入分析报告，完成分析任务。

5. 提升个人技能

一名优秀的财务分析人员需要具备7种技能：

（1）熟悉各种财务报表分析流程，并根据分析过程，对分析中发现的问题，从财务管理的角度提出相关建议。

（2）需要具备熟练地使用电子制表工具（如Excel）、数值分析工具（如IDEA和ACL）和数据库的计算机技术。

（3）巩固管理会计学的知识并应用到具体财务分析工作中去。

（4）充分了解公司的财务系统和人际脉络，这有助于获取数据和信息。

（5）深入了解企业的经营状况。

（6）对报表分析有独到的见解、完整的实施思路。

（7）有较强的语言文字表达能力、人际交往能力、团体协作能力、组织协调能力。

案例2 大华公司甲产品毛利变动的因素分析

【案例资料】

大华公司只经营一种甲产品，本期毛利额比上年同期减少了约33%，严重影响了本期利润的实现。管理者想要了解毛利变动的原因，从中找出问题所在，以便在下期有针对性地进行整改。该产品两期的相关资料如表 1-1 所示。

表 1-1　　相关数据表

项目	本期	上年同期	差异量(额)	差异率
销量(个)	35 000	40 000	-5 000	-12.50%
单价(元)	320	340	-20	-5.88%
单位销售成本(元)	220	210	10	4.76%
单位销售毛利(元)	100	130	-30	-23.08%
毛利率	31.25%	38.24%	-6.99%	—
毛利额(元)	3 500 000	5 200 000	-1 700 000	-32.69%

【任务要点】

请用因素分析法对甲产品毛利变动情况进行分析。

【任务分析】

任务 1　销量变动对甲产品毛利额的影响分析

因素分析法，是依据财务指标与其驱动因素之间的关系，从数量上确定各因素对指标影响程度的一种方法。影响甲产品毛利的因素要从毛利的计算公式去分析。

毛利额＝销量×（销售单价－单位销售成本）

毛利率＝(销售单价－单位销售成本)÷销售单价

可见，毛利额的变动受到销量、销售单价、单位销售成本的影响；毛利率的变动则受销售单价和单位销售成本的影响。下面分别讨论各因素是如何影响甲产品的毛利的，计划期应如何发挥优势因素，改进劣势因素。

当单价、单位销售成本不变时，即产品的单位毛利不变时，销量增加，毛利额增大；销量下降，毛利额下降，销量正比例地影响毛利额。因此，我们可按照单位销售毛利水平和销量的变动量，来计算销量变动对毛利额的影响。

销量变动对毛利额的影响＝(本期销量－上期销量)×上期单位销售毛利

＝(35 000－40 000)×130

＝－650 000(元)

由于本期销售数量比上期减少了 5 000 个，使得本期的毛利额减少了 650 000 元。

任务 2　单价变动对甲产品毛利额的影响分析

单价的上升或下降，会导致单位销售毛利的等额增加或减少，从而正比例地影响毛利额的变动。通常，我们是按本期实际的销售数量乘以销售单价的增减变动额来计算单价变动对毛利额的影响的。

单价变动对毛利额的影响＝(本期单价－上期单价)×本期销量

$$=(320-340)\times 35\ 000$$
$$=-700\ 000(元)$$

本期单价下降了20元,使单位销售毛利减少了20元,因而在实际销售了35 000个产品的情况下,毛利总额相应减少了700 000元。

任务3 单位销售成本变动对甲产品毛利额的影响分析

单位销售成本的增加或减少,会导致单位销售毛利反方向、等额的变动,从而反比例地影响毛利额。我们用本期实际销售数量乘以单位销售成本的增减变动额来计算其对毛利额的影响,但是,由于该因素是反方向影响因素,所以计算时应注意是用上期值减去本期值。

单位销售成本变动对毛利额的影响=(上期单位销售成本-本期单位销售成本)×本期销量

$$=(210-220)\times 35\ 000$$
$$=-350\ 000(元)$$

本期单位销售成本上升10元,使单位销售毛利减少了10元,因而在实际销售了35 000个产品的情况下,毛利总额相应减少了350 000元。

任务4 汇总各因素变动对甲产品毛利额的影响

各因素变动对毛利额的影响=(-650 000)+(-700 000)+(-350 000)

$$=-1\ 700\ 000(元)$$

由汇总结果可知,本期毛利比上期减少了1 700 000元。

该企业毛利的大幅度下降,一方面可能是管理不善造成的,另一方面则可能是产品进入了衰退期。首先,在本期单价比上期下降5.88%的情况下,销售量没有上升,反而下降了12.50%。在一般市场规律下,价格下跌,销量会上升,但甲产品却相反。所以,管理层应该研究该产品的生命周期,如果产品已经处在衰退期,应该进行产品的战略调整,或逐步退出该产品的生产,或对产品进行技术上的更新换代,延长产品的生命周期,寻找新的市场和客户。其次,该产品的单位销售成本上升了近5%,使单位毛利下降了30元。成本上升可能有外部价格变化的原因,但也不能排除企业成本管理薄弱的影响。因此,该企业应在进一步分析具体原因的基础上,重视提高决策和管理水平。

案例3 河北钢铁2011—2013年利润指标的比较分析

【案例资料】

河北钢铁股份有限公司(简称河北钢铁)主营钢铁冶炼、钢材轧制、其他黑色金属冶炼及其压延加工。河北钢铁由唐山钢铁(集团)公司独家发起,以定向募集方式,于1994年6月注册成立。公司2011年、2012年、2013年年末的利润指标和同行业指标如表1-2、表1-3、表1-4所示。

表 1-2 **河北钢铁 2011—2013 年利润相关指标** 金额单位:万元

项目	2013 年	2012 年	2011 年
净利润	11 617.59	10 942.65	138 301.65
净利润增长率	6.17%	-92.09%	100%
营业收入	11 025 499.22	11 162 979.57	13 334 372.71
营业收入增长率	-1.23%	-16.28%	100%
营业成本	10 088 405.66	10 240 620.18	12 254 467.52
营业成本增长率	-1.49%	-16.43%	100%
销售费用	59 788.68	58 823.55	66 391.78
销售费用增长率	1.64%	-11.40%	100%
管理费用	548 949.56	570 239.12	605 537.59
管理费用增长率	-3.73%	-5.83%	100%
财务费用	328 453.01	276 877.15	247 767.62
财务费用增长率	18.63%	11.75%	100%
投资收益	31 553.00	22 226.31	33 787.83
投资收益增长率	41.96%	-34.22%	100%
资产总额	16 689 804.12	15 478 404.76	14 104 069.18
资产增长率	7.83%	9.74%	100%
负债总额	12 210 727.58	11 021 359.03	9 626 350.77
负债增长率	10.79%	14.49%	100%

表 1-3 **2013 年年末河北钢铁与同行业相关指标对比**

项目	河北钢铁	行业平均	行业排名
资产总额(亿元)	1 668.98	440.05	2
营业收入(亿元)	1 102.55	380.53	2
净利润增长率(%)	6.17	-83.99	21
销售毛利率(%)	8.49	8.58	13
销售净利率(%)	0.10	0.48	28

表 1-4 **2013 年年末钢铁企业指标值**

代码	简称	总股本(亿股)	实际流通 A 股	总资产(亿元)	总资产排名	营业收入(亿元)	营业收入排名	净利润增长率(%)	净利润增长率排名
000761	本钢板材	31.36	27.36	430.50	13	403.29	10	247.27	1
600581	八一钢铁	7.66	7.66	225.01	19	231.96	16	228.90	2
002110	三钢闽光	5.35	5.35	85.96	25	192.99	17	125.01	3
000898	鞍钢股份	72.35	61.49	928.65	4	753.29	6	119.13	4
600782	新钢股份	13.93	13.93	319.15	16	337.11	13	110.49	5
600126	杭钢股份	8.39	8.39	85.66	26	171.83	20	105.44	6
000717	韶钢松山	24.20	11.28	216.47	20	191.71	18	105.19	7
600022	山东钢铁	64.36	53.43	515.55	11	704.70	8	104.12	8
600808	马钢股份	77.01	59.68	713.17	7	738.49	7	104.06	9
600005	武钢股份	100.94	100.94	946.76	3	895.81	5	103.44	10
000932	华菱钢铁	30.16	24.71	707.91	8	596.52	9	103.25	11

续表

代码	简称	总股本（亿股）	实际流通A股	总资产（亿元）	总资产排名	营业收入（亿元）	营业收入排名	净利润增长率(%)	净利润增长率排名
600569	安阳钢铁	23.94	23.94	318.22	17	261.38	15	101.48	12
600390	金瑞科技	3.91	3.20	16.93	30	10.53	30	99.09	13
601003	柳钢股份	25.63	25.63	237.51	18	368.49	12	76.77	14
600231	凌钢股份	8.04	8.04	142.22	22	156.51	21	75.30	15
000959	首钢股份	29.67	12.06	646.29	9	92.50	25	35.84	16
002075	沙钢股份	15.76	15.76	83.82	27	107.87	24	24.40	17
600295	鄂尔多斯	10.32	6.12	390.20	14	139.10	22	17.61	18
600399	抚顺特钢	5.20	4.52	115.09	23	54.60	28	13.15	19
600507	方大特钢	13.11	13.11	99.75	24	132.15	23	7.51	20
000709	河北钢铁	106.19	50.89	1 668.98	2	1 102.55	2	6.17	21
000708	大冶特钢	4.49	4.47	45.02	29	74.38	26	-7.58	22
600282	*ST南钢	38.76	38.76	367.11	15	268.23	14	-8.44	23
600010	包钢股份	80.03	64.24	879.24	5	377.70	11	-36.61	24
600019	宝钢股份	164.72	164.72	2 266.68	1	1 896.80	1	-42.33	25
000825	太钢不锈	56.96	56.96	758.11	6	1 050.20	3	-43.04	26
830829	华精新材	0.60	—	3.34	31	7.51	31	-48.25	27
E00115	祺龙股份	1.36	—	1.62	33	0.63	33	-79.78	28
600608	上海科技	3.29	3.10	2.28	32	2.22	32	-111.90	29
600117	西宁特钢	7.41	7.41	174.02	21	70.32	27	-326.10	30
600307	酒钢宏兴	62.63	40.91	574.15	10	945.70	4	-464.60	31
600408	安泰集团	10.07	10.07	75.69	28	44.84	29	-887.30	32
601005	重庆钢铁	44.36	11.95	480.46	12	175.63	19	-2 629.00	33

【任务要点】

1. 河北钢铁2011—2013年利润指标是如何变化的？说明了什么问题？

2. 2013年河北钢铁在同行业中的地位如何？

【任务分析】

任务　河北钢铁2011—2013年利润指标的比较分析

比较分析法，是指对两个或几个有关的可比数据进行对比，揭示差异和矛盾的一种分析方法。按比较对象（和谁比）可分为：与历史标准比较、与行业标准比较、与预算标准比较；按比较内容（比什么）可分为：比较会计要素的总量指标（如总资产、总负债、净资产、总收入、净利润等）、比较结构百分比指标（把常规的财务报表换算成结构百分比报表，然后逐项比较不同年份的报表，查明某一特定项目在不同年度间百分比的差额）。

从表1-2的相关指标可以看出，2013年河北钢铁的净利润比2012年增长了674.94万元，提高了6.17%，2012年比2011年的净利润大幅度降低，降低了92.09%。2013年实现营业收入约

1 102.6 亿元,比 2012 年同比下滑 1.23%,但成本控制较好,毛利率反而小幅提高了 0.24 百分点。销售费用有所上升,管理费用下降了 3.73%,该费用总额控制好于 2012 年和 2011 年;但债务规模的扩大导致财务费用提高了 18.63%。自 2014 年起公司应继续加强费用控制,加强现金管理,降低负债和财务费用增长率。

从表 1-3 可以看出,2013 年河北钢铁总资产在行业中排名第二,营业收入排名第二,但销售毛利率、销售净利率、净利润增长率的排名均是靠后的,行业中有 33 家上市公司,河北钢铁的销售净利率在全行业中居第 28 位,这应引起决策者的重视。目前我国钢铁行业产能过剩、钢铁的需求出现低迷现象,库存越来越大,从而导致产品价格下降。决策者应加强企业的经营管理,控制债务规模水平,加强经营现金流的回收,减少投资现金流支出,控制销售成本、期间费用,提升在同行业中的盈利水平。

1.2　案例实训

实训1　分析江苏长顺集团财务分析岗位招聘书

【实训资料】

江苏长顺集团拟招聘财务分析人员,撰写的招聘书内容如下:

一、招聘岗位:

财务分析岗

二、岗位目的:

财务分析,满足利益相关者的使用需求。

管理分析,满足经营管理层的使用需求。

三、岗位职责:

1. 从产量及销售等方面对公司本期的生产经营活动作简单评价,并与上年同期水平作对比说明。

2. 分析原材料消耗与上期对比增减变化情况,对变化原因做出说明。

3. 分析管理费用与销售费用的增减变化情况(与上期对比)并分析变化的原因,对业务招待费、销售佣金单列分析。

4. 以本期各产品产量大小为依据确定本公司主要产品,分析其销售毛利,并根据具体情况分析降低产品单位成本的可行途径。

5. 分析主要产品利润占利润总额的比例。

6. 对各项投资收益、汇总损益及其他营业收入做出说明。

7. 分析金额较大的应收账款形成原因及处理情况,包括催收或上诉的进度情况。

8. 计算本期未取得货款的收入占总销售收入的比例,比例较大的应说明原因。

9. 汇总应收账款中非应收货款部分的数量,包括预付货款、定金及借给外单位的款项等,对于借给外单位和其他用途而挂应收账款科目的款项应单独列出并做出说明。

10. 分析财务性指标的结构、趋势,如偿债能力、营运能力、盈利能力、发展能力、生产能力等。

11. 分析本期增加的借款去向。

12. 季度分析和年度分析应根据各项借款的利息率与资金利润率的对比,分析各项借款的经济性,以作为调整借款渠道和计划的依据之一。

13. 对发生重大变化的有关资产和负债项目做出分析说明。

14. 对其他影响企业效益和财务状况的重大项目和重大事件做出分析说明。

15. 通过分析,对存在的问题提出解决措施和途径。

16. 完成上级临时交办的其他工作任务。

四、任职资格

教育水平:专科及以上。

专业要求:财务、会计、金融等经济类专业。

技能要求:熟练使用各种办公软件和财务软件。

能力素质要求:具备良好的归纳能力、判断能力、学习能力。

态度要求:具备良好的团队合作精神、敬业精神和责任感,诚信、正直。

资格证书:会计从业资格证、经济类中级以上职称。

【实训要点】

1. 结合案例,说明财务分析工作的主体和目的。
2. 结合案例,说明财务分析工作的内容和方法。

实训2　河北钢铁公司资产负债共同比分析

【实训资料】

河北钢铁2011年、2012年部分资产负债表项目的共同比资料如表1-5所示。

表1-5　　共同比计算表　　单位:亿元

项目	2011年	占比	2012年	占比
资产总额	1 410.00	100.00%	1 547.00	100.00%
流动资产:	489.00	34.68%	529.00	34.20%
货币资金	109.00	7.73%	101.00	6.53%
应收账款	82.00	5.82%	111.00	7.18%
预付账款	67.00	4.75%	49.00	3.17%
存货	224.00	15.89%	239.00	15.45%
非流动资产:	921.00	65.32%	1 018.00	65.80%
固定资产	884.00	62.70%	962.00	62.18%
无形资产	3.40	0.24%	3.50	0.23%
负债总额	962.00	100.00%	1 102.00	100.00%
流动负债	811.00	84.30%	1 049.00	95.19%
非流动负债	151.00	15.70%	52.00	4.72%

【实训要点】

1. 分析 2011 年、2012 年河北钢铁各项资产的占比变化情况，指出公司管理中存在的问题。

2. 分析 2011 年、2012 年河北钢铁各项负债的占比变化情况，指出公司是否存在利用短期负债偿还长期负债的不正常经营现象。

实训 3　苏泊尔公司 2011—2013 年的利润分析

【实训资料】

浙江苏泊尔股份有限公司（简称苏泊尔）是中国最大、全球第二的炊具研发制造商，是中国厨房小家电领先品牌。苏泊尔创立于 1994 年，总部设在中国杭州，在杭州、玉环、绍兴、武汉和越南胡志明市建立了 5 大研发制造基地，拥有 10 000 多名员工。苏泊尔是中国炊具行业首家上市公司（股票代码:002032），创业伊始，苏泊尔就推出高品质压力锅产品，一举成为行业标准的起草者和最早执行者。依靠品质立身与技术创新，苏泊尔迅速成长为中国压力锅行业第一品牌，并凭借五次压力锅技术革新，成为中国压力锅行业发展的“风向标”。苏泊尔公司 2011 年、2012 年、2013 年利润表如表 1-6 所示。

表 1-6　　苏泊尔 2011—2013 年利润表　　单位:元

项目	2013 年	2012 年	2011 年
一、营业收入	1 531 512 640.60	1 299 093 364.79	1 620 274 128.21
减:营业成本	1 208 522 209.10	1 033 881 166.58	1 327 141 160.45
营业税金及附加	8 851 674.38	7 223 930.42	9 893 894.50
销售费用	44 504 306.65	48 215 279.55	51 392 835.38
管理费用	77 124 172.21	66 924 032.93	43 317 313.91
财务费用	-238 094.77	-2 130 668.28	15 901 846.57
资产减值损失	12 678 187.27	-334 023.15	-1 480 504.45
加:公允价值变动收益	133 211.97	-146 036.97	-1 914 250.00
投资收益	260 897 689.04	1 765 518.66	14 505 270.00
二、营业利润	441 101 086.77	146 933 128.43	186 698 601.85
加:营业外收入	1 458 835.30	2 628 470.55	3 375 846.64
减:营业外支出	13 414 053.22	4 303 229.98	6 182 264.23
其中:非流动资产处置损失	134 781.35	610 451.69	187 237.54
三、利润总额	429 145 868.85	145 258 369.00	183 892 184.26
减:所得税费用	25 313 083.05	17 950 230.69	27 886 904.72
四、净利润	403 832 785.80	127 308 138.31	156 005 279.54

【实训要点】

1. 分析苏泊尔 2011—2013 年毛利、利润总额和净利润变动的趋势。

2. 收集厨房电器企业2013年利润的行业标准值，分析苏泊尔的行业地位和发展潜力。

实训4 康师傅2013年利润分析

【实训资料】

国内市场占有率最高的茶饮料以及方便面企业康师傅控股有限公司（简称康师傅）（00322，HK）2013年的财报并不尽如人意，公司核心业务方便面市场整体不景气成为业界关注的焦点。

公司财报数据显示，截至2013年12月底，康师傅营业额突破100亿美元，达到109.4亿美元，同比增加18.77%。但从净利来看，康师傅2013年纯利下降了10.92%。在各项业务中，方便食品则由盈转亏，亏损1 402.9万美元。

尼尔森市场研究有限公司数据显示，方便面整体市场2013年销售额较2012年同期仅增长2.6%，销量则同比下滑1.3%，这是销量多年来首现下滑，整体市场成长放缓。

对此，康师傅方面表示，2013年由于部分原材料价格微幅上扬，加上为消费者提供实惠，提升产品质量，使得方便面毛利同比下降0.76%。

中投顾问研究员简爱华表示，行业增速放缓和原材料价格上调对方便面业务巨头无疑是重大打击。方便面行业产品同质化现象严重，企业多是通过价格竞争或是增加赠品的方式实现竞争优势，企业的利润水平将会降低。

1. 方便面市场整体疲软

作为方便面行业的两大巨头，康师傅和统一的名字习惯性地形影相随。

在康师傅之前发布财报的统一企业中国控股有限公司（简称统一）（00220，HK），2013年的方便面业务并没有什么惊喜。

统一方面的财报显示，2013年集团方便面业务保持稳步增长，市场占有率由15.8%增至17.2%。

然而，从财务数据上来看，统一方便面业务2013年亏损达1.42亿元人民币。其2013年中报显示，方便面业务在2013年上半年已出现自2011年来的首度亏损，亏损额为6 031万元。如此推算，统一方便面2013年下半年的亏损额约8 169万元，已经有加速亏损之势。

相比之下，康师傅依然牢牢占据着方便面市场绝对的龙头地位。作为康师傅的核心业务之一，2013年1—12月，公司方便面销售量与销售额的市场占有率分别为44.1%及56.4%，持续稳居市场领先地位。2013年，康师傅方便面销售额达43.32亿美元，同比上升9.38%，占公司总营业额的39.60%；方便面贡献的净利润达3.37亿美元，同比上升4.14%。

值得注意的是，对于新的市场策略，统一方面表示，由于销售额已连续多年高于销量的增长，整体市场产业升级趋势非常明显，未来中高价位方便面将成为市场主流，统一将持续积极发展中高价方便面市场。

而康师傅方便面产品的销售额占比中，高价袋面由2012年的41%下降到2013年的39%。其中，相比容器面和中价袋面同比9.83%和17.25%的销售额增幅，2013年康师傅高价袋面销售额增幅仅为4.79%。

在中投顾问研究员简爱华看来，国内方便面销量增速放缓已有多年，但是销售额表现要好于销量,由此可以看出整个行业产品升级的趋势。若业内企业创新不足,那么方便面销量下滑之势就有可能继续。

2. 饼干市场销售放缓

康师傅2013年年报显示,公司2013年实现营业收入109.41亿美元,同比增长18.77%;净利润4.09亿美元,同比下滑10.92%。其中,核心业务方便面及饮品2013年的营业额分别同比上升9.38%及27.09%,而方便食品同比下滑13.37%。

对此,康师傅方面表示,受饼干市场销售放缓影响,方便食品业务期内的毛利率同比下降0.9百分点至38.09%,毛利额同比下降15.37%。

事实上,早在2013年第三季度,康师傅方便食品就已出现亏损。当时康师傅表示,公司将相继展开在方便食品事业上的策略合作与布局,与和光堂共同出资的合资公司已向有关部门送呈审批成立的申请,从2013年第四季度开始,和光堂婴儿奶粉将通过康师傅附属公司——康仁(天津)商贸有限公司于多个城市陆续上架。

【实训要点】

结合案例,说明康师傅业绩下滑的原因。

综合测试

一、单项选择题

1. 债权人分析财务报表的目的在于(　　)。
   A. 反映股东权益的变化
   B. 改善财务报表
   C. 了解企业的获利能力和现金流量,以及有无其他需要到期偿还的贷款
   D. 审查企业遵守会计法规、财务报表编制规范的情况
2. 结构百分比分析法是指(　　)。
   A. 把常规的财务报表换算成结构百分比报表,然后逐项比较不同年份的报表,查明某一特定项目在不同年度间百分比的差额
   B. 财务报表某个项目的金额总量指标的比较
   C. 用倍数或比例表示的分数式
   D. 依据财务指标与其驱动因素之间的关系,从数量上确定各因素对指标影响程度的一种方法
3. 下列属于流动资产项目的是(　　)。
   A. 可供出售金融资产　　B. 持有至到期投资
   C. 工程物资　　D. 交易性金融资产
4. 下列属于长期负债项目的是(　　)。
   A. 长期待摊费用　　B. 应付债券　　C. 资本公积　　D. 应付利息

5. 下列属于筹资活动费用的是(　　)。
A. 资产减值损失　B. 投资收益　C. 财务费用　D. 销售费用

二、多项选择题

1. 因素分析法可分为(　　)。
A. 比率因素分解法　B. 比较分析法　C. 差异因素分解法　D. 总量分析法
2. 财务报表分析使用的信息资料内容包括(　　)。
A. 财务报告　B. 审计报告　C. 法律文件　D. 会议记录
3. 财务报表分析的内容主要包括(　　)。
A. 短期偿债能力分析　B. 长期偿债能力分析
C. 资产营运能力分析　D. 获利能力分析
E. 投资报酬分析　F. 现金流量分析
4. 资产负债表的附表有(　　)。
A. 资产减值准备明细表　B. 所有者权益(或股东权益)增减变动表
C. 应交增值税明细表　D. 利润分配表
5. 利润表的附表有(　　)。
A. 利润分配表　B. 分部报表(业务分部)
C. 制造费用明细表　D. 分部报表(地区分部)

三、判断题

1. 财务报表附注是对在资产负债表、利润表、现金流量表和所有者权益变动表等报表中列示项目的文字描述或明细资料,以及对未能在这些报表中列示项目的说明等。(　　)

2. 资产减值准备明细表是根据权责发生制原则的要求,全面反映企业资产减值准备情况,为会计报表使用者提供深入分析企业资产减值情况及对企业未来发展前景进行预测的有用信息。(　　)

3. 企业经营者分析财务报表的主要目的是了解企业的获利能力和现金流量情况。(　　)

4. 投资者分析财务报表的目的是了解企业的财务成果及其盈利能力,企业的财务状况及偿债能力,企业的经营状况及经营能力。(　　)

5. 资产营运能力分析是指企业资产运营产生的经营效果。它主要取决于资产利用的有效性和充分性。(　　)

四、思考题

1. 为什么要进行报表分析?
2. 会计报表分析的原则和程序有哪些?
3. 分析不同类型的审计报告对报表分析者的重要作用。

02 模块 2 财务报表的初步阅读与分析实训

【知识目标】

通过本模块的学习,掌握资产负债表、利润表和现金流量表初步分析的步骤和方法,了解三大财务报表初步分析的目的。

【能力目标】

通过本模块的学习,能根据资产负债表判断企业的财务实力,分析企业的资产结构、负债结构和资本结构,初步判断企业的偿债能力;能根据利润表判断企业经营成果的动态趋势,初步预测企业的经营前景和成长性;能根据现金流量表判断企业现金的质量以及企业短期支付能力。

【素质目标】

通过本模块的学习,培养学生扎实的财务报表初步阅读能力,良好的会计职业判断能力,团队协助和沟通能力,以及在大数据时代下熟练运用计算机软件进行财务指标的计算、分析及财务决策的能力。

2.1 案例演练

案例1 凯诺科技股份有限公司资产负债表的初步阅读与分析

【案例资料】

凯诺科技股份有限公司(简称凯诺科技)前身为奥德臣实业股份有限公司,奥德臣实业股份有限公司前身为成立于1997年1月8日的江阴奥德臣精品面料服饰有限公司。公司主要发起人为三毛集团公司

(现更名为海澜集团公司),其他发起人为江阴市第三精毛纺厂、江阴市协力毛纺织厂、江阴市振华绒织厂和江阴三毛销售有限公司。2000 年 12 月 11 日经中国证券监督管理委员会核准,公司向社会公众公开发行股票,并于 2000 年 12 月 28 日在上海证券交易所挂牌交易。公司的经营范围包括:毛纺新技术、新产品、新材料、精纺呢绒、毛纱、服装、针织品、衬衫、领带、袜子、纺织原料等。公司拥有"海澜之家""EICHITOO""百衣百顺"和"圣凯诺"四大服装品牌,近年来公司获得多项国外知名品牌奖项。

凯诺科技 2011 年、2012 年、2013 年的资产负债表数据如表 2-1 所示。

表 2-1　**凯诺科技资产负债表**　单位:万元

项目	2013 年 12 月 31 日	2012 年 12 月 31 日	2011 年 12 月 31 日
流动资产:			
货币资金	158 935.00	123 587.00	92 814.80
应收票据	685.63	2 159.30	6 203.73
应收账款	7 849.80	9 486.46	12 285.20
预付款项	1 240.28	1 455.86	1 302.31
其他应收款	4 636.69	1 807.20	2 046.66
存货	54 889.60	45 042.30	33 221.10
其他流动资产	—	2 047.88	—
流动资产合计	228 237.00	185 586.00	147 873.80
非流动资产:			
长期股权投资	1 000.00	1 000.00	1 000.00
投资性房地产	33 595.90	34 871.20	36 146.40
固定资产	64 517.60	69 150.00	73 928.80
在建工程	50.53	341.80	—
无形资产	3 826.63	3 936.81	4 031.91
递延所得税资产	221.89	166.50	417.24
其他非流动资产	—	—	2 000.00
非流动资产合计	103 212.55	109 466.31	117 524.35
资产总计	331 449.55	295 052.31	265 398.15
流动负债:			
应付账款	9 913.34	13 547.40	11 733.50
预收款项	71 561.30	48 036.70	32 587.20
应付职工薪酬	17 282.20	14 656.60	12 638.60
应交税费	9 494.85	7 598.03	5 252.94
其他应付款	1 370.71	815.60	295.43
流动负债合计	109 622.40	84 654.33	62 507.67
非流动负债:			
其他非流动负债	140.00	140.00	140.00
非流动负债合计	140.00	140.00	140.00
负债合计	109 762.40	84 794.33	62 647.67
所有者权益(或股东权益)			
实收资本(或股本)	64 660.40	64 660.40	64 660.40
资本公积	43 233.60	43 233.60	43 233.60
盈余公积	15 308.00	14 037.20	13 075.90
未分配利润	98 485.15	88 326.78	81 780.58
所有者权益(或股东权益)合计	221 687.15	210 257.98	202 750.48
负债和所有者权益(或股东权益)总计	331 449.55	295 052.31	265 398.15

【任务要点】

1. 分析凯诺科技 2011—2013 年的财务结构，讨论公司 2011—2013 年的资产结构、资本结构的变化。

2. 分析凯诺科技 2011—2013 年资产负债表的水平变动情况，讨论公司 2011—2013 年的总体财务状况。

【任务分析】

任务 1　凯诺科技 2011—2013 年的财务结构分析

1. 财务结构要点

分析财务报表首先要对企业的财务结构进行分析，从总体上了解和评价企业的财务结构是否健全，资源配置是否合理，财务实力及其安全性、平衡性的高低，企业偿债能力的强弱等。企业的财务结构分为资产结构和资本结构两部分。

资产结构，是指资产负债表左边的各种资产占企业总资产的比重。从企业盈利性和风险性来讲，也可指流动资产和非流动资产占总资产的比例关系。一般来说，当流动资产占资产总额的 60%、固定资产占资产总额的 30% 时，资产结构较为理想。这样的结构不仅使企业具备较强的资产流动性和变现能力，而且使企业具有适应生产经营规模的劳动资料，可以保持较强的市场竞争力和应变能力。

资本结构在学术界一直存在广义和狭义两种定义。广义的资本结构指的是企业各项资金来源的组合状况，包括所有负债（含短期负债和长期负债）和股东权益等资金来源之间的构成及比例关系，狭义的资本结构指的是以债务、优先股和普通股权益为代表的企业的永久性长期融资方式组合（或比例）。二者的区别在于短期负债是否构成资金的稳定来源。广义概念认为短期负债与长期负债一样具有负债优惠和负债约束的功能，应将其作为稳定的资金来源；狭义概念认为只有长期负债具有负债优惠和负债约束的功能，而短期负债不具备这些功能，所以不将其作为稳定的资金来源。实质上资本结构就是债务资本比率问题，即债务资本在整个资本中所占比例。本模块采用广义的资本结构概念进行分析。

根据资产结构与资本结构的适应程度，可将现代企业的财务结构归纳为保守型财务结构、稳健型财务结构、平衡型财务结构和风险型财务结构四种类型。

（1）保守型财务结构。保守型财务结构是指资产负债表左方的全部资产的资金来源都是长期资本，即所有者权益和非流动负债。非流动负债与所有者权益的比例高低不影响这种结构形式。其优点是风险较低，缺点是资本成本较高。保守型财务结构见图 2-1。

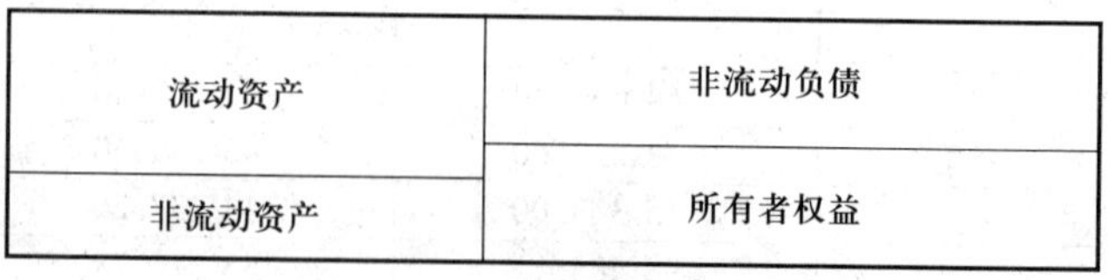

图 2-1　保守型财务结构图

（2）稳健型财务结构。稳健型财务结构是指非流动资产依靠长期资金（所有者权益和非流动负债）解决，流动资产需要长期资金（非流动负债）和短期资金（流动负债）共同解决。其优点是风险较小，负债资本相对较低，大部分企业适用。稳健型财务结构见图 2-2。

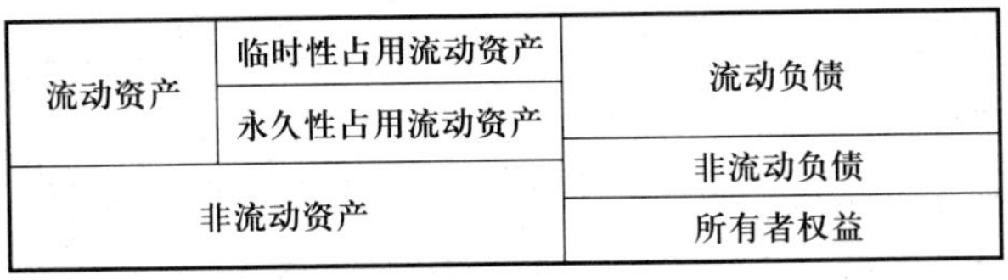

图 2-2 稳健型财务结构图

（3）平衡型财务结构。平衡型财务结构是指非流动资产用长期资金（非流动负债及所有者权益）满足，流动资产用流动负债满足。其优点是当二者适应时，企业风险较小，且资本成本较低。其缺点是当二者不适应时，可能使企业陷入财务危机。一般经营状况良好，流动资产与流动负债内部结构相互适应的企业较为适用。平衡型财务结构见图 2-3。

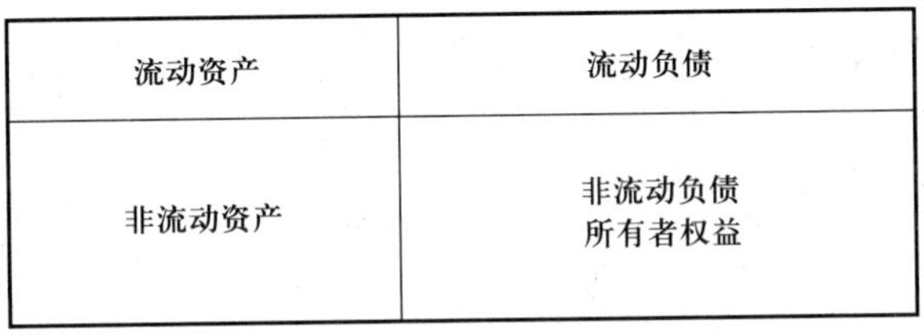

图 2-3 平衡型财务结构图

（4）风险型财务结构。风险型财务结构是指流动负债不仅用于满足流动资产的资金需要，且用于满足部分非流动资产的资金需要。其优点是资本成本最低，其缺点是财务风险较大。一般情况下，该方法适合资产流动性很好且经营现金流量较充足的企业采用。风险型财务结构见图 2-4。

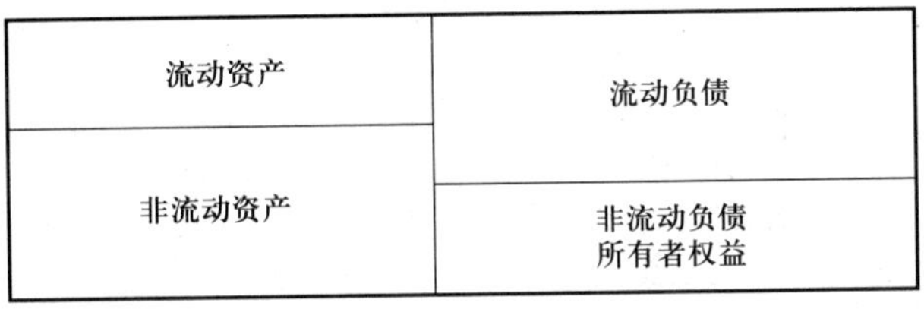

图 2-4 风险型财务结构图

2. 凯诺科技财务结构分析

（1）资产结构变动及评价。

① 计算并编制资产结构变动分析表。资产结构变动是通过单项资产占总资产的比重表示出来的。公式如下：

某项目的期末结构百分比＝该项目的期末数/期末资产总额

某项目的期初结构百分比＝该项目的期初数/期初资产总额

某项目的结构变动百分比＝该项目的期末结构百分比－该项目的期初结构百分比

资产结构变动分析计算表如表 2-2 所示。

表 2-2　　凯诺科技资产结构变动分析计算表　　金额单位:万元

项目	2013 年	2012 年	2011 年	2013 年结构百分比	2012 年结构百分比	2011 年结构百分比	2013 年较 2012 年结构变动百分点	2012 年较 2011 年结构变动百分点
流动资产:								
货币资金	158 935.00	123 587.00	92 814.80	47.95%	41.89%	34.97%	6.06	6.92
应收票据	685.63	2 159.30	6 203.73	0.21%	0.73%	2.34%	-0.52	-1.61
应收账款	7 849.80	9 486.46	12 285.20	2.37%	3.22%	4.63%	-0.85	-1.41
预付款项	1 240.28	1 455.86	1 302.31	0.37%	0.49%	0.49%	-0.12	0.00
其他应收款	4 636.69	1 807.20	2 046.66	1.40%	0.61%	0.77%	0.79	-0.16
存货	54 889.60	45 042.30	33 221.10	16.56%	15.27%	12.52%	1.29	2.75
其他流动资产	—	2 047.88	—	—	0.69%	—	-0.69	0.69
流动资产合计	228 237.00	185 586.00	147 873.80	68.86%	62.90%	55.72%	5.96	7.18
非流动资产:								
长期股权投资	1 000.00	1 000.00	1 000.00	0.30%	0.34%	0.38%	-0.04	-0.04
投资性房地产	33 595.90	34 871.20	36 146.40	10.14%	11.82%	13.62%	-1.68	-1.80
固定资产	64 517.60	69 150.00	73 928.80	19.47%	23.44%	27.86%	-3.97	-4.42
在建工程	50.53	341.80	—	0.02%	0.12%	—	-0.10	0.12
无形资产	3 826.63	3 936.81	4 031.91	1.15%	1.33%	1.52%	-0.18	-0.19
递延所得税资产	221.89	166.50	417.24	0.07%	0.06%	0.16%	0.01	-0.10
其他非流动性资产	—	—	2 000.00	—	—	0.75%	0.00	-0.75
非流动资产合计	103 212.55	109 466.31	117 524.35	31.14%	37.10%	44.28%	-5.96	-7.18
资产总计	331 449.55	295 052.31	265 398.15	100.00%	100.00%	100.00%	0.00	0.00

② 资产结构变动评价。

2011—2013 年,凯诺科技的资产结构逐渐向理想的状态迈进,资产结构比较稳定,流动资产占总资产的比重分别为 55.72%、62.90%、68.86%,结构变动差额分别为:2012 年比 2011 年提升 7.18 百分点, 2013 年比 2012 年提升 5.96 百分点。非流动资产占总资产的比重分别为 44.28%、37.10%、31.14%,结构变动差额分别为:2012 年比 2011 年下降 7.18 百分点, 2013 年比 2012 年下降 5.96 百分点。流动资产比重上升主要是因为货币资金、存货增长速度过快,这和凯诺科技"轻资产"的运营模式分不开,其模式含义为:公司将上游产品生产环节以包工包料方式外包给生产商,下游则通过加盟店、商场店和直营店销售产品。公司自身经营的重点放在品牌运营、产品设计和供应链管理等环节上。它一方面通过赊购上游供应商的存货,减少资金的流出，另一方面通过向下游加盟商收取加盟费扩大资金来源。据了解，凯诺科技要求加盟商以200万元的资金加盟，其中100万元作为特许经营保证金，该保证金在5年合同期满后，确认加盟商无违约的情况下，无息退还给加盟商。加盟商向公司缴纳的保证金，是公司现金流重要的组成部分。“轻资产”“托管加盟”模式在服装业公司发展的初期能加速公司的扩张，减少自有资本投资、提高效益、强化核心能力、增强灵活性。公司长期资产比重下降主要是因为投资性房地产、固定资产和无形资产占比下降，公司在2011—2013年逐渐减少投资性房地产项目，回笼资金，固定资产和无形资产在使用过程中发生正常的摊销、出售，所以价值降低。公司在未来维持流动资产占资产总额的60%、固定资产占资产总额的30%这样的结构，可以使企业具备较强的资产流动性和变现能力，同时又使企业具有适应生产经营规模的劳动资料，可以保持较强的市场竞争力和应变能力。

（2）资本结构变动及评价。

① 计算并编制资本结构变动分析表。资本结构变动是通过单项资本占权益总额的比重表示出来的。公式如下：

某项目的期末结构百分比＝该项目的期末数/期末权益总额

某项目的期初结构百分比＝该项目的期初数/期初权益总额

某项目的结构变动百分比＝该项目的期末结构百分比－该项目的期初结构百分比

资本结构变动分析计算表如表2-3所示。

表2-3　凯诺科技资本结构变动分析计算表　金额单位：万元

项目	2013年	2012年	2011年	2013年结构百分比	2012年结构百分比	2011年结构百分比	2013年较2012年结构变动百分点	2012年较2011年结构变动百分点
流动负债：								
应付账款	9 913.34	13 547.40	11 733.50	2.99%	4.59%	4.42%	-1.60	0.17
预收款项	71 561.30	48 036.70	32 587.20	21.59%	16.28%	12.28%	5.31	4.00
应付职工薪酬	17 282.20	14 656.60	12 638.60	5.21%	4.97%	4.76%	0.24	0.21
应交税费	9 494.85	7 598.03	5 252.94	2.86%	2.58%	1.98%	0.28	0.60
其他应付款	1 370.71	815.60	295.43	0.41%	0.28%	0.11%	0.13	0.17
流动负债合计	109 622.40	84 654.33	62 507.67	33.07%	28.69%	23.55%	4.38	5.14
非流动负债：								
其他非流动负债	140.00	140.00	140.00	0.04%	0.05%	0.05%	-0.01	0.00
非流动负债合计	140.00	140.00	140.00	0.04%	0.05%	0.05%	-0.01	0.00
负债合计	109 762.40	84 794.33	62 647.67	33.12%	28.74%	23.61%	4.38	5.13
所有者权益：								
实收资本	64 660.40	64 660.40	64 660.40	19.51%	21.91%	24.36%	-2.40	-2.45

续表

项目	2013 年	2012 年	2011 年	2013 年结构百分比	2012 年结构百分比	2011 年结构百分比	2013 年较 2012 年结构变动百分点	2012 年较 2011 年结构变动百分点
资本公积	43 233.60	43 233.60	43 233.60	13.04%	14.65%	16.29%	-1.61	-1.64
盈余公积	15 308.00	14 037.20	13 075.90	4.62%	4.76%	4.93%	-0.14	-0.17
未分配利润	98 485.15	88 326.78	81 780.58	29.71%	29.94%	30.81%	-0.23	-0.87
所有者权益合计	221 687.15	210 257.98	202 750.48	66.88%	71.26%	76.39%	-4.38	-5.13
负债和所有者权益总计	331 449.55	295 052.31	265 398.15	100.00%	100.00%	100.00%	0.00	0.00

② 资本结构变动评价。2011—2013 年,凯诺科技资本结构变动幅度不大,其中,非流动负债三年占比几乎没有变化,且仅为 0.05% 左右,流动负债在负债中的比重占绝大部分,流动负债占权益的比重 2011—2013 年分别为 23.55%、28.69%、33.07%,结构变动差额分别为 2012 年比 2011 年提升 5.14 百分点, 2013 年比 2012 年提升 4.38 百分点,流动负债占比上升的主要原因是预收账款的大幅上升,这是一项优良的流动负债,是无息负债,说明企业的产品有着良好的市场占有率,该项目的上升对企业的经营是有利的。在公司经营业绩较好的情况下,适度增加债务资本比重,享受抵税的好处,对提高股东收益也是有利的。负债中,流动负债比重极高,使公司的财务结构具有较大的弹性。流动负债比重增长速度小于流动资产比重增长速度,说明公司的短期偿债能力较强。2011—2013 年,所有者权益占权益的比重分别为 76.39%、71.26%、66.88%,结构变动差额分别为:2012 年比 2011 年下降 5.13 百分点, 2013 年比 2012 年下降 4.38 百分点,总体上有所下降,但从结构比例上看,公司的自有资本比较雄厚,财务风险较低,筹资能力较强。

(3) 财务结构的评价。具体对比数据如表 2-4 所示。

表 2-4 财务结构数据表 金额:万元

2013 年				2012 年				2011 年			
流动资产	228 237.00	流动负债	109 622.40	流动资产	185 586.00	流动负债	84 654.33	流动资产	147 873.80	流动负债	62 507.67
长期资产	103 212.55	所有者权益	221 687.15	长期资产	109 466.31	所有者权益	210 257.98	长期资产	117 524.35	所有者权益	202 750.48

该公司 2013 年流动资产为 228 237 万元,流动负债为 109 622.40 万元,长期资产为 103 212.55万元,所有者权益为 221 687.15 万元。可以看出,该公司流动资产资金需求的 48% 依靠流动负债来满足,52% 则主要依靠长期资本来解决,属于保守型财务结构,公司的总风险不高。

2012 年流动资产为 185 586 万元,流动负债为 84 654.33 万元,长期资产为 109 466.31 万元,所有者权益为 210 257.98 万元。可以看出,该公司流动资产资金需求的 46% 依靠流动负债来满足,54% 则主要依靠长期资本来解决,属于保守型财务结构,公司的总风险不高。

2011 年流动资产为 147 873.80 万元,流动负债为 62 507.67 万元,长期资产为 117 524.35

万元，所有者权益为202 750.48万元。可以看出，该公司流动资产资金需求的42%依靠流动负债来满足，58%则主要依靠长期资本来解决，属于保守型财务结构，公司的总风险不高。

综合上述三年公司的财务结构数据分析，凯诺科技一直遵循保守型财务结构的筹资方式，公司的财务风险较低，财务实力较强。

任务2 凯诺科技2011—2013年资产负债表的水平变动情况分析

1. 资产负债表的水平变动要点

资产负债表的水平变动分析是指通过将资产负债表某项目的期末数与期初数的比较，来评价企业财务状况的变动情况，主要围绕变动额、变动率及对资产、权益的影响值来进行分析。具体公式如下：

资产类项目：

某项目的变动额=该项目的期末数-该项目的期初数

某项目的变动率=该项目的变动额/该项目的期初数

某项目对资产影响百分比=某项目的变动额/期初资产总额

权益类项目：

某项目的变动额=该项目的期末数-该项目的期初数

某项目的变动率=该项目的变动额/该项目的期初数

某项目对权益影响百分比=某项目的变动额/期初权益总额

2. 凯诺科技2011—2013年资产负债表的水平变动情况分析

(1) 资产类项目的水平变动及评价。资产类项目的水平变动计算如表2-5所示。

表2-5 资产负债表资产类项目水平变动情况表 金额单位：万元

项目	2013年	2012年	2011年	2013年较2012年变动额	2013年较2012年变动率	2013年较2012年变动额对资产的影响	2012年较2011年变动额	2012年较2011年变动率	2012年较2011年变动额对资产的影响
流动资产：									
货币资金	158 935.00	123 587.00	92 814.80	35 348.00	28.60%	11.98%	30 772.20	33.15%	11.59%
应收票据	685.63	2 159.30	6 203.73	-1 473.67	-68.25%	-0.50%	-4 044.43	-65.19%	-1.52%
应收账款	7 849.80	9 486.46	12 285.20	-1 636.66	-17.25%	-0.55%	-2 798.74	-22.78%	-1.05%
预付款项	1 240.28	1 455.86	1 302.31	-215.58	-14.81%	-0.07%	153.55	11.79%	0.06%
其他应收款	4 636.69	1 807.20	2 046.66	2 829.49	156.57%	0.96%	-239.46	-11.70%	-0.09%
存货	54 889.60	45 042.30	33 221.10	9 847.30	21.86%	3.34%	11 821.20	35.58%	4.45%
其他流动资产	—	2 047.88	—	-2 047.88	-100.00%	-0.69%	2 047.88	—	0.77%
流动资产合计	228 237.00	185 586.00	147 873.80	42 651.00	22.98%	14.46%	37 712.20	25.50%	14.21%
非流动资产：									

续表

项目	2013 年	2012 年	2011 年	2013 年较 2012 年变动额	2013 年较 2012 年变动率	2013 年较 2012 年变动额对资产的影响	2012 年较 2011 年变动额	2012 年较 2011 年变动率	2012 年较 2011 年变动额对资产的影响
长期股权投资	1 000.00	1 000.00	1 000.00	—	0.00%	0.00%	—	0.00%	0.00%
投资性房地产	33 595.90	34 871.20	36 146.40	-1 275.30	-3.66%	-0.43%	-1 275.20	-3.53%	-0.48%
固定资产	64 517.60	69 150.00	73 928.80	-4 632.40	-6.70%	-1.57%	-4 778.80	-6.46%	-1.80%
在建工程	50.53	341.80	—	-291.27	-85.22%	-0.10%	341.80	—	0.13%
无形资产	3 826.63	3 936.81	4 031.91	-110.18	-2.80%	-0.04%	-95.10	-2.36%	-0.04%
递延所得税资产	221.89	166.50	417.24	55.39	33.27%	0.02%	-250.74	-60.09%	-0.09%
其他非流动资产	—	—	2 000.00	—	—	0.00%	-2 000.00	-100.00%	-0.75%
非流动资产合计	103 212.55	109 466.31	117 524.35	-6 253.76	-5.71%	-2.12%	-8 058.04	-6.86%	-3.04%
资产总计	331 449.55	295 052.31	265 398.15	36 397.24	12.34%	12.34%	29 654.16	11.17%	11.17%

2012 年比 2011 年总资产增加了 29 654.16 万元，增长幅度为 11.17%，2013 年比 2012 年总资产增加了 36 397.24 万元，增长幅度为 12.34%，两年来资产都以 10% 以上的速度在稳定增长，增长速度缓慢，这也是公司执行保守型财务政策的体现。其中，流动资产的增长速度远远超过了非流动资产的增长速度，2012 年、2013 年流动资产的增长速度分别为 25.50%、22.98%，而非流动资产的增长速度这两年分别为-6.86%、-5.71%。尤其在固定资产的比重上，这两年都是负增长，说明公司在经营规模上不仅没有扩张，还在减少固定资产。两年来总资产的增长主要是由于流动资产中货币资金和存货两项流动资产的增长所致，2012 年货币资金、存货分别增长了 33.15%、35.58%，对资产增长的影响分别为 11.59%、4.45%，2013 年货币资金、存货分别增长了 28.60%、21.86%，对资产增长的影响分别为 11.98%、3.34%，一方面说明公司资产的流动性较强，且质量较好，因而公司的偿债能力较强。另一方面也说明公司货币资金量的持续增加会失去运用资金投资的机会，增加持有现金的机会成本，存在货币资金使用效率降低、投资不当和备付保证金留存不足的货币资金管理风险。特别是加盟店退出时需要支付的备付保证金，在未来经济不景气的情况下将加大公司的支付风险。

（2）权益类项目的水平变动及评价。权益类项目的水平变动计算如表 2-6 所示。

表 2-6　　资产负债表权益类项目的水平变动情况表　　金额单位：万元

项目	2013 年	2012 年	2011 年	2013 年较 2012 年变动额	2013 年较 2012 年变动率	2013 年较 2012 年变动额对权益的影响	2012 年较 2011 年变动额	2012 年较 2011 年变动率	2012 年较 2011 年变动额对权益的影响
流动负债：									
应付账款	9 913.34	13 547.40	11 733.50	-3 634.06	-26.82%	-1.23%	1 813.90	15.46%	0.68%

续表

项目	2013 年	2012 年	2011 年	2013 年较 2012 年变动额	2013 年较 2012 年变动率	2013 年较 2012 年变动额对权益的影响	2012 年较 2011 年变动额	2012 年较 2011 年变动率	2012 年较 2011 年变动额对权益的影响
预收款项	71 561.30	48 036.70	32 587.20	23 524.60	48.97%	7.97%	15 449.50	47.41%	5.82%
应付职工薪酬	17 282.20	14 656.60	12 638.60	2 625.60	17.91%	0.89%	2 018.00	15.97%	0.76%
应交税费	9 494.85	7 598.03	5 252.94	1 896.82	24.96%	0.64%	2 345.09	44.64%	0.88%
其他应付款	1 370.71	815.60	295.43	555.11	68.06%	0.19%	520.17	176.07%	0.20%
流动负债合计	109 622.40	84 654.33	62 507.67	24 968.07	29.49%	8.46%	22 146.66	35.43%	8.34%
非流动负债:									
其他非流动负债	140.00	140.00	140.00	—	0.00%	0.00%	—	0.00%	0.00%
非流动负债合计	140.00	140.00	140.00	—	0.00%	0.00%	—	0.00%	0.00%
负债合计	109 762.40	84 794.33	62 647.67	24 968.07	29.45%	8.46%	22 146.66	35.35%	8.34%
所有者权益:									
实收资本	64 660.40	64 660.40	64 660.40	—	0.00%	0.00%	—	0.00%	0.00%
资本公积	43 233.60	43 233.60	43 233.60	—	0.00%	0.00%	—	0.00%	0.00%
盈余公积	15 308.00	14 037.20	13 075.90	1 270.80	9.05%	0.43%	961.30	7.35%	0.36%
未分配利润	98 485.15	88 326.78	81 780.58	10 158.37	11.50%	3.44%	6 546.20	8.00%	2.47%
所有者权益合计	221 687.15	210 257.98	202 750.48	11 429.17	5.44%	3.87%	7 507.50	3.70%	2.83%
负债和所有者权益总计	331 449.55	295 052.31	265 398.15	36 397.24	12.34%	12.34%	29 654.16	11.17%	11.17%

① 负债总额在逐年增加,但增速趋缓,2012 年比 2011 年负债增加了 22 146.66 万元,2013 年比 2012 年负债增加了 24 968.07 万元,但是呈下降的增长趋势,2012 年增长率为 35.35%,2013 年增长率为 29.45%,引起负债增加的原因是流动负债的增加,其增加并不是因为银行借款增加,而主要是因为公司预收账款的大幅增长,2012 年比 2011 年预收款项增长 47.41%,2013 年比 2012 年预收款项增长 48.97%,预收款项的连续大幅增长给公司带来了充裕的现金流入,表明公司的市场需求快速增长,销售潜力强大,未来销售收入将快速提升。应付职工薪酬、应交税费和其他应付款两年来都有所增长,尤其是其他应付款在 2012 年增长 176.07%,2013 年增长 68.06%,但由于其金额较小,所占比重低,对总额的影响只有 0.20% 和 0.19%,可以忽略不计。应付账款先升后降,2012 年提升了 15.46%,2013 年下降了 26.82%,说明公司在 2012 年通过增加应付金额获取较低成本的流动资金,在 2013 年因偿还了到期的欠款或购买存货时以现金支付

等原因减少了应付账款，说明公司资金雄厚并且有良好的商业信用。

② 所有者权益总额递增，2012 年比 2011 年增加了 7 507.50 万元，增长率为 3.70%，2013 年比 2012 年增加了 11 429.17 万元，增长率为 3.87%，所有者权益的增加是由于盈余公积和未分配利润引起的。这说明公司近两年的盈利状况正逐步提升。

综上所述，通过对凯诺科技资产类项目和权益类项目的分析，可以得出该公司的资产在逐年增长，但增长缓慢，流动资产保有过多。负债的增长速度高于所有者权益的增长速度，但主要是流动负债增速较快，长期负债没有变化，而且没有短期借款，说明公司只是从上下游企业寻找短期融资，在银行等方面的融资渠道还没有启用，不能利用财务杠杆获得更多收益。留存收益增速较稳定，企业的盈利状况良好。总体而言，公司经营情况较稳定，财务状况良好。

案例 2　凯诺科技利润表的初步阅读与分析

【案例资料】

凯诺科技 2011 年、2012 年、2013 年的利润表数据如表 2-7 所示。

表 2-7　凯诺科技利润表　单位：万元

项目	2013 年	2012 年	2011 年
一、营业收入	136 545.00	136 805.00	139 496.00
减：营业成本	77 023.50	86 688.40	97 531.30
营业税金及附加	1 998.21	1 752.68	1 374.01
销售费用	20 508.20	18 553.50	14 370.20
管理费用	20 179.70	17 941.00	13 411.40
财务费用	-1 651.68	-2 143.02	-904.67
资产减值损失	683.52	146.95	178.15
加：投资收益	482.05	131.91	133.09
二、营业利润	18 285.60	13 997.40	13 668.70
加：营业外收入	199.70	176.54	176.28
减：营业外支出	1 015.10	835.44	898.98
其中：非流动资产处置损失	51.08	93.56	—
三、利润总额	17 470.20	13 338.50	12 946.00
减：所得税费用	2 807.50	2 599.00	2 296.40
四、净利润	14 662.70	10 739.50	10 649.60

【任务要点】

1. 计算公司 2011—2013 年构成利润项目的变动额及其变动率，分析该公司经营成果的动态趋势。

2. 计算公司 2011—2013 年利润的结构百分比，分析公司经营前景和成长性。

【任务分析】

任务1 凯诺科技2011—2013年利润表项目的变动分析

1. 利润表动态趋势的含义和计算公式

利润表的动态趋势是指对连续几个年度利润表各项目数据的变动额和变动率的比较，主要反映企业经营成果的水平变动趋势。

某项目的变动额=该项目的期末数-该项目的期初数

某项目的变动率=该项目的变动额/该项目的期初数

2. 凯诺科技2011—2013年构成利润项目的变动额及其变动率的计算

具体数据如表2-8所示。

表2-8 利润项目变动额及变动率计算表 金额单位:万元

项目	2013年	2012年	2011年	2013年较2012年变动额	2013年较2012年变动率	2012年较2011年变动额	2012年较2011年变动率
一、营业收入	136 545.00	136 805.00	139 496.00	-260.00	-0.19%	-2 691.00	-1.93%
减:营业成本	77 023.50	86 688.40	97 531.30	-9 664.90	-11.15%	-10 842.90	-11.12%
营业税金及附加	1 998.21	1 752.68	1 374.01	245.53	14.01%	378.67	27.56%
销售费用	20 508.20	18 553.50	14 370.20	1 954.70	10.54%	4 183.30	29.11%
管理费用	20 179.70	17 941.00	13 411.40	2 238.70	12.48%	4 529.60	33.77%
财务费用	-1 651.68	-2 143.02	-904.67	491.34	-22.93%	-1 238.35	136.88%
资产减值损失	683.52	146.95	178.15	536.57	365.14%	-31.20	-17.51%
加:投资收益	482.05	131.91	133.09	350.14	265.44%	-1.18	-0.89%
二、营业利润	18 285.60	13 997.40	13 668.70	4 288.20	30.64%	328.70	2.40%
加:营业外收入	199.70	176.54	176.28	23.16	13.12%	0.26	0.15%
减:营业外支出	1 015.10	835.44	898.98	179.66	21.50%	-63.54	-7.07%
其中:非流动资产处置损失	51.08	93.56	—	-42.48	-45.40%	93.56	—
三、利润总额	17 470.20	13 338.50	12 946.00	4 131.70	30.98%	392.50	3.03%
减:所得税费用	2 807.50	2 599.00	2 296.40	208.50	8.02%	302.60	13.18%
四、净利润	14 662.70	10 739.50	10 649.60	3 923.20	36.53%	89.90	0.84%

该公司近三年来净利润呈现持续增长趋势，2012年比2011年增长89.90万元，增长率为0.84%，增幅微小，利润总额和营业利润增幅都在3%左右，营业利润的小幅提升是由于财务费用大幅逆增长即形成大量的利息收入，营业成本的大幅下降与营业收入的小幅下降，营业税金及附加、销售费用、管理费用的较大幅度上升对冲后形成的。这说明公司一方面在进行业务直接成本的控制，但由于处在发展期，业务不断扩大致使期间成本上升显著，应引起决策层的注意。另一方面，由于公司拥有大量的货币资金，利息收入形成营业利润的重要来源，对净利润的影响为11.63%。

净利润2013年比2012年增长了3 923.20万元，增长率为36.53%，增幅较大，净利润增长的主要原因是利润总额的增长，2013年比2012年增长了4 131.70万元，增长率为30.98%。增长的主要原因是营业成本的下降比率高出营业收入下降的比率，根据公司 2013 年年报披露，营业成本下降的原因在于成本各项目均有不同程度的降低（除服装行业人工成本有所上升外），具体数据如表 2-9 所示。

表 2-9　**2013 年与 2012 年分行业成本数据比较**　金额单位：万元

分行业	成本构成项目	本期金额	本期占总成本比例（%）	上年同期金额	上年同期占总成本比例（%）	本期金额较上年同期变动比例（%）
服装	原材料	41 306.03	65.53%	46 109.20	70.31%	-10.42%
	人工	17 917.00	28.43%	15 724.69	23.98%	13.94%
	折旧	2 012.20	3.19%	2 094.62	3.19%	-3.93%
	能源	1 308.36	2.08%	1 366.41	2.08%	-4.25%
毛纺	原材料	1 188.39	57.56%	8 825.47	65.51%	-86.53%
	人工	397.21	19.24%	2 071.80	15.38%	-80.83%
	折旧	201.78	9.77%	1 016.48	7.55%	-80.15%
	能源	268.11	12.99%	1 442.67	10.71%	-81.42%
电气	原材料	3 928.69	74.64%	4 530.77	77.82%	-13.29%
	人工	386.74	7.35%	409.66	7.04%	-5.59%
	折旧	597.77	11.36%	599.66	10.30%	-0.32%
	能源	293.08	5.57%	249.65	4.29%	17.40%

2013 年公司在服装业务方面的原材料、折旧、能源成本比 2012 年下降总和为 18.60%；2013 年公司在毛纺业务方面的原材料、人工、折旧、能源成本比 2012 年下降总和为 328.93%；2013 年公司在电气业务方面的原材料、人工、折旧成本比 2012 年下降总和为-19.20%。这说明 2013 年公司在成本控制方面加大了力度，控制方法得当，效果显著。

2013 年的营业税金及附加、销售费用、管理费用在 2012 年的基础上以 10% 以上的速度在上升，但环比比率是下降的，说明公司在期间成本的控制上采取了措施。2013 年公司计提了大量的资产减值损失，是 2012 年的 4.65 倍，根据公司 2013 年年报披露，资产减值损失主要是对存货计提的，这应该引起信息使用者的重视，分析公司是否存在利用计提流动资产减值的方式调整利润，通过积压大量的存货形成对利润的负影响，并关注下一个会计期间是否有资产减值损失被大量转回的事项存在。如果公司不存在上述行为，那么，公司决策者应该注意，公司的存货积压太久，款式过时等不利因素存在，应尽快处理存货以减少损失。投资收益增长了 265.44%，说明公司拓展了业务发展领域，且投资方向和效果良好。

综上所述，凯诺科技 2011—2013 年的经营成果良好。

任务 2　凯诺科技 2011—2013 年利润表的结构百分比分析

1. 利润表结构知识要点

利润表的结构百分比是指将常规形式的利润表换算成结构百分比形式的利润表，即以营业收入总额为共同基数，定为 100%，然后再求出表中各项目相对于共同基数的百分比，从而可以了解企业有关销售利润率以及各项费用率，同时其他各个项目与关键项目之间的比例关系也会更加清晰地显示出来，据以分析经营成果的结构及其增减变动是否合理，从而判断公司的经营前景和成长性。其公式如下：

某项目的结构比率=该项目金额/营业收入金额

2. 凯诺科技2011—2013年利润表结构比例计算

具体数据如表2-10所示。

表2-10 利润表结构分析 金额单位:万元

项目	2013年	2012年	2011年	2013年结构比率	2012年结构比率	2011年结构比率
一、营业收入	136 545.00	136 805.00	139 496.00	100%	100%	100%
减:营业成本	77 023.50	86 688.40	97 531.30	56.41%	63.37%	69.92%
营业税金及附加	1 998.21	1 752.68	1 374.01	1.46%	1.28%	0.98%
销售费用	20 508.20	18 553.50	14 370.20	15.02%	13.56%	10.30%
管理费用	20 179.70	17 941.00	13 411.40	14.78%	13.11%	9.61%
财务费用	-1 651.68	-2 143.02	-904.67	-1.21%	-1.57%	-0.65%
资产减值损失	683.52	146.95	178.15	0.50%	0.11%	0.13%
加:投资收益	482.05	131.91	133.09	0.35%	0.10%	0.10%
二、营业利润	18 285.60	13 997.40	13 668.70	13.39%	10.23%	9.80%
加:营业外收入	199.70	176.54	176.28	0.15%	0.13%	0.13%
减:营业外支出	1 015.10	835.44	898.98	0.74%	0.61%	0.64%
其中:非流动资产处置损失	51.08	93.56	—	0.04%	0.07%	—
三、利润总额	17 470.20	13 338.50	12 946.00	12.79%	9.75%	9.28%
减:所得税费用	2 807.50	2 599.00	2 296.40	2.06%	1.90%	1.65%
四、净利润	14 662.70	10 739.50	10 649.60	10.74%	7.85%	7.63%

公司总体上利润占比在缓慢上升。营业利润结构比2011年、2012年、2013年分别为9.80%、10.23%、13.39%，逐年递增0.43百分点、3.16百分点，其中2013年增长幅度稍大一些，主要原因是营业成本结构比呈下降趋势，2013年营业成本结构比为56.41%，比2012年下降6.96百分点，根据表2-9的数据也可以看出公司在2013年加大了业务直接成本的控制。但是销售费用、管理费用的结构比在逐年上升，吞噬了部分营业利润，公司应该对这两项期间费用做进一步分析，判断是固定的期间费用在增加还是变动的期间费用在增加，建立起期间费用的数量模型，分别从固定成本和单位变动成本两个方面施行各项开源节流的控制措施，确保这两项费用在可控范围内。财务费用连续3年都是负值，增加了营业利润。利润总额的结构比2011年、2012年、2013年分别为9.28%、9.75%、12.79%，逐年递增0.47百分点、3.04百分点，其中2013年增长幅度稍大一些，主要原因是营业利润占比的上升。但由于2013年比2012年营业外净额占比下降了0.11百分点，所以使得2013年的利润总额占比上升幅度小于2012年利润总额占比上升幅度。净利润的结构比2011年、2012年、2013年分别为7.63%、7.85%、10.74%，逐年递增0.22百分点、2.89百分点，其中2013年增长幅度稍大一些，主要原因是利润总额占比的上升引起的。但由于2013年比2012年所得税占比上升了0.16百分点，使得2013年净利润的占比上升幅度比2012年净利润占比的上升幅度下降。

综合上述分析，公司的营业利润、利润总额、净利润的占比都在持续稳定增长，表明公司经营业绩突出，发展前景乐观，市场竞争能力较强。同时公司在销售环节主要采取所有权与经营权分离的模式，实际控制终端零售渠道；所有加盟店统一使用全国联网的ERP系统，可以及时掌握并分析所有产品在全国各门店的销售情况，便于对加盟店补货、调货等迅速反应；有效的成本控制带来成衣销售价格的下降，刺激销量大幅增长。公司的成长性较好。

案例 3 凯诺科技现金流量表的初步阅读与分析

【案例资料】

凯诺科技 2011 年、2012 年、2013 年的现金流量表数据如表 2-11 所示。

表 2-11 凯诺科技现金流量表 单位：万元

	2013 年	2012 年	2011 年
一、经营活动产生的现金流量			
销售商品、提供劳务收到的现金	185 679.00	178 461.00	162 492.00
收到的税费返还	697.38	1 782.93	2 932.57
收到其他与经营活动有关的现金	3 307.62	4 058.07	2 758.43
经营活动现金流入小计	189 684.00	184 302.00	168 183.00
购买商品、接受劳务支付的现金	65 671.50	78 637.50	87 179.60
支付给职工以及为职工支付的现金	46 330.30	40 946.30	33 474.30
支付的各项税费	20 664.60	15 899.80	10 673.79
支付其他与经营活动有关的现金	11 219.60	12 223.40	9 267.31
经营活动现金流出小计	143 886.00	147 707.00	140 595.00
经营活动产生的现金流量净额	45 798.00	36 595.00	27 588.00
二、投资活动产生的现金流量			
收回投资所收到的现金	2 000.00	—	—
取得投资收益所收到的现金	482.33	132.71	132.71
处置固定资产、无形资产和其他长期资产所收回的现金净额	74.19	58.84	0.80
投资活动现金流入小计	2 556.52	191.55	133.51
购建固定资产、无形资产和其他长期资产所支付的现金	6 573.74	3 478.72	11 997.40
投资所支付的现金	—	—	2 000.00
投资活动现金流出小计	6 573.74	3 478.72	13 997.40
投资活动产生的现金流量净额	-4 017.22	-3 287.17	-13 863.89
三、筹资活动产生的现金流量			
吸收投资收到的现金	—	—	—
筹资活动现金流入小计	0	0	0
分配股利、利润或偿付利息所支付的现金	3 233.02	3 233.02	6 466.04
支付其他与筹资活动有关的现金	2 720.00	—	—
筹资活动现金流出小计	5 953.02	3 233.02	6 466.04
筹资活动产生的现金流量净额	-5 953.02	-3 233.02	-6 466.04
四、汇率变动对现金及现金等价物的影响	-479.76	697.39	-307.73
五、现金及现金等价物净增加额	35 348.00	30 772.20	6 950.34
期初现金及现金等价物余额	123 587.00	92 814.80	85 864.46
六、期末现金及现金等价物余额	158 935.00	123 587.00	92 814.80

【任务要点】

1. 分析现金及现金等价物净增加额是由几个部分构成的,其现金净流量反映了公司什么样的经营状况?

2. 计算凯诺科技 2011—2013 年现金流量的变动趋势,评价公司获取现金的能力及偿债能力。

【任务分析】

任务 1　凯诺科技三大活动形成的现金净流量分析

1. 现金净流量知识要点

(1)现金及现金等价物的含义。现金是指企业的库存现金以及可以随时用于支付的存款。具体包括现金、银行存款和其他货币资金。

现金等价物是指企业持有的期限短,流动性强,易于变化为已知金额的现金、价值变动风险很小的投资,一般是指从购买之日起三个月到期的债券投资。例如,可在证券市场上流通的、三个月内到期的短期债券投资等。

(2) 现金及现金等价物净增加额。现金及现金等价物净增加额是现金流量表的第五部分,企业编制现金流量表的目的,是为会计报表使用者提供企业一定会计期间内现金和现金等价物流入和流出的信息,以便于报表使用者了解和评价企业获取现金和现金等价物的能力,并据以预测企业未来现金流量。那么,现金及现金等价物净增加额就是由经营活动产生的现金流入与流出的差额、投资活动产生的现金流入与流出的差额、筹资活动产生的现金流入与流出的差额及汇率变动对现金及现金等价物的影响四个部分数额相加得到的。计算公式如下:

现金及现金等价物净增加额=经营活动产生的现金流量净额+投资活动产生的现金流量净额+筹资活动产生的现金流量净额+汇率变动对现金及现金等价物的影响

现金是企业赖以生存和发展的基础,如果不考虑现金流量的大小,仅根据现金流的方向进行分析,经营活动现金净流量、投资活动现金净流量和筹资活动现金净流量三者之间有八种组合,通过对这八种组合进行分析,可以初步获知企业的经营状况,如表 2-12 所示。

表 2-12　经营活动、投资活动、筹资活动现金净流量分析

经营活动现金净流量	投资活动现金净流量	筹资活动现金净流量	分析
+	+	+	在现金流方面能自给自足,经营和投资收益状况较好,这时仍可进行融资,通过寻找新的投资机会,避免资金的闲置浪费
+	+	−	经营和投资活动良性循环,筹资活动的负数是由于偿还借款引起的,但财务状况仍比较安全
+	−	+	经营状况良好,在内部经营稳定进行的前提下,通过筹集资金进行投资,企业往往是处于扩张时期,应着重分析投资项目的盈利能力

续表

经营活动现金净流量	投资活动现金净流量	筹资活动现金净流量	分析
+	-	-	经营状况良好。一方面在偿还以前债务,另一方面又要继续投资,应关注经营状况的变化,防止经营状况恶化导致整个财务状况恶化
-	+	+	靠借债维持生产经营的需要。财务状况可能恶化,应着重分析投资活动现金净流量是来自投资收益还是收回投资。如果是后者,企业的形势将非常严峻
-	+	-	经营活动已发出危险信号,如果投资活动现金流入主要来自收回投资,则已经处于破产边缘,应高度警惕
-	-	+	靠借债维持日常经营和生产规模的扩大,财务状况很不稳定,假如是处于投入期的企业,一旦渡过难关,还可能有发展;如果是成长期或稳定期的企业,则非常危险
-	-	-	财务状况危急,必须及时扭转,这种情况往往发生在扩张时期,由于市场变化导致经营状况恶化,加上扩张时投入了大量资金,使企业陷入困境

2. 凯诺科技三大活动形成的现金净流量分析

凯诺科技2011—2013年经营活动现金净流量、投资活动现金净流量、筹资活动现金净流量数值及其现金流量类型如表2-13所示。

表2-13　　经营活动、投资活动、筹资活动现金净流量数值及类型　　金额单位:万元

时间	经营活动现金净流量	投资活动现金净流量	筹资活动现金净流量
2011年	27 588.00	-13 863.89	-6 466.04
2012年	36 595.00	-3 287.17	-3 233.02
2013年	45 798.00	-4 017.22	-5 953.02
现金净流量类型	+	-	-

2011—2013年经营活动现金净流量为正数、投资活动现金净流量为负数、筹资活动现金净流量为负数,说明公司经营状况良好。一方面在偿还以前债务,三年来公司主要是在分配股利、利润或偿付利息方面支付现金,另一方面又要继续投资,三年来公司主要在购建固定资产、无形资产和其他长期资产方面支付现金,只有2011年在资本市场上投资了2 000万元,说明公司在不断扩张企业规模。同时公司三年来的经营活动现金净流量不断在增加,从2011年的27 588.00万元到2012年的36 595.00万元,再到2013年的45 798万元,现金完全能够自给自足,经营状况良好。

任务2　凯诺科技2011—2013年现金流量的变动趋势分析

1. 现金流量变动趋势知识要点

现金流量的变动趋势分析是指通过观察连续几个报告期的现金流入和现金流出情况,比较各期指标的增减变化,并在此基础上判断其发展趋势,进而对企业未来发展趋势做出预测的一种方法。

(1) 现金流入、流出项目的变动额和变动率公式。

某现金流入项目的变动额=该项目的期末数-该项目的期初数

某现金流入项目的变动率=该现金流入项目的变动额/该项目的期初数

某现金流出项目的变动额=该项目的期末数-该项目的期初数

某现金流出项目的变动率=该现金流出项目的变动额/该项目的期初数

（2）现金流入、流出项目的结构变动公式。

某项目现金流入结构=该项目数额/现金总流入

某项目现金流出结构=该项目数额/现金总流出

2. 凯诺科技现金流量变动趋势分析

（1）计算并分析凯诺科技2011—2013年现金流量的变动趋势，如表2-14所示。

表2-14　凯诺科技2011—2013年现金流量的变动表　金额单位：万元

项目	2013年	2012年	2011年	2013年较2012年变动额	2013年较2012年变动率	2012年较2011年变动额	2012年较2011年变动率
现金流入	192 240.52	184 493.55	168 316.51	7 746.97	4.20%	16 177.04	9.61%
其中：经营活动现金流入	189 684.00	184 302.00	168 183.00	5 382	2.92%	16 119.00	9.58%
投资活动现金流入	2 556.52	191.55	133.51	2 364.97	1 234.65%	58.04	43.47%
筹资活动现金流入	0	0	0	0	—	0	—
现金流出	156 412.76	154 418.74	161 058.44	1 994.02	1.29%	-6 639.70	-4.12%
其中：经营活动现金流出	143 886.00	147 707.00	140 595.00	-3 821.00	-2.59%	7 112.00	5.06%
投资活动现金流出	6 573.74	3 478.72	13 997.40	3 095.02	88.97%	-10 518.68	-75.15%
筹资活动现金流出	5 953.02	3 233.02	6 466.04	2 720.00	84.13%	-3 233.02	-50.00%

现金流入的绝对数在增加，环比比率在下降，2012年比2011年增加16 177.04万元，2013年比2012年增加7 746.97万元，2012年比2011年增长9.61%，2013年比2012年增长4.20%。其中，投资活动现金流入增长速度最快，2012年和2013年公司都处置了长期资产，收回了部分现金，2013年还处置了权益性长期投资2 000万元，说明公司一方面在缩减长期资产的规模（同投资活动现金流出对比，反映出公司在进行长期资产的更新换代），另一方面，公司在规避长期资本投资风险，收回投资额。三年来筹资活动现金流入为0，一方面说明公司现金充裕，不需要向企业外部融资，另一方面说明公司没有很好地运用财务杠杆效用，会相对降低资金收益率。经营活动现金流入的增长速度放缓，2012年比2011年增长9.58%，2013年比2012年增长2.92%，这是由公司2013年的产品价格降低引起的，说明公司以损失现金为代价来扩大产品的市场占有率，增强公司在同行业中的地位。

现金流出的绝对数整体呈下降趋势，环比比率先降后升。2012年比2011年现金流出减少6 639.70万元，2013年比2012年增加1 994.02万元，2012年比2011年下降4.12%，2013年比2012年上升1.29%。其中，投资活动现金流出先降后升，2012年比2011年下降75.15%，结合现金流量表和资产负债表进行分析，主要是2012年投资性房地产投资在减少，同时，对内的固定资产投资也在减少所引起的。而2013年扩大了对内的固定资产投资，这主要是出售旧的固定资产，购入新的固定资产引起的，说明公司的经营能力在提高。筹资活动现金流出发展趋势与投资活动现金流出相同,都是先降后升的趋势。公司在 2012 年支付给股东的股利比 2011 年减少了将近 50%,表明公司股利分配方案出现重大调整。2013 年筹资活动现金流出比 2012 年增长 84. 13%,主要是支付其他与筹资活动有关的现金增长了 2 720 万元,应该是公司在捐赠现金、融资租入固定资产支付的租赁费,以及以发行股票、债券等方式筹集资金而由企业直接支付的审计、咨询费用等方面的现金流出增加了。经营活动的现金流出先升后降,2012 年比 2011 年上升 5. 06%,结合利润表进行分析,2012 年的销售费用、管理费用和所得税费用大幅增长,应该是其上升的主要原因。2013 年销售费用、管理费用和所得税费用增长速度降低,经营活动的现金流出也下降了,说明公司注意了成本控制,减少了现金的流出。

(2) 计算并分析凯诺科技现金流入、流出项目的结构变动率,如表 2-15 所示。

表 2-15　凯诺科技现金流量结构趋势

项目	2013 年	2012 年	2011 年
现金流入	100%	100%	100%
其中:			
经营活动现金流入	98. 67%	99. 90%	99. 92%
投资活动现金流入	1. 33%	0. 10%	0. 08%
筹资活动现金流入	0%	0%	0%
现金流出	100%	100%	100%
其中:			
经营活动现金流出	91. 99%	95. 65%	87. 29%
投资活动现金流出	4. 20%	2. 25%	8. 69%
筹资活动现金流出	3. 81%	2. 09%	4. 01%

在现金流入项目中,经营活动现金流入占据了绝大部分,三年来该项目的占比变动非常稳定,2013 年略有下降,下降 1. 23 百分点,属于正常范围内的波动,不需要过多重视。总体而言,公司的经营活动开展正常。在现金流出项目中,经营活动现金流出占据了绝大部分,三年来该项目的相对比率变动相对稳定,2012 年、2013 年比 2011 年有所上升,与经营活动现金流入基本匹配。投资活动和筹资活动的现金流出在 2012 年的占比是三年中最低的,表明投资和筹资规模在缩减。总之,该公司的现金流入和流出状况良好,结构较为合理。

2. 2　案 例 实 训

实训 1　珠海格力电器股份有限公司资产负债表的初步分析

【实训资料】

珠海格力电器股份有限公司(简称格力电器)1991 年成立于珠海市,是目前全球最大的集研发、生产、销售、服务于一体的专业化家电企业,是中国上市公司 100 强。格力电器旗下的“格力”品牌空调，是中国空调业唯一的“世界名牌”产品，业务遍及全球100多个国家和地区。2005年至今，格力空调产销量连续10年领跑全球。经营范围有：货物、技术的进出口（法律、法规、规章明文规定禁止进出口的货物、技术除外；法律、行政法规限制的项目须取得许可后方可经营）；电机制造；家用电力器具制造等。

格力电器2011年、2012年、2013年的资产负债表数据如表2-16所示。

表2-16　　格力电器2011—2013年的资产负债表数据　　单位：万元

项目	2013年12月31日	2012年12月31日	2011年12月31日
流动资产：			
货币资金	3 854 170.00	2 894 390.00	1 604 080.00
交易性金融资产	124 611.00	26 346.00	1 648.91
应收票据	4 629 720.00	3 429 220.00	3 366 510.00
应收账款	184 928.00	147 487.00	122 679.00
预付款项	149 865.00	173 971.00	231 562.00
应收利息	72 956.00	71 086.60	24 274.00
其他应收款	34 642.00	29 035.60	63 447.60
存货	1 312 270.00	1 723 500.00	1 750 310.00
其他流动资产	10 085.40	13 724.30	11 048.90
流动资产合计	10 373 247.40	8 508 760.50	7 175 560.41
非流动资产：			
可供出售金融资产	80 593.30	55 491.20	—
长期股权投资	9 756.85	2 816.00	1 687.66
投资性房地产	50 305.60	20 800.90	19 763.00
固定资产	1 403 410.00	1 270 040.00	770 914.00
在建工程	186 168.00	230 432.00	217 166.00
固定资产清理	629.43	11.01	62.47
无形资产	237 018.00	163 527.00	162 216.00
长期待摊费用	4 266.53	4 808.93	4 815.66
递延所得税资产	568 261.00	291 109.00	168 973.00
非流动资产合计	2 540 408.71	2 039 036.04	1 345 597.79
资产总计	12 913 656.11	10 547 796.54	8 521 158.20
流动负债：			
短期借款	331 697.00	352 064.00	273 929.00
应付票据	823 021.00	798 358.00	1 064 410.00
应付账款	2 743 450.00	2 266 500.00	1 563 640.00
预收款项	1 198 640.00	1 663 010.00	1 975 270.00
应付职工薪酬	164 016.00	135 767.00	72 942.90
应交税费	615 749.00	252 210.00	-67 956.90
应付利息	2 548.03	2 019.91	1 659.42
应付股利	70.79	70.79	70.79
其他应付款	479 378.00	544 161.00	333 644.00
一年内到期的非流动负债	92 344.80	251 376.00	217 662.00

续表

项目	2013年12月31日	2012年12月31日	2011年12月31日
其他流动负债	3 091 640.00	1 574 390.00	958 900.00
流动负债合计	9 542 554.62	7 839 926.70	6 394 171.21
非流动负债：			
长期借款	137 535.00	98 446.30	258 220.00
递延所得税负债	32 894.30	16 040.50	4 316.78
其他非流动负债	3 992.06	1 146.97	1 605.14
非流动负债合计	174 421.36	115 633.77	264 141.92
负债合计	9 716 975.98	7 955 560.47	6 658 313.13
所有者权益(或股东权益)：			
实收资本(或股本)	300 787.00	300 787.00	281 789.00
资本公积	317 611.00	318 718.00	11 016.70
盈余公积	295 809.00	295 809.00	250 108.00
未分配利润	2 282 473.13	1 676 922.07	1 319 931.37
所有者权益(或股东权益)合计	3 196 680.13	2 592 236.07	1 862 845.07
负债和所有者权益(或股东权益)总计	12 913 656.11	10 547 796.54	8 521 158.20

【实训要点】

1. 分析格力电器2011—2013年的财务结构，讨论公司2011—2013年的资产结构、资本结构的变化。

2. 分析格力电器2011—2013年资产负债表的水平变动情况，讨论公司2011—2013年的总体财务状况。

实训2 珠海格力电器股份有限公司利润表的初步分析

【实训资料】

珠海格力电器股份有限公司（简称格力电器）2011年、2012年、2013年的利润表数据如表2-17所示。

表2-17 格力电器2011—2013年的利润表数据 单位：万元

项目	2013年	2012年	2011年
一、营业收入	11 862 800.00	9 931 620.00	8 315 550.00
减：营业成本	8 038 590.00	7 320 310.00	6 813 210.00
营业税金及附加	95 617.00	58 995.40	49 790.80
销售费用	2 250 890.00	1 462 620.00	805 041.00
管理费用	508 957.00	405 581.00	278 327.00

续表

项目	2013 年	2012 年	2011 年
财务费用	-13 730.90	-46 134.80	-45 270.80
资产减值损失	19 239.30	6 553.71	-2 059.47
加:公允价值变动收益	99 056.40	24 688.50	-5 750.87
投资收益	71 733.70	-2 049.44	9 109.41
其中:对联营企业和合营企业的投资收益	285.58	873.22	-491.05
二、营业利润	1 134 027.70	746 333.75	419 870.01
加:营业外收入	68 420.00	76 038.30	184 579.00
减:营业外支出	5 528.58	2 398.18	5 953.16
其中:非流动资产处置损失	378.25	1 429.49	701.51
三、利润总额	1 196 919.12	819 973.87	598 495.85
减:所得税费用	195 617.00	131 678.00	103 122.00
四、净利润	1 001 302.12	688 295.87	495 373.85

【实训要点】

1. 计算格力电器 2011—2013 年利润表构成项目的变动额及其变动率,分析该公司经营成果的动态趋势。

2. 计算格力电器 2011—2013 年利润表的结构百分比,分析公司的经营前景和成长性。

实训 3　珠海格力电器股份有限公司现金流量表的初步分析

【实训资料】

珠海格力电器股份有限公司(简称格力电器)2011 年、2012 年、2013 年的现金流量表数据如表 2-18 所示。

表 2-18　格力电器 2011—2013 年的现金流量表数据　单位:万元

项目	2013 年	2012 年	2011 年
一、经营活动产生的现金流量			
销售商品、提供劳务收到的现金	7 021 140.00	7 007 710.00	5 275 460.00
收到的税费返还	46 852.50	132 256.00	95 697.10
收到的其他与经营活动有关的现金	303 246.00	320 668.00	385 183.00
经营活动现金流入小计	7 371 238.50	7 460 634.00	5 756 340.10
购买商品、接受劳务支付的现金	3 858 870.00	4 044 620.00	4 371 700.00
支付给职工以及为职工支付的现金	496 395.00	448 636.00	384 559.00
支付的各项税费	817 129.00	516 252.00	419 453.00
支付的其他与经营活动有关的现金	639 367.00	467 093.00	614 750.00
经营活动现金流出小计	5 811 761.00	5 476 601.00	5 790 462.00

续表

项目	2013 年	2012 年	2011 年
经营活动产生的现金流量净额	1 559 477.50	1 984 033.00	-34 121.90
二、投资活动产生的现金流量			
收回投资所收到的现金	32 751.50	100 557.00	132 337.00
取得投资收益所收到的现金	24 135.20	4 729.29	22 022.20
处置固定资产、无形资产和其他长期资产所收回的现金净额	120.98	46.92	618.57
收到的其他与投资活动有关的现金	43 439.70	690.25	77 113.00
投资活动现金流入小计	100 447.38	106 023.46	232 090.77
购建固定资产、无形资产和其他长期资产所支付的现金	246 147.00	360 241.00	477 774.00
投资所支付的现金	70 406.80	155 836.00	24 910.00
支付的其他与投资活动有关的现金	2 492.67	11 199.00	6 133.53
投资活动现金流出小计	319 046.47	527 276.00	508 817.53
投资活动产生的现金流量净额	-218 599.09	-421 252.54	-276 726.76
三、筹资活动产生的现金流量			
吸收投资收到的现金	—	319 787.00	26.39
取得借款收到的现金	498 791.00	376 302.00	491 049.00
收到其他与筹资活动有关的现金	199 670.00	112 792.00	—
筹资活动现金流入小计	698 461.00	808 881.00	491 075.39
偿还债务支付的现金	623 384.00	559 719.00	161 461.00
分配股利、利润或偿付利息所支付的现金	317 474.00	167 382.00	97 691.20
支付其他与筹资活动有关的现金	—	258.30	311 383.00
筹资活动现金流出小计	940 858.00	727 359.30	570 535.20
筹资活动产生的现金流量净额	-242 397.00	81 521.70	-79 459.81
四、汇率变动对现金及现金等价物的影响	-138 701.41	-353 992.16	-16 597.40
五、现金及现金等价物净增加额	959 780.00	1 290 310.00	-406 905.87
期初现金及现金等价物余额	2 894 390.00	1 604 080.00	2 010 985.87
六、期末现金及现金等价物余额	3 854 170.00	2 894 390.00	1 604 080.00

【实训要点】

1. 现金及现金等价物净增加额是由哪几个部分构成的？其现金净流量反映了公司什么样的经营状况？

2. 计算格力电器2011—2013年现金流量的变动趋势，评价公司获取现金的能力及偿债能力。

综合测试

一、单项选择题

1. 保守型财务结构的缺点是(　　)。

A. 资本成本较高　　B. 资本成本最低

C. 财务风险较大　　D. 容易使企业陷入经营危机

2. 保守型财务结构表现为(　　)。

A. 非流动资产依靠长期资金解决,流动资产需要长期资金和短期资金共同解决

B. 非流动资产用长期资金(非流动负债及所有者权益)满足,流动资产用流动负债满足

C. 全部资产的资金来源都是长期资本,即所有者权益和非流动负债

D. 流动负债不仅用于满足流动资产的资金需要,而且用于满足部分非流动资产的资金需要

3. 广义的资本结构指的是(　　)。

A. 资产与负债的比例构成　　B. 资产与所有者权益的比例构成

C. 负债与所有者权益的比例构成　　D. 流动资产与长期资产的比例构成

4. 计算利润表的结构百分比是以(　　)为共同数。

A. 净利润　　B. 营业收入总额　　C. 利润总额　　D. 主营业务成本

5. 一般情况下,经营活动现金净流量为负数、投资活动现金净流量为正数、筹资活动现金净流量为负数表明企业的经营和投融资活动(　　)。

A. 经营状况恶化　　B. 状况良好但财务状况有恶化趋势

C. 财务状况危急,必须及时扭转　　D. 良性循环,财务状况仍比较安全

二、多项选择题

1. 现金流量表中的现金包括(　　)。

A. 库存现金　　B. 银行存款　　C. 其他货币资金　　D. 长期股权投资

2. 资产负债表可以从(　　)方面进行分析。

A. 财务结构　　B. 水平变动趋势

C. 管理费用构成　　D. 资产与权益内部各个项目

3. 利润表可以从(　　)方面进行分析。

A. 水平变动趋势　　B. 结构变动趋势　　C. 收入构成　　D. 费用构成

4. 现金及现金等价物净增加额由(　　)部分构成。

A. 经营活动产生的现金流量净额　　B. 投资活动产生的现金流量净额

C. 筹资活动产生的现金流量净额　　D. 汇率变动对现金及现金等价物的影响

5. 下列选项属于现代企业常见的财务结构类型的是(　　)。

A. 保守型财务结构　　B. 财务杠杆

C. 平衡型财务结构　　D. 风险型财务结构

三、判断题

1. 一般情况下,现金流量表中的现金及现金等价物的净增加额就是资产负债表中货币资金的期末数与期初数的差额。(　　)

2. 狭义的资本结构是指企业稳定的资金来源于长期负债和所有者权益。(　　)

3. 资本结构实质上就是资产的比率问题。(　　)

4. 一般来说,当流动资产占资产总额的50%、固定资产占资产总额的10%时,资产结构较为理想。(　　)

5. 未分配利润项目逐年增长，现金净流量逐年增长，说明企业经营状况良好，净利润逐年上升。(　　)

四、计算分析题

1. 大华公司期初和期末的资产负债表数据如表 2-19 所示。

表 2-19　　**资产负债表**　　金额：元

资产	期初	期末	负债及股东权益	期初	期末
流动资产：			流动负债：		
货币资金	40 000	50 000	短期借款	37 600	55 000
交易性金融资产	28 000	20 000	应付账款	13 600	15 500
应收账款	15 500	25 000	应交款项	7 400	9 530
存货	97 000	85 000	其他流动负债	4 487	3 300
其他流动资产	37 910	48 510	流动负债合计	63 087	83 330
流动资产合计	218 410	228 510	非流动负债：		
非流动资产：			长期借款	38 400	42 000
长期股权投资	42 200	51 000	应付债券	181 000	181 000
固定资产净值	631 000	658 500	非流动负债合计	219 400	223 000
无形资产	91 000	94 000	负债合计	282 487	306 330
非流动资产合计	764 200	803 500	股东权益：		
			股本	500 000	500 000
			资本公积	107 000	102 640
			盈余公积	82 423	85 320
			未分配利润	10 700	37 720
			股东权益合计	700 123	725 680
合计	982 610	1 032 010	合计	982 610	1 032 010

要求：

(1) 分析大华公司的财务结构。

(2) 分析资产负债表的变动情况并作出评价。

2. 完成安徽江南化工股份有限公司利润表分析。

安徽江南化工股份有限公司是中国企业 500 强盾安控股集团旗下的成员企业，是一家集科研、生产、销售和爆破服务于一体的大型民爆上市公司，主要为矿山开采、基础建设、城市拆除爆破等提供民用爆破器材和工程爆破服务。公司 2012 年、2013 年利润表如表 2-20 所示。

表 2-20　　**安徽江南化工股份有限公司利润表**　　单位：万元

项目	2013 年	2012 年
一、营业收入	193 584.00	177 374.00
减：营业成本	97 987.20	92 784.40
营业税金及附加	3 065.50	2 233.57
销售费用	15 114.40	15 424.60
管理费用	31 211.90	26 280.70

续表

项目	2013 年	2012 年
财务费用	2 452.36	1 165.10
资产减值损失	2 012.27	631.17
加:投资收益	1 914.96	1 338.52
其中:对联营企业和合营企业的投资收益	605.08	16.19
二、营业利润	43 655.33	40 192.98
加:营业外收入	3 018.86	1 486.24
减:营业外支出	1 237.23	513.94
其中:非流动资产处置损失	606.67	163.55
三、利润总额	45 436.96	41 165.28
减:所得税费用	9 702.47	7 208.46
四、净利润	35 734.49	33 956.82

要求:

(1)计算公司2012年和2013年利润表构成项目的变动额及其变动率,分析该公司经营成果的动态趋势。

(2)计算公司2012年和2013年利润表的结构百分比,分析公司经营前景和成长性。

3. 完成江苏金智科技股份有限公司报表初步分析。

江苏金智科技股份有限公司(简称金智科技)源于东南大学,创立于1995年,现位于南京市江宁经济技术开发区。2006年12月8日,金智科技在深圳证券交易所首发上市。在电力自动化和企业级IT服务等领域,金智科技形成了具有自主知识产权、切合客户需求的一系列软硬件产品和解决方案,在行业内保持着科技领先地位,已成为国内知名的高科技企业。公司主营电力自动化、继电保护、工业电气自动化、水利、水电及水处理自动化产品及系统的开发、设计、制造、销售及服务,水文仪器、大坝自动化仪器、传感器、电子仪器、电子及电气设备、光电设备、机电设备、通信设备(卫星地面接收设施除外)、计算机软硬件的开发、设计、制造、销售及服务,计算机信息系统设计、销售、施工及技术咨询服务等业务。2012年、2013年资产负债表、利润表和现金流量表如表2-21、表2-22、表2-23所示。

表 2-21　　资产负债表　　单位:万元

项目	2012年12月31日	2013年12月31日	项目	2012年12月31日	2013年12月31日
货币资金	176 692 429.09	326 388 011.40	短期借款	216 317 874.01	341 636 129.27
交易性金融资产	605 372.14		交易性金融负债		261 296.09
应收票据	16 261 120.00	43 649 799.59	应付票据	46 618 573.04	101 896 958.95
应收账款	318 271 855.67	389 774 435.54	应付账款	139 829 583.64	189 438 773.10
预付款项	88 274 200.06	122 885 544.80	预收款项	118 958 110.87	167 943 319.72
其他应收款	52 053 415.80	52 295 436.77	应付职工薪酬	2 283 993.43	2 322 719.61
应收关联公司款			应交税费	8 177 714.12	4 692 312.39
应收利息			应付利息	949 865.08	614 817.20
应收股利			应付股利		225 000.00
存货	196 536 688.27	212 765 528.36	其他应付款	11 219 880.92	13 381 373.17

续表

项目	2012年12月31日	2013年12月31日	项目	2012年12月31日	2013年12月31日
其中：消耗性生物资产			应付关联公司款		
一年内到期的非流动资产			一年内到期的非流动负债		
其他流动资产			其他流动负债	9 100 000.00	17 000 000.00
流动资产合计	848 695 081.03	1 147 758 756.46	流动负债合计	553 455 595.11	839 412 699.50
可供出售金融资产			长期借款	29 353 285.00	27 253 143.00
持有至到期投资			应付债券		
长期应收款			长期应付款	8 891 524.00	8 891 524.00
长期股权投资	82 509 748.50	113 041 356.72	专项应付款		
投资性房地产			预计负债	5 772 598.27	6 027 252.46
固定资产	204 834 270.13	198 876 085.01	递延所得税负债		
在建工程			其他非流动负债		
工程物资			非流动负债合计	44 017 407.27	42 171 919.46
固定资产清理			负债合计	597 473 002.38	881 584 618.96
生产性生物资产			实收资本(或股本)	204 000 000.00	204 000 000.00
油气资产			资本公积	85 688 583.49	90 847 531.22
无形资产	44 371 992.59	34 794 666.53	盈余公积	41 715 717.33	48 712 705.11
开发支出			减：库存股		
商誉	5 805 188.50	29 769 876.98	未分配利润	222 201 919.23	253 877 284.21
长期待摊费用	170 951.57	590 434.35	少数股东权益	50 460 507.11	60 702 518.56
递延所得税资产	12 867 445.97	15 299 679.22	外币报表折算差额	-2 285 051.25	406 197.21
其他非流动资产			非正常经营项目收益调整		
非流动资产合计	350 559 597.26	392 372 098.81	所有者权益（或股东权益）合计	601 781 675.91	658 546 236.31
资产总计	1 199 254 678.29	1 540 130 855.27	负债和所有者(或股东权益)合计	1 199 254 678.29	1 540 130 855.27

表 2-22　　利　润　表　　单位：元

项目	2012年	2013年
一、营业收入	821 201 485.87	1 052 408 180.34
减：营业成本	584 878 423.23	750 629 858.47
营业税金及附加	11 551 030.86	12 061 426.73
销售费用	79 104 518.44	92 523 022.68
管理费用	103 680 120.25	141 562 964.25
勘探费用		
财务费用	11 487 689.81	12 869 692.11
资产减值损失	11 621 152.30	13 399 915.27

续表

项目	2012 年	2013 年
加:公允价值变动净收益	-140 482.13	-866 668.23
投资收益	2 112 257.20	1 691 021.31
其中:对联营企业和合营企业的投资权益	5 739.38	-1 068 391.78
二、营业利润	20 850 326.05	30 185 653.91
加:营业外收入	35 161 754.03	40 701 985.65
减:营业外支出	8 160 598.06	3 496 492.48
其中:非流动资产处置净损失	57 823.96	126 077.38
三、利润总额	47 851 482.02	67 391 147.08
减:所得税	1 284 718.34	5 409 805.26
四、净利润	46 566 763.68	61 981 341.82
归属于母公司所有者的净利润	41 837 174.23	59 072 352.76
少数股东损益	4 729 589.45	2 908 989.06

表 2-23 **现金流量表** 单位:元

项目	2012 年	2013 年
一、经营活动产生的现金流量		
销售商品、提供劳务收到的现金	837 224 848.84	967 738 526.56
收到的税费返还	19 829 324.06	24 958 657.77
收到其他与经营活动有关的现金	16 923 993.19	41 615 999.12
经营活动现金流入小计	873 978 166.09	1 034 313 183.45
购买商品、接受劳务支付的现金	583 704 975.06	552 510 091.03
支付给职工以及为职工支付的现金	103 773 342.48	131 662 075.17
支付的各项税费	53 254 975.26	61 821 915.35
支付其他与经营活动有关的现金	120 540 005.80	147 076 930.92
经营活动现金流出小计	861 273 298.60	893 071 012.47
经营活动产生的现金流量净额	12 704 867.49	141 242 170.98
二、投资活动产生的现金流量		
收回投资收到的现金	885 000.00	
取得投资收益收到的现金	2 102 129.00	2 759 413.09
处置固定资产、无形资产和其他长期资产收回的现金净额	1 558 509.40	208 600.00
处置子公司及其他营业单位收到的现金净额		
收到其他与投资活动有关的现金		
投资活动现金流入小计	4 545 638.40	2 968 013.09
购建固定资产、无形资产和其他长期资产支付的现金	66 895 817.01	34 116 274.72
投资支付的现金	1 000 000.00	45 662 500.00
取得子公司及其他营业单位支付的现金净额		4 626 150.75
支付其他与投资活动有关的现金		
投资活动现金流出小计	67 895 817.01	84 404 925.47
投资活动产生的现金流量净额	-63 350 178.61	-81 436 912.38
三、筹资活动产生的现金流量		
吸收投资收到的现金	400 000.00	5 338 750.00

续表

项目	2012 年	2013 年
取得借款收到的现金	311 635 765. 81	435 501 196. 14
收到其他与筹资活动有关的现金		1 129 634. 71
筹资活动现金流入小计	312 035 765. 81	441 969 580. 85
偿还债务支付的现金	254 568 651. 13	312 283 082. 88
分配股利、利润或偿还利息支付的现金	22 029 875. 79	48 828 923. 35
支付其他与筹资活动有关的现金	6 714 578. 53	2 515 367. 45
筹资活动现金流出小计	283 313 105. 45	363 627 373. 68
筹资活动产生的现金流量净额	28 722 660. 36	78 342 207. 17
四、汇率变动对现金的影响	1 228 289. 96	4 701 775. 17
五、现金及现金等价物净增加额	−20 694 360. 80	142 849 240. 94
期初现金及现金等价物余额	163 878 265. 08	143 183 904. 28
期末现金及现金等价物余额	143 183 904. 28	286 033 145. 22

要求：

（1）完成资产负债表的初步分析。

（2）完成利润表的初步分析。

（3）完成现金流量表的初步分析。

03 模块 3 短期偿债能力分析实训

【知识目标】

通过本模块的学习，能够掌握短期偿债能力的含义及短期偿债能力的分析方法，了解分析短期偿债能力的意义。

【能力目标】

通过本模块的学习，能够掌握短期偿债能力指标的计算方法，如流动比率、速动比率及现金比率等，进而能够利用这些财务指标分析企业的短期偿债能力。

【素质目标】

通过本模块的学习，培养学生收集和获取信息的能力，培养学生对财务报表数据的判断和分析能力以及综合应用数据分析问题、解决问题的能力。

3.1 案例演练

案例1 苏泊尔公司短期偿债能力分析

【案例资料】

苏泊尔股份有限公司(简称苏泊尔公司)是中国最大、全球第二的炊具研发制造商，是中国厨房小家电领先品牌。苏泊尔公司目前拥有明火炊具、厨房小家电、厨卫电器三大事业领域，产品线丰富，能够全面满足厨房生活需求。炊具产品线涵盖压力锅、炒锅、煎锅、炖锅、汤锅、奶锅、蒸锅、水壶、保温提锅、保温杯、刀具、铲勺、厨房工具等；小家电产品线包括电饭煲、电压力锅、电磁炉、豆浆机、榨汁机、搅拌机、电水壶、电炖锅、电蒸锅、煮蛋器、电火锅、面包机、煎烤机等；厨房大家电产品包括油烟机、燃气灶和消毒柜等。苏泊尔公司2012年年末、2013年年末的相关财务指标见表3-1和表3-2。

表3-1 **苏泊尔公司2012年、2013年的流动资产、流动负债数据表** 单位:元

项目	2013年12月31日	2012年12月31日
流动资产:		
货币资金	1 405 405 891.78	1 115 082 323.65
应收票据	738 445 081.88	648 366 387.92
应收账款	655 589 352.03	667 350 323.53
预付款项	194 362 744.27	129 681 301.57
其他应收款	49 842 803.54	37 261 813.36
应收利息	5 684 198.55	3 752 909.67
存货	1 325 378 544.29	1 073 369 840.57
其他流动资产	60 556 880.74	12 522 640.28
流动资产合计	4 435 265 497.08	3 687 387 540.55
流动负债:		
交易性金融负债	12 825.00	146 036.97
应付账款	1 252 892 830.24	1 026 468 224.26
预收款项	392 992 316.71	280 103 682.36
应付职工薪酬	191 775 676.78	165 814 611.71
应交税费	100 812 762.08	43 762 855.19
其他应付款	50 410 946.22	48 823 073.44
流动负债合计	1 988 897 357.03	1 565 118 483.93

表3-2 **苏泊尔公司2012年、2013年经营活动现金流量数据** 单位:元

项目	2013年	2012年
经营活动现金流入小计	9 492 668 366.39	8 048 309 934.69
经营活动现金流出小计	8 904 676 488.89	7 190 979 456.92
经营活动产生的现金流量净额	587 991 877.50	857 330 477.77

【任务要点】

根据给出的相关财务数据对苏泊尔公司的短期偿债能力进行分析和评价。

【任务分析】

任务1 苏泊尔公司流动资产和流动负债占比趋势分析

在对公司的短期偿债能力进行分析时,需要先对该公司的流动资产和流动负债情况进行简单的分析,其中既包括对流动资产及流动负债项目结构比重的分析,又包括趋势变动的分析。通过结构比重分析可以了解企业流动资产及流动负债项目的主要构成,趋势变动的分析主要可以

反映企业流动资产及流动负债主要项目的变动情况。

1. 流动资产构成

通过分析苏泊尔公司的流动资产构成及变动趋势可以得出流动资产的分析表,见表3-3。

表3-3 苏泊尔公司2012年、2013年流动资产分析表 单位:元

项目	2013年	2012年	2013年比重	2012年比重	2013年比2012年变动	2013年比2012年比重变动百分点
货币资金	1 405 405 891.78	1 115 082 323.65	31.69%	30.24%	290 323 568.13	1.45
应收票据	738 445 081.88	648 366 387.92	16.65%	17.58%	90 078 693.96	-0.93
应收账款	655 589 352.03	667 350 323.53	14.78%	18.10%	-11 760 971.50	-3.32
预付款项	194 362 744.27	129 681 301.57	4.38%	3.52%	64 681 442.70	0.87
其他应收款	49 842 803.54	37 261 813.36	1.12%	1.01%	12 580 990.18	0.11
应收利息	5 684 198.55	3 752 909.67	0.13%	0.10%	1 931 288.88	0.03
存货	1 325 378 544.29	1 073 369 840.57	29.88%	29.11%	252 008 703.72	0.77
其他流动资产	60 556 880.74	12 522 640.28	1.37%	0.34%	48 034 240.46	1.03
流动资产合计	4 435 265 497.08	3 687 387 540.55	100.00%	100.00%	747 877 956.53	

从上表可以看出,苏泊尔公司2013年的流动资产合计是4 435 265 497.08元,比2012年的流动资产合计数3 687 387 540.55元增加了747 877 956.53元。在流动资产中占较大比重的是货币资金和存货。2012年的货币资金为1 115 082 323.65元,占流动资产合计的30.24%,2013年的货币资金为1 405 405 891.78元,占流动资产合计的31.69%,所占比重比2012年上升了1.45百分点。2012年的存货数为1 073 369 840.57元,占流动资产合计的29.11%,而2013年的存货数为1 325 378 544.29元,占流动资产合计的29.88%,所占比重比2012年高出了0.77百分点。此外,应收票据和应收账款所占的比重也较大。其中,2012年的应收票据数为648 366 387.92元,占流动资产的17.58%,2013年的应收票据为738 445 081.88元,占流动资产的16.65%,所占比重比2012年减少0.93百分点。2012年的应收账款为667 350 323.53元,占流动资产合计的18.10%,2013年的应收账款为655 589 352.03元,占流动资产合计的14.78%,所占比重比2012年减少了3.32百分点。

2. 流动负债的构成

通过分析苏泊尔公司的流动负债构成及变动趋势可以得出流动负债的分析表,见表3-4。

表3-4 苏泊尔公司2012年、2013年流动负债分析表 单位:元

项目	2013年	2012年	2013年比重	2012年比重	2013年比2012年变动	2013年比2012年比重变动百分点
交易性金融负债	12 825.00	146 036.97	0.00%	0.01%	-133 211.97	-0.01
应付账款	1 252 892 830.24	1 026 468 224.26	62.99%	65.58%	226 424 605.98	-2.59

续表

项目	2013 年	2012 年	2013 年比重	2012 年比重	2013 年比 2012 年变动	2013 年比 2012 年比重变动百分点
预收款项	392 992 316.71	280 103 682.36	19.76%	17.90%	112 888 634.35	1.86
应付职工薪酬	191 775 676.78	165 814 611.71	9.64%	10.59%	25 961 065.07	-0.95
应交税费	100 812 762.08	43 762 855.19	5.07%	2.80%	57 049 906.89	2.27
其他应付款	50 410 946.22	48 823 073.44	2.53%	3.12%	1 587 872.78	-0.58
流动负债合计	1 988 897 357.03	1 565 118 483.93	100.00%	100.00%	423 778 873.10	

从该表中可以看出,2012 年苏泊尔公司的流动负债为 1 565 118 483.93 元,而 2013 年流动负债的总额为 1 988 897 357.03 元,比 2012 年增加了 423 778 873.10 元。流动负债的主要构成部分是应付账款,其次是预收账款。公司 2012 年的应付账款为 1 026 468 224.26 元,占流动负债的比重为 65.58%,2013 年的应付账款为 1 252 892 830.24 元,占流动负债的 62.99%,比 2012 年减少了 2.59 百分点。该公司 2012 年的预收账款金额为 280 103 682.36 元,占流动负债的 17.90%,2013 年的预收账款为 392 992 316.71 元,占流动负债的 19.76%,比 2012 年增加了 1.86 百分点。

任务 2 苏泊尔公司短期偿债能力指标分析

短期偿债能力是指企业以流动资产偿还流动负债的能力,它反映企业偿付日常到期债务的能力。对短期偿债能力的分析主要是分析企业的流动资产和流动负债的一些相关指标,同时还可以利用比率分析法对财务指标进行评价。常见的短期偿债能力的分析比率有:流动比率、速动比率、现金比率。

1. 流动比率

流动比率是指流动资产与流动负债的比率,主要用来衡量企业流动资产在短期债务到期以前,可以变现用于偿还到期负债的能力。其计算公式如下:

$$流动比率=\frac{流动资产}{流动负债}\times 100\%$$

企业在清偿债务的时候需要将流动资产变现,但由于流动资产中有些指标的变现能力较差,不能全值变现,为了保障企业有足够的清偿能力,流动资产的金额需要大于流动负债。国际上一般认为,流动比率在 200% 时,也就是流动资产的数额是流动负债的两倍时,才能基本保证所有的流动负债能够得到清偿。

一般来说,流动比率越高越好。流动比率越高,代表企业资产的变现能力越强,清偿短期债务的能力越强;流动比率越低,代表企业的短期偿债能力越弱,在遇到财务危机时,应对财务风险的能力越差。值得注意的是,企业的流动比率高并不一定意味着企业的短期偿债能力就越强,因为在流动资产中有一些财务指标的变现能力较弱,如存货等。若企业存在大量滞销产品,可能导致企业的存货量很大,流动资产数也会较高。因此,在分析流动比率时,也要分析企业的流动资产和流动负债构成，进而分析和判断流动比率数值反映的情况。此外，不同行业、不同时期企业的流动比率不尽相同，流动比率的参考值和优秀值也有区别。在分析流动比率时可以与同行业中的优秀企业、领先企业相对比，再根据企业自身的特点进行分析和评价。

苏泊尔公司流动比率的计算过程如下：

$$2012\text{ 年流动比率}=\frac{3\ 687\ 387\ 540.55}{1\ 565\ 118\ 483.93}\times100\%=235.6\%$$

$$2013\text{ 年流动比率}=\frac{4\ 435\ 265\ 497.08}{1\ 988\ 897\ 357.03}\times100\%=223\%$$

从苏泊尔公司流动比率的数值来看，无论是2012年还是2013年，流动资产合计数都是流动负债合计数的两倍之多，由此可以看出，该公司有足够的能力偿还短期借款，偿债能力较好，公司的财务结构较稳定。

2. 速动比率

速动比率是指速动资产（即流动资产中可以立即变现的那部分资产，如货币资金、交易性金融资产、应收账款、应收票据等）与流动负债的比率。由于流动资产中存货的变现能力较差，因此在速动比率指标中主要剔除了存货对流动资产的影响。其计算公式如下：

$$\text{速动比率}=\frac{\text{速动资产}}{\text{流动负债}}\times100\%=\frac{\text{流动资产}-\text{存货}}{\text{流动负债}}\times100\%$$

在剔除存货因素的影响之后，速动比率比流动比率更能有效地反映企业的短期偿债能力。一般来说，速动比率越高，企业的短期偿债能力越强；速动比率越低，企业清偿短期债务的能力越弱。国际上一般认为标准的速动比率应该在100%左右。

此外，在分析企业的速动比率时，还应考虑流动资产中应收账款的影响。企业应收账款的金额过大，势必会导致流动资产的增加，而应收账款过多会产生坏账增加的风险。因此，在分析企业速动资产时，还应对企业的应收账款情况进行简单的分析来综合考虑企业的短期偿债能力。

苏泊尔公司的速动比率的计算过程如下：

$$2012\text{ 年速动比率}=\frac{3\ 687\ 387\ 540.55-1\ 073\ 369\ 840.57}{1\ 565\ 118\ 483.93}\times100\%=167.02\%$$

$$2013\text{ 年速动比率}=\frac{4\ 435\ 265\ 497.08-1\ 325\ 378\ 544.29}{1\ 988\ 897\ 357.03}\times100\%=156.36\%$$

从速动比率的计算结果来看，2012年和2013年的速动比率数值都超过150%，远远超过国际标准值100%。因此，可以看出该公司在剔除存货的影响后仍有较强的短期偿债能力，财务状况较稳定，债务风险较低。

3. 现金比率

现金比率是指企业现金类资产与流动负债的比率。现金类资产是速动资产减去应收账款后的余额，主要表现为货币资金、交易性金融资产等。由于应收账款存在着发生坏账损失的可能，所以剔除应收账款后计算出来的现金比率更能有效地反映企业直接偿付流动负债的能力。其计算公式如下：

$$\text{现金比率}=\frac{\text{现金类资产}}{\text{流动负债}}=\frac{\text{货币资金}+\text{交易性金融资产}}{\text{流动负债}}\times100\%$$

一般来说，现金比率能较好地反映企业直接偿付流动负债的能力，这个比率越高，说明企业偿债能力越强。但是,如果企业持有过多的现金,现金比率过高,就意味着企业未能合理地利用现金类资产。因此,企业在考虑现金持有量的多少时,既要保证避免出现无法清偿债务的风险,又要优化合理利用资金,实现最大效益。有学者认为现金比率保持在 30% 左右是比较合适的。但是不同行业情况不同,究其合适程度与否还要与业界领头企业相比较才可得出结论。

苏泊尔公司的现金比率计算过程如下:

$$2012\text{ 年现金比率}=\frac{1\ 115\ 082\ 323.65}{1\ 565\ 118\ 483.93}\times 100\%=71.25\%$$

$$2013\text{ 年现金比率}=\frac{1\ 405\ 405\ 891.78}{1\ 988\ 897\ 357.03}\times 100\%=70.66\%$$

从 2012 年和 2013 年的现金比率计算结果来看,苏泊尔公司的现金比率连续两年保持在 70% 以上并且保持稳定,这说明该公司的财务状况非常稳定。但如果与一般标准比较后不难发现该公司的现金比率较高,远远超过 30%。因此,该公司还需要进一步合理有效地使用现金,对资金进行更好地规划,实现更大收益。

结论:通过对苏泊尔公司的短期偿债能力进行分析,可以看出该公司 2012 年和 2013 年的短期偿债能力较好,公司财务状况较稳定,债务风险较低。但该公司的现金比率较高,公司可以考虑更多的投资方案,更合理有效地运用资金,获取更大收益。

案例 2 伊利公司短期偿债能力分析

【案例资料】

内蒙古伊利实业集团股份有限公司(简称伊利公司)是目前中国规模最大、产品线最长的乳制品企业,也是国内唯一一家同时符合奥运及世博标准、先后为奥运会及世博会提供乳制品的企业。伊利公司由液态奶、冷饮、奶粉、酸奶和原奶五大事业部组成,下属企业近百个,旗下拥有金典有机奶、营养舒化奶、QQ 星儿童成长奶、味可滋、巧乐滋、伊利牧场、冰工厂、金领冠、托菲尔、每益添、安慕希等 1 000 多个产品品种。伊利是唯一一家掌控新疆天山、内蒙古呼伦贝尔和锡林郭勒三大黄金奶源基地的乳制品企业,拥有中国规模最大的优质奶源基地,以及众多的优质牧场,在中国的乳制品市场上一直处于领先地位。

伊利公司 2011—2013 年的财务数据见表 3-5。

表 3-5　　伊利公司 2011—2013 年主要财务数据　　单位:元

项目	2013 年 12 月 31 日	2012 年 12 月 31 日	2011 年 12 月 31 日
货币资金	8 173 346 441.54	2 004 196 545.71	3 921 128 772.64
应收票据	181 939 000.00	130 950 000.00	105 810 000.00
应收账款	340 087 732.36	289 297 587.44	281 270 491.14
预付款项	329 620 482.99	647 829 589.36	834 925 418.09
其他应收款	123 728 486.12	135 578 675.82	264 442 578.89
应收利息	418 491.70	4 802 837.75	10 280 139.94

续表

项目	2013 年 12 月 31 日	2012 年 12 月 31 日	2011 年 12 月 31 日
存货	3 682 902 752.63	2 994 640 420.76	3 309 585 543.63
其他流动资产	3 635 136 661.22	—	—
流动资产合计	16 467 180 048.56	6 207 295 656.84	8 727 442 944.33
可供出售金融资产	347 855 799.72	16 719 808.00	14 316 800.00
长期股权投资	558 412 708.80	568 453 184.23	566 779 673.46
固定资产	10 403 990 333.74	8 900 337 749.64	7 026 827 944.50
在建工程	1 483 941 376.16	1 511 183 266.28	1 590 594 865.86
工程物资	9 254 624.85	6 981 178.15	44 686 645.29
生产性生物资产	1 277 685 352.65	1 339 660 397.84	871 363 646.55
无形资产	912 646 268.89	831 604 284.80	676 074 690.79
商誉	10 678 610.25	—	—
长期待摊费用	88 584 979.27	65 273 487.32	43 268 710.98
递延所得税资产	825 479 424.45	367 891 449.06	368 144 679.72
其他非流动资产	491 678 032.20	—	—
非流动资产合计	16 410 207 510.98	13 608 104 805.32	11 202 057 657.15
资产总计	32 877 387 559.54	19 815 400 462.16	19 929 500 601.48
短期借款	4 086 000 000.00	2 577 793 522.53	2 985 290 639.32
应付票据	164 750 000.00	—	141 820 900.00
应付账款	5 192 005 724.97	4 361 200 925.53	4 378 729 526.54
预收款项	3 347 153 719.73	2 598 817 263.00	3 052 494 569.83
应付职工薪酬	1 320 470 828.26	1 209 096 332.79	1 214 563 278.95
应交税费	381 203 800.11	-369 661 190.85	-23 807 591.98
应付利息	3 029 413.33	2 230 580.03	26 818 270.53
应付股利	15 281 350.54	12 159 548.22	9 440 770.42
其他应付款	946 950 391.27	1 083 709 133.44	1 072 751 648.27
一年内到期的非流动负债	—	2 550 000.00	7 689 014.04
其他流动负债	60 150 662.12	—	—
流动负债合计	15 516 995 890.33	11 477 896 114.69	12 865 791 025.92
长期借款	289 000.00	4 629 000.00	7 179 000.00
专项应付款	101 724 400.63	63 545 426.50	58 005 124.77
递延所得税负债	4 090 459.20	2 368 171.20	2 007 720.00
其他非流动负债	941 505 863.00	741 978 095.47	691 044 893.20
非流动负债合计	1 047 609 722.83	812 520 693.17	758 236 737.97
负债合计	16 564 605 613.16	12 290 416 807.86	13 624 027 763.89
实收资本(或股本)	2 042 914 022.00	1 598 645 500.00	1 598 645 500.00

续表

项目	2013 年 12 月 31 日	2012 年 12 月 31 日	2011 年 12 月 31 日
资本公积	7 538 692 924. 80	1 844 500 201. 65	1 851 176 038. 67
盈余公积	914 480 670. 67	683 385 458. 93	532 015 115. 13
未分配利润	5 641 283 829. 32	3 208 979 718. 59	2 042 805 093. 62
少数股东权益	187 682 685. 47	190 083 417. 08	281 619 821. 32
外币报表折算差额	-12 272 185. 88	-610 641. 95	-788 731. 15
归属母公司所有者权益（或股东权益）	16 125 099 260. 91	7 334 900 237. 22	6 023 853 016. 27
所有者权益（或股东权益）合计	16 312 781 946. 38	7 524 983 654. 30	6 305 472 837. 59
负债和所有者权益（或股东权益）合计	32 877 387 559. 54	19 815 400 462. 16	19 929 500 601. 48

【任务要点】

根据伊利公司给出的相关财务数据，从如下几个方面对该公司的短期偿债能力进行分析：

1. 流动资产和流动负债结构的分析。
2. 流动比率的分析。
3. 速动比率的分析。
4. 现金比率的分析。

【任务分析】

任务 1　伊利公司流动资产和流动负债结构及趋势分析

1. 流动资产结构分析

伊利公司 2011—2013 年的流动资产分析表见表 3-6。

从表 3-6 的财务数据和计算结果可以看出，伊利公司流动资产中占比重较大的主要是货币资金和存货。货币资金所占的比重从 2011 年的 44. 93% 下降到 2012 年的 32. 29%，继而 2013 年又达到了 49. 63%。2013 年存货数量虽然在总量上比 2012 年有所增加，但是所占流动资产的比重却从 2012 年的 48. 24% 大幅降到 22. 37%。此外，值得注意的是 2011 年和 2012 年都没有其他流动资产，而 2013 年的其他流动资产数额为 3 635 136 661. 22 元，占流动资产总数的 22. 08%。该公司 2013 年货币资金和存货比重的变动反映了该公司的财务结构发生了改变，这种变动更有利于公司资金周转。

2. 流动负债结构分析

伊利公司 2011—2013 年流动负债分析表见表 3-7。

从表 3-7 中可以看出，占伊利公司的流动负债总数较大比重的是短期借款、应付账款和预收账款，且数据显示这三项指标占流动负债的比重波动不是很大，显示该公司流动负债的结构比较稳定。

表 3 - 6　　伊利公司 2011—2013 年的流动资产分析表　　单位:元

会计年度	2013年12月31日	2012年12月31日	2011年12月31日	2013 年比重	2012 年比重	2011 年比重	2013 年较 2012 年变动	2012 年较 2011 年变动	2013 年较 2012 年变动率	2012 年较 2011 年变动率
货币资金	8 173 346 441. 54	2 004 196 545. 71	3 921 128 772. 64	49. 63%	32. 29%	44. 93%	6 169 149 895. 83	- 1 916 932 226. 93	17. 35%	- 12. 64%
应收票据	181 939 000. 00	130 950 000. 00	105 810 000. 00	1. 10%	2. 11%	1. 21%	50 989 000. 00	25 140 000. 00	- 1. 00%	0. 90%
应收账款	340 087 732. 36	289 297 587. 44	281 270 491. 14	2. 07%	4. 66%	3. 22%	50 790 144. 92	8 027 096. 30	- 2. 60%	1. 44%
预付款项	329 620 482. 99	647 829 589. 36	834 925 418. 09	2. 00%	10. 44%	9. 57%	- 318 209 106. 37	- 187 095 828. 73	- 8. 43%	0. 87%
其他应收款	123 728 486. 12	135 578 675. 82	264 442 578. 89	0. 75%	2. 18%	3. 03%	- 11 850 189. 70	- 128 863 903. 07	- 1. 43%	- 0. 85%
应收利息	418 491. 70	4 802 837. 75	10 280 139. 94	0. 00%	0. 08%	0. 12%	- 4 384 346. 05	- 5 477 302. 19	- 0. 07%	- 0. 04%
存货	3 682 902 752. 63	2 994 640 420. 76	3 309 585 543. 63	22. 37%	48. 24%	37. 92%	688 262 331. 87	- 314 945 122. 87	- 25. 88%	10. 32%
其他流动资产	3 635 136 661. 22	—	—	22. 08%			3 635 136 661. 22	—	22. 08%	—
流动资产合计	16 467 180 048. 56	6 207 295 656. 84	8 727 442 944. 33	100%	100%	100%	10 259 884 391. 72	- 2 520 147 287. 49	0. 00%	0. 00%

注:其他流动资产主要是本期末未到期的结构性存款、本期预缴企业所得税和增值税较上期增加所致。

表 3－7　　伊利公司 2011—2013 年流动负债分析表　　单位：元

会计年度	2013年12月31日	2012年12月31日	2011年12月31日	2013 年比重	2012 年比重	2011 年比重	2013 年比 2012 年变动	2012 年比 2011 年变动	2013 年较 2012 年变动率	2012 年较 2011 年变动率
短期借款	4 086 000 000. 00	2 577 793 522. 53	2 985 290 639. 32	26. 33%	22. 46%	23. 20%	1 508 206 477. 47	－407 497 116. 79	3. 87%	－0. 74%
应付票据	164 750 000. 00	—	141 820 900. 00	1. 06%		1. 10%	164 750 000. 00	－141 820 900. 00	1. 06%	－1. 10%
应付账款	5 192 005 724. 97	4 361 200 925. 53	4 378 729 526. 54	33. 46%	38. 00%	34. 03%	830 804 799. 44	－17 528 601. 01	－4. 54%	3. 96%
预收款项	3 347 153 719. 73	2 598 817 263. 00	3 052 494 569. 83	21. 57%	22. 64%	23. 73%	748 336 456. 73	－453 677 306. 83	－1. 07%	－1. 08%
应付职工薪酬	1 320 470 828. 26	1 209 096 332. 79	1 214 563 278. 95	8. 51%	10. 53%	9. 44%	111 374 495. 47	－5 466 946. 16	－2. 02%	1. 09%
应交税费	381 203 800. 11	－369 661 190. 85	－23 807 591. 98	2. 46%	－3. 22%	－0. 19%	750 864 990. 96	－345 853 598. 87	5. 68%	－3. 04%
应付利息	3 029 413. 33	2 230 580. 03	26 818 270. 53	0. 02%	0. 02%	0. 21%	798 833. 30	－24 587 690. 50	0. 00%	－0. 19%
应付股利	15 281 350. 54	12 159 548. 22	9 440 770. 42	0. 10%	0. 11%	0. 07%	3 121 802. 32	2 718 777. 80	－0. 01%	0. 03%
其他应付款	946 950 391. 27	1 083 709 133. 44	1 072 751 648. 27	6. 10%	9. 44%	8. 34%	－136 758 742. 17	10 957 485. 17	－3. 34%	1. 10%
一年内到期的非流动负债	—	2 550 000. 00	7 689 014. 04		0. 02%	0. 06%	－2 550 000. 00	－5 139 014. 04	－0. 02%	－0. 04%
其他流动负债	60 150 662. 12	—	—	0. 39%			60 150 662. 12		0. 39%	0. 00%
流动负债合计	15 516 995 890. 33	11 477 896 114. 69	12 865 791 025. 92	100. 00%	100. 00%	100. 00%	4 039 099 775. 64	－1 387 894 911. 23	0. 00%	0. 00%

任务 2 伊利公司短期偿债能力指标分析

1. 流动比率的分析

$$流动比率=\frac{流动资产}{流动负债}\times 100\%$$

$$2011年流动比率=\frac{8\ 727\ 442\ 944.33}{12\ 865\ 791\ 025.92}\times 100\%=67.83\%$$

$$2012年流动比率=\frac{6\ 207\ 295\ 656.84}{11\ 477\ 896\ 114.69}\times 100\%=54.08\%$$

$$2013年流动比率=\frac{16\ 467\ 180\ 048.56}{15\ 516\ 995\ 890.33}\times 100\%=106.12\%$$

从计算的结果看，伊利公司的流动比率在 2011—2013 年里呈现了一个先下降再上升的过程，从 2011 年的 67.83% 下降到 2012 年的 54.08%，之后又提升至 2013 年的 106.12%，这主要是 2013 年度的流动资产大幅上升所致。虽然该公司的流动比率并没有达到国际标准的 200%，财务结构还有待改进，但该公司 2013 年的流动比率比 2012 年的流动比率数值高出较多，总体上来说流动资产的结构改进趋势是好的。

2. 速动比率的分析

$$速动比率=\frac{速动资产}{流动负债}\times 100\%=\frac{流动资产-存货}{流动负债}\times 100\%$$

$$2011年速动比率=\frac{8\ 727\ 442\ 944.33-3\ 309\ 585\ 543.63}{12\ 865\ 791\ 025.92}\times 100\%=42.11\%$$

$$2012年速动比率=\frac{6\ 207\ 295\ 656.84-2\ 994\ 640\ 420.76}{11\ 477\ 896\ 114.69}\times 100\%=27.99\%$$

$$2013年速动比率=\frac{16\ 467\ 180\ 048.56-3\ 682\ 902\ 752.63}{15\ 516\ 995\ 890.33}\times 100\%=82.39\%$$

从上述计算结果可以看出，三年来伊利公司的速动比率都在 100% 以下，2012 年甚至低于 30%。这表明该公司在剔除掉存货的影响因素以后，企业清偿债务的能力还有待提高。从 2013 年的数据来看，虽然速动比率距离 100% 还有一些差距，不过比起 2012 年已经有了很大的改善。

3. 现金比率的分析

$$现金比率=\frac{货币资金+交易性金融资产}{流动负债}\times 100\%$$

$$2011年现金比率=\frac{3\ 921\ 128\ 772.64}{12\ 865\ 791\ 025.92}\times 100\%=30.48\%$$

$$2012年现金比率=\frac{2\ 004\ 196\ 545.71}{11\ 477\ 896\ 114.69}\times 100\%=17.46\%$$

$$2013年现金比率=\frac{8\ 173\ 346\ 441.54}{15\ 516\ 995\ 890.33}\times 100\%=52.67\%$$

从现金比率的计算结果可以看出，伊利公司的现金比率较高，这也意味着该公司的偿债能力还是不错的。在剔除了存货和应收账款因素后，该公司的财务风险较小，资金结构较稳定。但是因为三年来的现金比率波动较大，若想进一步分析其短期偿债能力还需要综合考虑其他因素。

3.2 案例实训

实训1 海洋石油工程股份有限公司短期偿债能力分析

【实训资料】

海洋石油工程股份有限公司(简称海洋石油公司)是中国海洋石油总公司控股的上市公司,2002年2月在上海证券交易所上市。该公司经营范围包括:工程总承包;石油天然气(海洋石油工程、石油机械制造与修理工程、管道输送工程、油气处理加工工程、油气化工及综合利用工作)及建筑工程的设计;承担各类海洋石油建设工程的施工和其他海洋工程施工等。该公司2011—2013年的资产负债表见表3-8。

表3-8 海洋石油公司2011—2013年资产负债表 单位:元

项目	2013年12月31日	2012年12月31日	2011年12月31日
货币资金	1 779 511 011.24	1 034 439 710.10	1 230 187 405.45
交易性金融资产	34 133 463.00	2 229 781.50	3 538 700.51
应收票据	—	13 196 000.00	12 390 600.00
应收账款	4 334 437 118.49	2 215 166 227.75	1 973 217 886.77
预付款项	576 329 848.56	296 879 025.74	1 107 949 740.63
其他应收款	289 431 346.22	152 169 161.68	65 427 744.68
应收利息	16 831 742.46	—	—
存货	1 715 611 771.37	1 443 864 950.49	708 412 944.49
其他流动资产	4 092 138 442.33	15 365.53	2 335 055.96
流动资产合计	12 838 424 743.67	5 157 960 222.79	5 103 460 078.49
可供出售金融资产	255 516 800.00	276 762 000.00	322 800 000.00
长期股权投资	70 671 378.00	70 671 378.00	25 000 000.00
投资性房地产	268 745 266.19	280 722 923.83	—
固定资产	10 965 248 589.57	8 357 898 982.38	7 881 002 368.83
在建工程	1 357 271 549.58	3 673 066 885.07	4 144 377 685.93
固定资产清理	288 331 886.31	307 216 685.64	—
无形资产	1 903 996 342.98	2 004 008 796.45	1 188 536 601.31
开发支出	1 302 000.00	6 817 550.00	—
商誉	13 075 057.26	13 075 057.26	13 075 057.26
长期待摊费用	51 962 010.84	52 922 872.79	1 340 143.03
递延所得税资产	89 662 945.02	166 389 316.70	106 307 303.76
非流动资产合计	15 265 783 825.75	15 209 552 448.12	13 682 439 160.12

续表

项目	2013 年 12 月 31 日	2012 年 12 月 31 日	2011 年 12 月 31 日
资产总计	28 104 208 569.42	20 367 512 670.91	18 785 899 238.61
短期借款	—	100 000 000.00	205 000 000.00
应付账款	5 632 792 798.85	3 327 026 830.14	2 373 567 067.78
预收款项	790 533 176.92	1 289 080 582.10	1 220 384 648.50
应付职工薪酬	263 869 377.09	257 798 374.45	263 578 217.53
应交税费	581 029 885.42	433 462 753.63	197 044 948.12
应付利息	12 224 277.98	13 251 098.23	14 984 645.88
应付股利	—	6 161 237.40	12 506 120.33
其他应付款	111 448 858.82	137 468 679.74	92 758 203.79
一年内到期的非流动负债	1 480 000 000.00	—	2 000 000 000.00
其他流动负债	5 601 944.78	6 264 676.70	1 650 680.52
流动负债合计	8 877 500 319.86	5 570 514 232.39	6 381 474 532.45
长期借款	132 180 792.00	1 931 720 272.59	354 390 602.59
应付债券	1 194 325 407.84	1 193 068 976.04	1 191 882 650.40
专项应付款	36 969 065.53	43 314 752.54	67 901 000.00
递延所得税负债	70 303 722.93	136 701 457.12	158 198 780.06
其他非流动负债	1 199 893 348.45	1 182 739 809.11	1 128 766 694.76
非流动负债合计	2 633 672 336.75	4 487 545 267.40	2 901 139 727.81
负债合计	11 511 172 656.61	10 058 059 499.79	9 282 614 260.26
实收资本(或股本)	4 421 354 800.00	3 889 440 000.00	3 889 440 000.00
资本公积	4 435 747 819.44	1 465 628 508.99	1 500 032 008.99
减:库存股	—	—	—
专项储备	378 638 182.08	163 244 675.92	41 360 761.68
盈余公积	804 746 449.90	612 657 429.95	598 324 372.50
未分配利润	6 553 720 745.33	4 118 256 129.65	3 420 572 107.23
少数股东权益	10 218 679.77	67 935 959.55	60 952 145.78
外币报表折算差额	-11 390 763.71	-7 709 532.94	-7 396 417.83
归属母公司所有者权益(或股东权益)	16 582 817 233.04	10 241 517 211.57	9 442 332 832.57
所有者权益(或股东权益)合计	16 593 035 912.81	10 309 453 171.12	9 503 284 978.35
负债和所有者权益(或股东权益)合计	28 104 208 569.42	20 367 512 670.91	18 785 899 238.61

【实训要点】

请结合案例资料和该公司的财务报表数据对该公司的以下两个方面进行分析:

1. 流动资产情况。
2. 流动负债情况。

实训2 山东钢铁集团有限公司短期偿债能力分析

【实训资料】

山东钢铁集团有限公司(简称山东钢铁)是以济南钢铁集团总公司为主发起人,联合莱芜钢铁集团有限公司、山东黄金集团有限公司、山东金岭铁矿和山东省耐火原材料公司,以发起设立方式组建的股份有限公司。集团公司以其下属的原料厂、第一烧结厂、第二烧结厂、球团厂、第一炼铁厂、第一炼钢厂、中板厂、第一小型轧钢厂、中厚板厂共9个生产厂的生产经营性资产以及销售公司、原料处、材料处的部分资产出资,经山东省国有资产管理办公室确认净资产为108 681.12万元,折合为71 084.31万股,占总股本的98.73%;莱芜钢铁集团有限公司以货币资金投入500万元,折合327.03万股,占总股本的0.45%;山东黄金集团有限公司、山东金岭铁矿和山东耐火原材料公司以货币资金各投入300万元,分别折合196.22万股,各占总股本的0.27%。经营范围包括:钢铁冶炼、加工及技术咨询服务,钢材、大锻件、焦炭及炼焦化产品、水渣和炼钢副产品的生产及销售,铁矿石及类似矿石销售,自营进出口业务,专用铁路运输;许可证批准范围内的危险化学品生产、销售(禁止储存),煤气供应,发电,供热,供水等。该公司2011—2013年的资产负债表见表3-9。

表3-9 山东钢铁2011—2013年资产负债表 单位:元

项目	2013年12月31日	2012年12月31日	2011年12月31日
货币资金	2 116 160 163.13	2 814 217 531.93	1 029 597 081.10
交易性金融资产	—	59 932 195.49	—
应收票据	3 320 678 822.10	2 275 093 528.71	382 944 104.85
应收账款	461 603 381.91	4 005 891 102.89	233 074 718.03
预付款项	414 809 750.89	589 174 863.14	284 928 450.84
其他应收款	275 369 787.43	237 596 289.15	122 581 602.49
存货	6 428 957 708.54	5 661 020 918.74	4 294 773 672.80
其他流动资产	245 217.18	939 215.33	—
流动资产合计	13 017 824 831.18	15 643 865 645.38	6 347 899 630.11
长期股权投资	198 255 359.78	193 347 942.10	23 206 896.09
固定资产	33 554 196 279.12	33 693 942 598.04	22 843 964 521.77
在建工程	4 542 807 078.74	3 407 144 828.73	430 315 318.14
工程物资	—	—	291 276 214.34
固定资产清理	1 137 354.98	11 458 802.38	—
无形资产	159 362 712.31	138 449 917.98	—
长期待摊费用	191 920.71	434 470.83	182 500.00
递延所得税资产	80 993 736.32	112 411 191.16	114 068 170.99
非流动资产合计	38 536 944 441.96	37 557 189 751.22	23 703 013 621.33
资产总计	51 554 769 273.14	53 201 055 396.60	30 050 913 251.44
短期借款	11 461 552 780.21	17 369 080 255.87	3 467 009 000.00

续表

项目	2013 年 12 月 31 日	2012 年 12 月 31 日	2011 年 12 月 31 日
交易性金融负债	—	3 934 457.22	—
应付票据	802 743 669.74	477 944 641.39	62 150 125.00
应付账款	18 467 538 878.86	10 578 382 504.86	7 089 774 460.24
预收款项	2 068 880 434.68	2 685 509 646.32	1 864 080 376.29
应付职工薪酬	270 108 161.37	227 915 207.78	47 485 868.19
应交税费	-18 658 814.55	-152 140 899.68	-115 292 652.81
应付利息	112 563 866.70	160 426 519.92	14 601 411.10
应付股利	1 694 029.60	1 694 029.60	1 694 029.60
其他应付款	513 428 985.25	454 654 526.94	1 289 221 370.96
一年内到期的非流动负债	225 600 000.00	4 652 712 557.40	3 869 461 795.05
其他流动负债	2 613 277.01	2 822 564.10	11 070 000.00
流动负债合计	33 908 065 268.87	36 462 936 011.72	17 601 255 783.62
长期借款	2 506 906 799.36	1 779 322 706.13	4 312 705 133.74
应付债券	2 000 000 000.00	2 000 000 000.00	—
预计负债	28 000 000.00	—	—
递延所得税负债	—	10 904 631.50	32 164 055.03
其他非流动负债	52 023 976.76	39 098 205.13	27 490 000.00
非流动负债合计	4 586 930 776.12	3 829 325 542.76	5 193 799 742.78
负债合计	38 494 996 044.99	40 292 261 554.48	22 795 055 526.40
实收资本(或股本)	6 436 295 797.00	6 436 295 797.00	3 120 480 000.00
资本公积	7 664 456 219.41	7 681 867 607.85	1 678 677 510.24
减:库存股	—	—	—
专项储备	11 783 348.83	11 570 850.91	—
盈余公积	715 200 012.60	715 200 012.60	715 200 012.60
未分配利润	-1 818 657 333.80	-1 976 952 161.17	1 700 169 515.67
少数股东权益	50 695 184.11	58 123 006.92	41 330 686.53
外币报表折算差额	—	-17 311 271.99	—
归属母公司所有者权益(或股东权益)	13 009 078 044.04	12 850 670 835.20	7 214 527 038.51
所有者权益(或股东权益)合计	13 059 773 228.15	12 908 793 842.12	7 255 857 725.04
负债和所有者权益(或股东权益)合计	51 554 769 273.14	53 201 055 396.60	30 050 913 251.44

【实训要点】

请根据该公司的资料和财务数据对该公司以下几个方面进行分析:

1. 该公司近三年的流动比率。
2. 该公司近三年的速动比率。

3. 该公司近三年的现金比率。
4. 该公司的短期偿债能力。

综合测试

一、单项选择题

1. 以下几个选项中不能反映企业的短期偿债能力的是(　　)。
   A. 现金比率　　B. 资产负债率　　C. 流动比率　　D. 速动比率
2. 业界一般认为速动比率是(　　)时,能够反映企业有较好的短期偿债能力。
   A. 50%　　B. 80%　　C. 100%　　D. 200%
3. 速动比率和流动比率相比是剔除了(　　)因素的影响。
   A. 货币资金　　B. 应付账款　　C. 存货　　D. 应收账款

4. A 公司 2013 年 12 月 13 日的货币资金为 235 781 369 元,应收账款为 34 247 368 元,存货为 34 782 690 元,流动资产总计为 878 467 452 元,流动负债总计为 799 830 677 元,则该公司的速动比率为(　　)。
   A. 105.48%　　B. 80.92%　　C. 109.83%　　D. 105.55%
5. 流动比率反映的是企业用(　　)抵偿债务的能力。
   A. 全部资产　　B. 流动资产　　C. 货币资金　　D. 全部资本

二、多项选择题

1. 下列项目中,能够衡量企业短期偿债能力的指标有(　　)。
   A. 流动比率　　B. 速动比率　　C. 现金比率　　D. 营业毛利率
2. 影响速动比率的因素有(　　)。
   A. 流动资产　　B. 速动资产　　C. 流动负债　　D. 存货
3. 流动比率较高意味着(　　)。
   A. 企业的现金流失较大
   B. 企业的短期偿债能力强
   C. 企业的短期财务风险较小
   D. 企业现金的流动性较大
4. 速动比率相对流动比率的优势是(　　)。
   A. 速动比率比流动比率计算简便
   B. 从流动资产中剔除掉存货的影响
   C. 速动比率较流动比率更为严密可靠
   D. 速动比率比流动比率更接近企业的实际偿债能力
5. 现金比率是从流动资产中剔除(　　)因素的影响。
   A. 现金　　B. 应收账款　　C. 交易性金融资产　　D. 存货

三、判断题

1. 流动比率能够反映企业的短期偿债能力。(　　)
2. 短期偿债能力强表明企业有良好的发展能力。(　　)
3. 短期偿债能力与企业的现金多少有关,现金越多,短期偿债能力越强。(　　)
4. 速动比率比流动比率更能有效衡量企业的短期偿债能力。(　　)
5. 现金比率除了剔除存货因素的影响,还剔除了应付账款的影响。(　　)

四、计算分析题

云南白药集团股份有限公司是云南省实力最强、品牌最优的大型医药企业集团,经营涉及化学原料药、化学药制剂、中成药、中药材、生物制品、保健食品、化妆品及饮料的研制、生产及销售,医疗器械(二类、医用敷料类、一次性使用医疗卫生用品),日化用品等领域。公司产品以云南白药系列和田七系列为主,共十余种剂型七十余个产品,主要销往内地、港澳、东南亚等地区,并已进入日本、欧美等国家和地区的市场。请根据表 3-10 中该公司 2011—2013 年的财务数据对该公司的短期偿债能力进行分析。

表 3-10　　云南白药集团股份有限公司 2011—2013 年的财务数据

项目	2013 年 12 月 31 日	2012 年 12 月 31 日	2011 年 12 月 31 日
货币资金	2 082 951 549.60	1 728 332 161.40	1 142 709 549.94
交易性金融资产	149 758.72	—	519 683.25
应收票据	2 664 138 818.28	1 961 241 753.44	1 914 223 889.73
应收账款	536 467 059.54	461 109 819.64	413 371 289.70
预付款项	389 654 315.84	234 256 619.20	289 709 208.61
其他应收款	461 752 917.87	66 393 409.54	75 243 942.78
应收利息	1 344 968.06	1 258 383.56	5 170 032.46
存货	4 757 358 043.23	4 360 023 280.50	3 535 867 425.92
流动资产合计	10 893 817 431.14	8 812 615 427.28	7 376 815 022.39
长期股权投资	60 423 567.48	30 000 000.00	30 154 371.07
投资性房地产	7 510 225.93	7 173 850.13	—
固定资产	1 269 767 136.49	1 251 589 383.64	1 033 185 052.11
在建工程	262 507 902.35	221 512 865.36	298 231 339.58
无形资产	223 165 380.31	228 971 952.14	244 338 401.04
商誉	12 843 661.62	12 843 661.62	12 843 661.62
长期待摊费用	10 528 747.65	10 670 616.73	17 415 142.00
递延所得税资产	130 351 622.85	78 591 208.08	67 935 387.37
其他非流动资产	10 000 000.00	10 000 000.00	10 000 000.00
非流动资产合计	1 987 098 244.68	1 851 353 537.70	1 714 103 354.79
资产总计	12 880 915 675.82	10 663 968 964.98	9 090 918 377.18
短期借款	10 000 000.00	10 000 000.00	10 000 000.00

续表

项目	2013年12月31日	2012年12月31日	2011年12月31日
应付票据	609 077 745.26	499 943 324.29	507 401 715.05
应付账款	1 825 114 689.64	1 782 637 485.57	1 590 135 442.07
预收款项	406 319 445.61	347 082 206.92	343 814 603.11
应付职工薪酬	42 285 484.96	37 039 848.30	42 939 641.71
应交税费	172 130 720.06	10 556 262.57	79 070 505.32
应付利息	312 000.00	312 000.00	312 000.00
应付股利	9 038 794.42	843 994.42	843 994.42
其他应付款	585 079 000.17	767 073 205.36	767 152 757.06
流动负债合计	3 659 357 880.12	3 455 488 327.43	3 341 670 658.74
长期借款	6 684 882.14	6 684 882.14	6 684 882.14
长期应付款	4 814 832.43	4 814 832.43	4 944 832.43
其他非流动负债	181 267 912.23	169 684 426.67	182 336 113.15
非流动负债合计	192 767 626.80	181 184 141.24	193 965 827.72
负债合计	3 852 125 506.92	3 636 672 468.67	3 535 636 486.46
实收资本(或股本)	694 266 479.00	694 266 479.00	694 266 479.00
资本公积	1 247 558 342.19	1 254 875 298.68	1 250 599 188.94
盈余公积	571 587 797.53	424 195 807.13	365 700 202.26
未分配利润	6 513 609 624.19	4 654 218 315.11	3 244 780 784.31
外币报表折算差额	1 767 925.99	-259 403.61	-64 763.79
归属母公司所有者权益(或股东权益)	9 028 790 168.90	7 027 296 496.31	5 555 281 890.72
所有者权益(或股东权益)合计	9 028 790 168.90	7 027 296 496.31	5 555 281 890.72
负债和所有者权益(或股东权益)合计	12 880 915 675.82	10 663 968 964.98	9 090 918 377.18

04 模块 4 长期偿债能力分析实训

【知识目标】

通过本模块的学习,能够掌握长期偿债能力的含义及长期偿债能力的分析方法,了解分析长期偿债能力的意义,理解长期偿债能力与短期偿债能力的关系。

【能力目标】

通过本模块的学习,能够掌握长期偿债能力各项指标的计算方法以及对各项指标进行分析。

【素质目标】

通过本模块的学习,能够培养学生收集和获取信息的能力,培养学生对财务报表数据的判断和分析能力,以及综合应用数据分析问题、解决问题的能力。

4.1 案例演练

案例1 H集团股份有限公司长期偿债能力分析

【案例资料】

H集团股份有限公司(简称H集团)创立于1984年,创业30多年来,坚持创业和创新精神,打造世界名牌。目前,H集团已经从一家濒临倒闭的集体小厂发展成为全球拥有7万多名员工、营业额1 357亿元的全球化集团公司。

H集团是我国家电行业的佼佼者。根据2011—2013年中报分析,公司的业绩增长非常稳定,主营业务收入和利润基本保持同步增长,这在竞争激烈、行业利润明显滑坡的家电行业是极为可贵的。公司 2011—2013 年上半年收入增加部分主要来自于冰箱产品的出口,H 集团的国际化战略取得了明显的经济效益。为了实现产品多元化战略,进一步拓展国际市场,2013 年 H 集团发出增发 A 股的董事会公告,决定向社会公众增发 10 000 万股的 A 股股票,募集的资金将用于收购 H 空调器有限公司(简称 H 空调器公司)74.45% 的股权。此前 H 集团已持有该公司 25.5% 的股权,此举意味着收购完成后,H 集团对 H 空调器公司的控制权将达到 99.95%。作为 H 集团的主导企业之一,H 空调器公司主要生产空调器、家用电器及制冷设备,是我国技术水平较高、规格品种较多、生产规模较大的空调生产基地。H 空调器公司产销状况良好,2013 年上半年共生产空调器 252 万台,超过 2012 年全年的产量,出口量分别是 2012 年同期和全年出口量的 4.5 倍、2.7 倍,已经成为 H 集团新的经济增长点。

H 集团 2013 年的财务数据如表 4-1、表 4-2 所示。

表 4-1　资产负债表部分项目列表　单位:万元

项　目	金　额	项　目	金　额
货币资金	51 245.12	应付账款	12 518.74
应收账款	39 034.59	预收账款	7 255.96
预付账款	59 990.33	流动负债合计	77 170.59
其他应收款	37 123.53	长期负债合计	436.59
存货	49 993.43	负债合计	77 607.18
其他流动资产	121.13	股本	56 470.69
流动资产合计	237 508.13	资本公积	151 317.47
长期股权投资	30 717.84	盈余公积	58 401.66
固定资产	100 788.17	未分配利润	35 462.09
无形资产	10 244.95	股东权益合计	301 651.91
资产总计	379 259.09	负债及股东权益总计	379 259.09

表 4-2　利润及利润分配表(简表)　单位:万元

项　目	金　额
营业收入	270 676.69
营业成本	225 275.35
营业税金及附加	703.03
销售费用	3 111.56
管理费用	21 958.34
财务费用	651.60
投资收益	380.65
营业利润	19 357.46
营业外收入	4 049.44
营业外支出	99.00
利润总额	23 307.90
所得税	5 117.87
净利润	18 190.03
年初未分配利润	17 272.06
盈余公积转入数	0.00

续表

项　目	金　额
可分配利润	35 462.09
提取法定公积金	0.00
提前法定公益金	0.00
可供股东分配的利润	35 462.09
提取任意公积金	0.00
已分配普通股股利	0.00
未分配利润	35 462.09

【任务要点】

1. 根据H集团给出的相关财务数据对该公司的长期偿债能力指标进行计算并分析。
2. 对H集团的长期偿债能力进行综合分析。

【任务分析】

任务1　计算H集团的长期偿债能力指标并进行分析

1. 资产负债率的分析

计算H集团2013年的资产负债率可得：

资产负债率＝负债总额/资产总额＝77 607.18/379 259.09＝20.46%

资产负债率是一个长期偿债能力分析指标，反映企业总资产中债权人提供的资金所占的比重。2011—2013年H集团的资产负债率分别为52.79%、31.68%、20.46%，即资产负债率从52.79%下降到20.46%。这说明该企业的偿债能力在增强，债务风险在降低。（2011年、2012年的资产负债率为查找相关资料得知。）

2. 产权比率的分析

计算H集团2013年的产权比率可得：

产权比率＝负债总额/所有者权益＝77 607.18/301 651.91＝25.73%

产权比率也是衡量企业长期偿债能力的指标，该指标反映企业负债占所有者权益的比重。产权比率比资产负债率指标更能准确地揭示企业的偿债能力状况，因为公司只能通过增加资本的途径来降低产权比率。产权比率200%为一般的警戒线，若超过则应该格外关注。

3. 权益乘数的分析

计算H集团2013年的权益乘数可得：

权益乘数＝资产总额/所有者权益＝1＋产权比率＝1＋25.73%＝1.257 3

权益乘数是反映企业长期偿债能力的指标，应与资产负债率结合起来进行分析。

4. 利息保障倍数的分析

计算H集团2013年的利息保障倍数可得：

利息保障倍数＝（税前利润＋利息费用）/利息费用

＝（23 307.90＋651.60）/651.60＝36.77（倍）

利息保障倍数是企业息税前利润与利息费用之比，是用来衡量企业偿还借款利息能力的指标。利息保障倍数为 36.77，说明该公司有很强的长期偿债能力。

任务 2　H 集团长期偿债能力的综合分析

H 集团的经营业绩指标如表 4-3 所示。

表 4-3　2011—2013 年 H 集团经营业绩

项目	2011 年	2012 年	2013 年
营业收入（万元）	182 337.61	197 242.70	270 676.69
增长率（%）	8.00	8.17	37.23
营业利润（万元）	11 886.00	16 904.00	19 357.46
增长率（%）	22.90	42.22	14.51
利润总额（万元）	13 719.00	20 541.00	23 307.90
增长率（%）	34.21	49.73	13.47
净利润（万元）	13 415.00	15 106.00	18 190.03
增长率（%）	10.07	12.61	20.42
毛利率（%）	18.80	20.61	16.77
营业利润率（%）	6.52	8.57	7.15
净资产收益率（%）	14.74	12.03	6.03

从表 4-3 可以看出，H 集团的净利润从 2011—2013 年一直在增长，2012 年相对 2011 年增长的幅度为 12.61%，2013 年相对 2012 年增长的幅度为 20.42%，但是净资产收益率却逐年下降，2012 年相对 2011 年下降的幅度为 18.39%，2013 年相对 2012 年下降的幅度为 49.88%。影响净资产收益率的主要因素是资产负债率，从前面的计算可以看出，公司的资产负债率从 2011 年到 2013 年一直在下降，说明公司的长期偿债能力在增强，但是过低的资产负债率影响了公司财务杠杆的发挥。建议 H 集团适当提高资产负债率，优化资本结构，以实现净资产收益率的提高。

案例 2　L 股份有限公司长期偿债能力分析

【案例资料】

1996 年 3 月，L 股份有限公司（简称 L 公司）的股票在上海证券交易所挂牌交易。2010 年年初，L 公司被评为全国十家最受投资者尊重的上市公司之一。L 公司股票凭借良好的业绩和高速的成长性已成为证券市场公认的蓝筹绩优股。

2012 年，L 公司纯牛奶在乳制品行业独家获得《质量安全国家标准合格产品》证书。同年，L 集团所属的液态奶事业部首先通过了国际食品行业中通行的 HACCP 管理体系认证，成为国内乳制品行业第一家实现食品安全有效监控的企业。

L 公司相关财务数据如表 4-4 所示。

表 4-4 **L 公司年度报表摘要** 单位:元

项目	2013 年 12 月 31 日	2012 年 12 月 31 日	2011 年 12 月 31 日	2010 年 12 月 31 日	2009 年 12 月 31 日
利润表摘要					
营业收入	24 323 547 500	21 658 590 273	19 359 694 865	16 579 693 004	12 175 264 124
营业成本	15 778 073 723	15 849 142 906	14 347 272 657	12 030 743 693	8 641 079 629
财务费用	22 402 706	14 454 502	29 153 008	15 202 453	-2 302 729
营业利润	665 413 562	-2 050 011 863	-9 710 963	375 743 924	476 783 342
利润总额	811 876 850	-1 955 643 360	11 998 913	372 809 118	491 611 392
所得税	146 608 522	-218 932 441	110 955 474	176 532 202	152 145 917
净利润	665 268 328	-1 736 710 919	-98 956 561	196 276 916	339 465 475.00
资产负债表摘要					
营运资本	-2 206 140 927	-2 783 165 498	-451 247 486	-788 155 469	245 978 818
流动资产	6 831 285 423	5 417 862 814	4 635 918 089	3 388 040 076	2 932 148 638
总资产	13 152 143 647	11 780 488 935	10 173 900 511	7 364 483 726	5 450 464 134
流动负债	9 037 426 350	8 201 028 312	5 087 165 575	4 186 627 187	2 686 169 820
非流动负债	404 778 435	351 890 598	379 501 690	207 378 403	165 005 960
股东权益	3 709 938 862	3 227 570 025	4 707 233 246	2 970 478 136	2 599 288 354
现金流量表摘要					
经营现金流	2 028 826 510	182 575 140	778 130 794	495 375 350	670 001 449
投资现金流	-715 421 753	-909 578 703	-1 448 559 346	-1 611 491 072	-670 107 498
筹资现金流	-98 139 223	1 715 004 144	1 429 554 837	561 248 040	-34 020 147

【任务要点】

1. 计算 L 公司的长期偿债能力指标并进行分析。
2. 同行业比较分析。

【任务分析】

任务 1 L 公司长期偿债能力指标的计算与分析

长期偿债能力是指企业对长期债务的承担能力和对偿还长期债务的保障能力,长期偿债能力分析是企业债权人、投资者、经营者和其他利益相关者都十分关注的问题。长期偿债能力的主要指标有:利息保障系数、资产负债率、股权比率。影响企业财务风险和长期偿债能力的因素主要有资本结构、财务杠杆、长期盈利水平以及经营活动现金流量。

L 公司的主要长期偿债能力指标如表 4-5 所示。

表 4-5　　L 公司长期偿债能力指标

指标	2013 年	2012 年	2011 年	2010 年	2009 年
利息保障倍数	37.24	-134.30	1.41	25.52	—
资产负债率(%)	71..79	72.60	53.53	59.66	52.34
股权比率	2.55	2.65	1.16	1.48	1.10

1. 利息保障倍数的分析

L 公司 2009—2013 年的利息保障倍数变化趋势如图 4-1 所示。

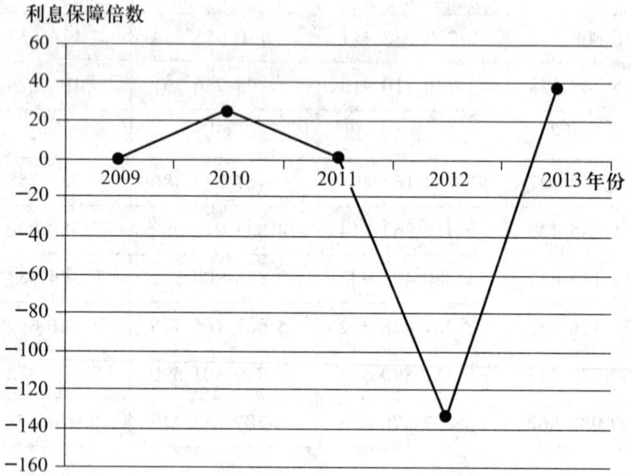

图 4-1　利息保障倍数的变动趋势

由图 4-1 可知,L 公司 2009—2013 年利息保障系数变动幅度较大,这说明 L 公司息税前利润对利息的保障程度浮动较大。在 2012 年甚至出现了负数,说明 L 公司当时付息能力非常低,财务风险非常高,应引起重视。

2. 资产负债率的分析

L 公司 2009—2013 年的资产负债率变化趋势如图 4-2 所示。

由图 4-2 可知,L 公司资产负债率 2009—2013 年呈现波动性上升趋势,说明 L 公司的负债越来越高,对于股东来说财务风险越来越大。L 公司的负债经营压力也越来越大,企业资本结构不是很合理。

3. 股权比率的分析

L 公司 2009—2013 年的股权比率如图 4-3 所示。

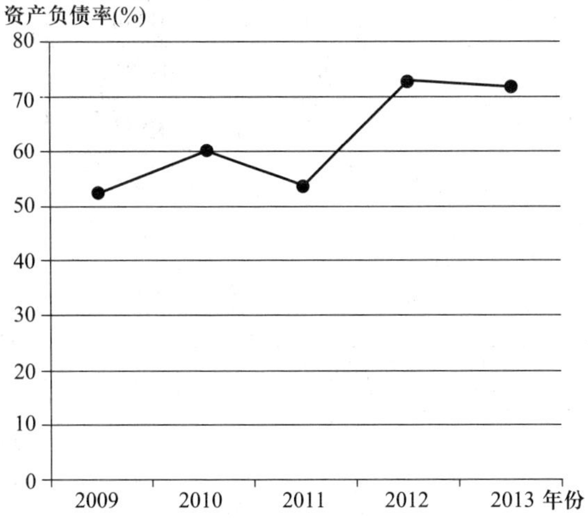

图 4-2 资产负债率的变动趋势

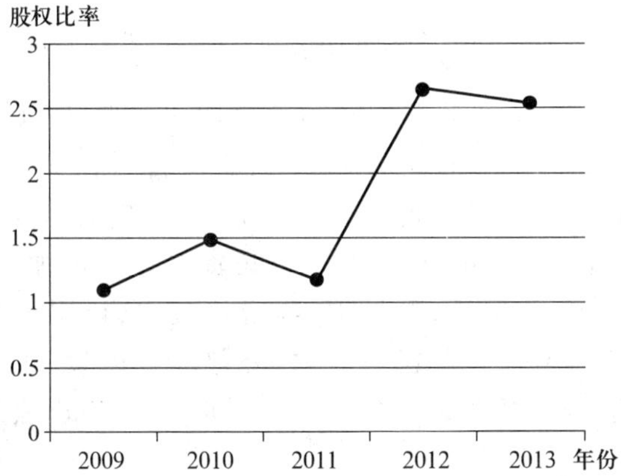

图 4-3 股权比率的变动趋势

由图 4-3 可知,L 公司 2009—2013 年股权比率总体呈现上升的趋势,2010 年较 2009 年上升, 2011 年有所回落,2012 年上升得非常快,增长 128% ,股权比率非常高,说明 L 公司全部资金中,有非常大的部分是由债权人提供的。

任务 2 L 公司与同行业 M 公司长期偿债能力的比较分析

1. 资产负债率比较分析

L 公司与 M 公司的资产负债率如表 4-6、图 4-4 所示。

表 4-6 **L 公司、M 公司的资产负债率** 单位:%

报告时间	2013 年	2012 年	2011 年	2010 年	2009 年
L 公司	71.79	72.60	53.73	59.66	52.34
M 公司	13.63	3.94	10.92	24.32	26.10

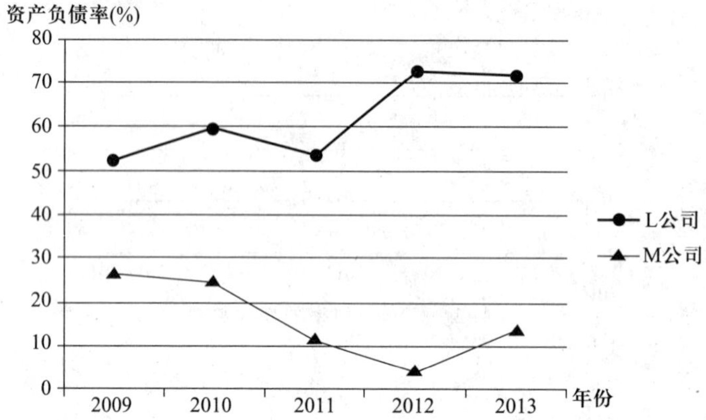

图 4-4 L 公司、M 公司的资产负债率

由表 4-6、图 4-4 可知,L 公司的资产负债率总的来说高于 M 公司, 2009—2012 年 M 公司资产负债率逐年降低,在 2012 年达到了最低,而 L 公司在 2012 年则是达到了最高,说明 L 公司的资产负债率总体高于同行业水平,L 公司的财务风险越来越高,长期偿债能力越来越弱。究其原因,由资产负债表可以看出,L 公司资产逐年增加,股东权益有所增加却并没有呈现明显的增长,负债逐年增长,在 2012 年增长最快,说明 L 公司的资产负债率的增长主要是由于其外部负债的增加。考虑当时内、外部环境因素,主要是乳制品行业出现的“乳业事件”引起民众对乳制品的恐慌,导致产品积压、销售不出去而引起负债增加以及资产负债率的增长。

2. 股权比率比较分析

L 公司、M 公司的股权比率如表 4-7、图 4-5 所示。

表 4-7 **L 公司、M 公司股权比率**

报告时间	2013 年	2012 年	2011 年	2010 年	2009 年
L 公司	2.55	2.65	1.16	1.48	1.10
M 公司	0.81	0.83	0.79	0.77	0.78

由表 4-7、图 4-5 可知,L 公司的股权比率总体水平高于 M 公司,2009—2013 年 M 公司的股权比率较稳定,而 L 公司的股权比率则浮动较大,总体上呈现增长趋势,而且在 2012 年股权比率增长较明显。究其原因,主要是乳制品行业出现的“乳业事件”引起民众对乳制品的恐慌,造成负债增加,为保证企业正常营运而增加的股东资金。

通过上述与 M 公司的资产负债率、股权比率的对比分析可知,L 公司的财务风险非常高,应

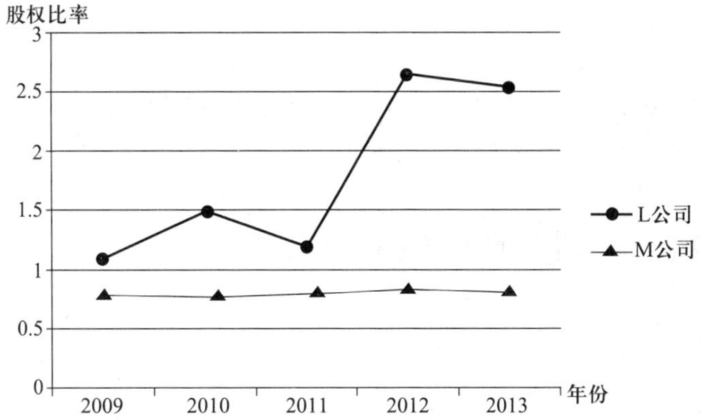

图 4-5 L 公司、M 公司股权比率

引起重视。L 公司的资产规模从 2009 年至 2013 年逐年上升，负债规模也呈现逐年上升趋势，说明 L 公司负债经营并逐年扩张规模，虽出现发展的低谷，但是通过一系列的资产重组和政策的调整，使得企业扭转亏损，并在 2013 年取得了显著的效果。

建议 L 公司采取以下措施：

(1) 加强企业资产与债务的管理，降低财务费用及各种利息费用。

(2) 加强企业各种现金流的管理，使企业资金得到最大限度的利用，提高利润。

(3) 完善企业的投资理财渠道及资本结构。

4.2 案例实训

实训 1 秀丽集团长期偿债能力分析

【实训资料】

秀丽集团 2010—2012 年的每股收益分别为 0.38 元、0.31 元、0.39 元，净资产收益率保持在 10% 以上(2012 年为 11%)，期间还进行了一次分红，一次资本公积金转增股份，一次配股。2012 年资产总额为 62 690 万元，负债总额为 15 760 万元，利息费用总额为 950 万元。但是，2013 年上半年秀丽集团净利润突然“高台跳水”，其 2013 年中报显示，尽管 2012 年年末还有 4 690 万元的净利润，但 2013 年上半年却一下子变成净亏损 20 792 万元。此时，公司资产为 51 200 万元，负债为 36 740 万元，利息费用总额为 1 400 万元。

据 2013 年中报披露，由于秀丽集团的债务人丧失偿债能力，董事会一笔核销其 134 710 056.20元巨额欠款，由此造成上半年出现巨额亏损。此时，秀丽集团以往来账的形式所欠其股份公司的债务已达 21 660 万元。至 2013 年中期审计截止日，公司应收款项中发生诉讼案件涉及金额已达 872 万元,公司所得税税率为 25%。

【实训要点】

1. 分析秀丽集团 2012 年、2013 年的长期偿债能力。
2. 结合 2013 年发生的事项,分析其对公司偿债能力的影响。

实训 2　唐吾集团长期偿债能力分析

【实训资料】

唐吾集团于 2002 年注册成立,主要从事电源及与电力相关产业的开发、投资、建设、经营和管理,组织电力(热力)生产和销售,以及国内外工程承包、设备制造、国内外投融资业务、国际合作等国家批准或允许的其他业务,注册资本为 120 亿元人民币。截至 2012 年 12 月 31 日,公司资产总额为 1 400.02 亿元,净资产为 380.18 亿元,负债总额为 1 019.84 亿元。2012 年公司实现主营业务收入 412.08 亿元,净利润 3.10 亿元。

2013 年 4 月,唐吾集团发行长期企业债券。债券基本属性如下:

债券名称:2013 年唐吾集团企业债券。

发行总额:人民币 30 亿元。

债券期限:15 年期。

债券利率:固定利率,票面年利率为 5.28%。

计息期限:自 2013 年 4 月 29 日至 2028 年 4 月 28 日。

计息方式:采用单利按年计息,不计复利。

信用级别:经中诚信国际信用评级有限责任公司综合评定,信用级别为 AAA 级。

债券担保:由中国工商银行提供无条件不可撤销的连带责任担保。

唐吾集团本期债券募集的资金将主要用于 5 个电源项目的建设,主要包括 2 个水电和 3 个火电项目的电源基本建设和技术改造,建设规模合计 658 万千瓦,投资总额为 349 亿元。目前融资项目可行性研究报告已取得国家发改委批复。

唐吾集团自成立以来,集团公司总资产以年均 23.13% 的增速稳步增强,2012 年年末达到1 400.02亿元;净资产年均增速为 5.55%。由于同期加大了电力投资力度,资金需求较大,债务规模年均增速达到 32.36%。资产负债率也逐年上升,截至 2012 年年末升至 72.84%。

截至 2012 年年末,公司负债合计为 1019.84 亿元。资产负债率由 2010 年的 63.08% 上升到 2012 年的 72.84%,负债权益比(负债合计/所有者权益)也由 2010 年的 3.22 上升至 2012 年的 5.55;长期资本化比率[长期负债/(长期负债+净资产)]由 2010 年的 68.97% 上升到 2012 年的 77.73%。利息保障倍数基本保持不变。公司处于财务风险增加的阶段。

从债务结构来看,公司近两年经营性流动资金需求增多,流动负债比重逐年上升,短期负债比率(流动负债/负债合计)由 2010 年的 30.93% 上升至 2012 年的 37.08%,流动性风险有所加大,但基本保持在合理水平。

本期债券发行成功后,公司债务总额将达到 1 049.84 亿元,资产负债率、长期负债比率(1-短期负债比率)和长期资本化比率将分别达到 73.41%、63.98%和 78.51%,公司有一定的债务压力。

唐吾集团相关财务数据如表 4-8、表 4-9、表 4-10、表 4-11、表 4-12 所示。

表 4-8　　唐吾集团资产负债简表　　单位:百万元

项目	截至 12 月 31 日			2013 年 4 月发债之后
	2010 年	2011 年	2012 年	
总资产	92 432.12	110 413.70	140 002.43	143 003.43
流动负债合计	18 093.38	26 026.49	37 856.02	37 856.02
长期负债合计	40 209.95	48 112.49	64 128.44	67 128.44
负债合计	58 303.33	74 138.98	101 984.46	104 984.46
少数股东权益	16 040.72	17 964.91	19 642.53	19 642.53
所有者权益	34 128.79	36 274.72	38 017.97	38 017.97
负债和所有者权益总计	92 432.12	110 413.70	140 002.43	143 003.43

表 4-9　　唐吾集团各项负债比率

指标	2010 年	2011 年	2012 年	2013 年 4 月发债之后
负债权益比	1.71	2.04	5.55	2.68
资产负债率	63.08%	67.15%	72.84%	73.41%
长期资本化比率	54.09%	57.01%	62.78%	63.79%
短期负债比率	31.33%	35.11%	37.12%	36.06%
利息保障倍数	1.57	1.59	1.58	—

注:负债权益比=负债合计/所有者权益;资产负债率=总负债/总资产;长期资本化比率=长期负债/(长期负债+净资产);短期负债比率=短期负债/负债合计;利息保障倍数=(净利润+利息费用+所得税)/利息费用。

表 4-10　　唐吾集团资产、负债增长率表

指标	2010 年	2011 年	2012 年	平均增长率
总资产增长率	—	19.45%	26.80%	23.13%
净资产增长率	—	6.29%	4.81%	5.55%
总负债增长率	—	27.16%	37.56%	32.36%

表 4-11　　唐吾集团债券发行人分析表

行业	能源	基础设施	金融	生产制造	房地产	通信	其他
数量	38	35	7	19	11	3	6
比重	31.9%	29.4%	5.9%	16.0%	9.2%	2.5%	5.0%

表 4-12　　唐吾集团长期借款及应付债券　　单位:百万元

指标	2011 年	2012 年	2013 年
长期借款	39 373.42	45 722.89	61 839.80
应付债券		2 062.79	2 065.71

【实训要点】

1. 企业的筹资方式有哪些？唐吾公司的融资方式是什么？
2. 分析债券融资对公司偿债能力的影响。

实训3　天宝钢铁公司偿债能力分析

【实训资料】

1998年，我国决定把钢铁行业作为支柱产业重点发展；2008年中国钢铁工业快速发展，在总产量不断升高的同时，产品结构和企业组织结构进一步优化，对外贸易不断发展，行业效益明显提高；2001—2008年，全球钢铁业焕发活力，国际钢铁市场需求兴旺，钢铁企业利润丰厚。2008年，随着世界经济危机的蔓延，全球钢铁行业发展面临巨大压力，中国钢铁行业下游市场需求增长减缓，在应对经济危机方面，中国政府频频出台政策措施，对钢铁行业产生积极作用。

在全球及我国钢铁行业发展的大背景下，天宝钢铁公司2013年度各项指标如表4-13、表4-14所示。

表4-13　　天宝钢铁公司2013年各项指标

指标	数值	排名	行业平均值	行业最高值	行业最低值
流动比率	0.82	31	1.37	8.64	0.23
速动比率	0.16	35	0.47	3.07	0.01
营运资本	-13 282 974 720.00	43	-1 215 281 152.00	1 833 718 656.00	-15 748 767 744.00
现金比率	0.10	38	0.37	2.96	0.01
流动负债经营活动净现金流比	0.23	12	0.04	1.28	-4.49
资产负债率(%)	51.09	35	57.46	89.43	4.08
负债权益比率(%)	104.44	35	189.035	845.91	4.26
股东权益比率	48.91	10	42.54	95.92	10.57
有形资产债务率	51.09	35	57.46	89.43	4.08
应收账款周转率	111.22	34	270.37	2 378.44	4.42
应收账款周转天数	3.24	19	1.33	0.15	81.44
成本费用利润率	3.52	11	23.62	1 030.24	-92.67
净资产收益率	6.71	14	-1.22	19.38	-97.42
每股收益	0.37	11	0.116	0.66	-1.27
总资产利润率	4.20	13	1.361	15.57	-22.28
非经常性损益比率	79.21	21	56.395	273.16	-228.26
主营业务收入增长率	4.74	34	28.524	260.52	-33.19
应收账款增长率	-20.43	27	-4.443	488.61	-100.00
净利润增长率	-49.21	27	-201.11	487.36	-3 423.75

表 4-14　　天宝钢铁公司 2013 年综合指标同业排名

指标	得分	排名	行业平均得分	行业最高得分	行业最低得分
总得分	60.769	19	57.506	77.546	28.722
盈利能力得分	17.498	16	15.819	22.800	-7.021
净资产收益率	6.786	17	5.696	9.000	-11.414
每股收益	4.712	12	3.796	6.000	-2.478
主营业务毛利率	2.400	29	2.531	3.120	2.400
主营业务比率	3.600	34	3.796	4.680	3.600
偿债能力得分	12.457	13	12.000	18.071	5.404
流动负债与经营活动净现金流比	3.962	12	3.600	6.000	-5.182
资产负债比率	3.886	10	3.600	6.000	2.163
速动比率	2.209	35	2.400	4.000	2.114
利息保障倍数	2.400	27	2.400	2.400	2.400
现金能力得分	12.315	21	11.687	19.000	4.923
每股营业现金流量	3.916	15	3.697	6.000	2.336
经营活动产生的现金净流量增长率	2.219	32	2.459	4.000	2.088
现金股利支付率	2.888	25	3.067	5.000	2.825
现金自给率	3.292	12	2.464	4.000	-5.310
资产负债能力管理得分	9.147	24	9.000	10.200	5.804
总资产周转率	2.400	7	2.400	2.400	2.400
应付账款周转率	1.947	24	1.800	3.000	-1.396
应收账款周转率	2.400	10	2.400	2.400	2.400
存货周转率	2.400	24	2.400	2.400	2.400
成长能力得分	9.352	34	9.000	12.371	-2.433
主营业务收入增长率	2.795	34	3.000	5.000	2.468
每股收益增长率	3.557	26	3.000	5.000	-8.618
固定资产投资扩张率	3.000	19	3.000	3.000	3.000

【实训要点】

1. 根据天宝钢铁公司的相关财务数据，对该公司的长期偿债能力指标进行计算分析。
2. 对天宝钢铁公司的长期偿债能力指标进行分析和评价。

综合测试

一、单项选择题

1. 下列选项中，属于短期偿债能力的指标有(　　)。
   A. 产权比率　B. 偿债保障比率　C. 速动比率　D. 资产负债率

2. 流动比率与速动比率公认的标准值分别为(　　)。

A. 2;3　　B. 2;1　　C. 1;2　　D. 3;2

3. 资产负债率是(　　)的指标。

A. 长期偿债能力　　B. 短期偿债能力　　C. 盈利能力　　D. 营运能力

4. 当制造业企业的存货占流动资产的一半的时候,速动比率为(　　)。

A. 2　　B. 3　　C. 1　　D. 1.5

5. 现金比率的计算公式为(　　)。

A. 现金/流动负债　　B. (现金+有价证券)/流动负债

C. 现金/负债　　D. (现金+有价证券)/负债

6. 当某企业的流动比率等于 2 时,保守速动比率可能为(　　)。

A. 3　　B. 2　　C. 1　　D. 0.8

7. 流动比率与速动比率相比,主要是计算时扣除了变现能力差的项目,如(　　)。

A. 应收账款　　B. 存货　　C. 无形资产　　D. 应收票据

8. 如果流动比率>1,则下列成立的是(　　)。

A. 营运资金>0　　B. 速动比率>1

C. 现金比率>1　　D. 现金流量比率>1

9. 短期偿债能力的强弱表现为(　　)。

A. 资产变现能力的强弱　　B. 资产的多少

C. 盈利的多少　　D. 偿债的多少

10. 利息的偿还问题是(　　)能力特有的问题。

A. 短期偿债　　B. 长期偿债　　C. 盈利　　D. 营运

11. 属于长期偿债能力的指标是(　　)。

A. 营运资金　　B. 销售净利率　　C. 产权比率　　D. 资产周转率

12. 资产负债率的合理区间是(　　)。

A. 20% ~60%　　B. 20% ~70%　　C. 30% ~60%　　D. 30% ~70%

13. 如果一个企业的权益乘数为 10,则资产负债率为(　　)。

A. 60%　　B. 70%　　C. 80%　　D. 90%

14. 有形净值债务率中的"有形净值"指(　　)。

A. 有形资产总额　　B. 所有者权益扣除无形资产等没有支付能力的资产

C. 净资产　　D. 所有者权益扣除非流动资产

15. 对商业银行而言,资产负债率一般高达(　　)。

A. 75%　　B. 80%　　C. 85%　　D. 90%

16. 下列指标中,不是衡量企业长期偿债能力的指标是(　　)。

A. 利息偿付倍数　　B. 资产负债率

C. 营运资金　　D. 有形净值债务率

17. 利息保障倍数的分子是(　　)。

A. 利润总额　　B. 税前利润

C. 税后利润+利息费用　　D. 税前利润+利息费用

18. 产权比率与权益乘数的关系是(　　)。

A. 产权比率=1+权益乘数　　B. 产权比率=1/权益乘数

C. 权益乘数=(1+产权比率)/产权比率　　D. 权益乘数=1/(1-产权比率)

19. 资产负债率与权益乘数(　　)。

A. 正相关　　B. 反相关

C. 无关　　D. 均反映盈利能力

20. 权益乘数的合理范围是(　　)。

A. (0,1.43)　　B. (3.33,+∞)　　C. [1.43,3.33]　　D. 越小越好

二、多项选择题

1. 下列指标中,属于偿债能力指标的有(　　)。

A. 销售毛利率　　B. 资产负债率　　C. 现金比率　　D. 权益乘数

2. 影响速动比率的因素有(　　)。

A. 应收账款　　B. 存货　　C. 应收票据　　D. 预付账款

3. 下列指标中,可以评价企业长期偿债能力的基本指标是(　　)。

A. 资产负债率　　B. 产权比率

C. 流动比率　　D. 利息保障倍数

4. 影响企业长期偿债能力的因素有(　　)。

A. 企业的盈利能力　　B. 资产的周转情况　　C. 资本结构　　D. 经营风险

5. 影响保守速动比率的因素有(　　)。

A. 货币资金　　B. 短期投资　　C. 应收账款　　D. 应收票据

6. 偿债能力分为(　　)。

A. 盈利能力　　B. 营运能力　　C. 短期偿债能力　　D. 长期偿债能力

7. 权益乘数的公式为(　　)。

A. 资产/净资产　　B. 1/(1-资产负债率)

C. 1/(1+资产负债率)　　D. 净资产/资产

8. 影响企业短期偿债能力的因素有(　　)。

A. 记录的或有事项　　B. 担保责任引起的负债

C. 企业的现金流量　　D. 企业的短期融资能力

9. 短期偿债能力的分析方法有(　　)。

A. 比率分析法　　B. 趋势分析法　　C. 行业比较分析法　　D. 因素分析法

10. 企业财务分析的基本内容包括(　　)。

A. 盈利能力分析　　B. 偿债能力分析

C. 营运能力分析　　D. 发展能力分析

11. 下列经济业务中,会影响产权比率的有(　　)。

A. 发行企业债券　　B. 发行股票

C. 购买机器设备　　D. 偿还银行借款

12. 下列属于长期偿债能力指标的有(　　)。

A. 营运资金　B. 资产负债率　C. 产权比率　D. 利息保障倍数

13. 资产负债率与权益乘数(　　)。
A. 正相关　B. 负相关
C. 无关　D. 均反映企业的偿债能力

14. 影响长期偿债能力的因素有(　　)。
A. 资本结构　B. 获利能力　C. 资产的真实价值　D. 市场环境

15. 反映企业偿债能力的指标有(　　)。
A. 销售净利率　B. 利息保障倍数　C. 资产负债率　D. 营运资金

16. 总资产收益率又称(　　)。
A. 总资产报酬率　B. 总资产回报率
C. 资产总额利润率　D. 净资产利润率

17. 净资产收益率又称(　　)。
A. 所有者权益报酬率　B. 净资产利润率
C. 资本利润率　D. 资产利润率

18. 杜邦分析法集(　　)分析于一身。
A. 营运能力　B. 盈利能力　C. 偿债能力　D. 发展能力

19. 计算企业净资产收益率时,不是分子常用的指标的有(　　)。
A. 营运资金　B. 营业利润　C. 利润总额　D. 净利润

20. 在总资产报酬率中,不是分母常用的指标是(　　)。
A. 销售收入　B. 净利润
C. 平均总资产　D. 长期资产总额

三、判断题

1. 营运资金越多越好。(　　)
2. 权益乘数与产权比率之和等于 1。(　　)
3. 银行的资产业务是存款业务。(　　)
4. 一个企业的利息保障倍数越大,说明该企业偿还利息越有保障。(　　)
5. 银行看重的是企业偿还本金的能力。(　　)
6. 一个企业的权益乘数越低越好。(　　)
7. 同一企业同一时期资产负债率小于产权比率。(　　)
8. 影响企业偿债能力最重要的因素是商誉。(　　)
9. 现金比率就是现金与流动负债之比。(　　)
10. 现金流量比率反映企业的长期偿债能力。(　　)
11. 短期偿债能力用于衡量一个企业以其流动资产偿还流动负债的保障程度。(　　)
12. 一般情况下,流动比率越高,企业短期偿债能力越强。(　　)
13. 如果流动比率小于 1,则营运资金一定小于 0。(　　)
14. 对于任何企业而言,速动比率的标准值等于 1。(　　)
15. 从长期偿债能力看,有形净值债务率越低越好。(　　)

16. 产权比率也称权益乘数。(　　)

17. 某企业资产负债率为40%,则其产权比率为2∶3。(　　)

18. 资产负债率越高则权益乘数越小。(　　)

19. 企业的总资产报酬率越低,则净资产收益率越低。(　　)

20. 所有者权益又叫自有资金。(　　)

21. 杜邦分析法的核心是资产收益率。(　　)

22. 同一企业同一时期销售净利率大于销售毛利率。(　　)

23. 分析企业盈利能力时,净利率比毛利率更重要。(　　)

24. 市盈率是评价上市公司盈利能力的指标,它反映投资者愿意对公司每股净利润支付的价格。(　　)

25. 对于盈利企业,在总资产净利率不变的情况下,资产负债率越高,净资产收益率越高。(　　)

四、计算分析题

1. 力华公司2014年财务报表有关数据如下:

(1) 损益表有关数据:

销售收入净额90 000万元;现销收入10 000万元;利息费用4 500万元;

产品销售成本41 130万元;利润总额18 800万元;净利润6 204万元。

(2) 资产负债率(简表)如表4-15所示。

表4-15　　**资产负债表简表**　　单位:万元

资　产	年初数	年末数	负债和所有者权益	年初数	年末数
流动资产:			流动负债:		
货币资金	12 500.0	3 750	短期借款	9 162.5	15 725
			应付账款	5 000.0	10 525
应收款项净额	21 250.0	18 750	流动负债合计	14 162.5	26 250
存货	1 612.5	18 750	非流动负债:		
流动资产合计	35 362.5	41 250	长期负债	15 000.0	18 750
非流动资产:			非流动负债合计	15 000.0	18 750
固定资产净值	31 000	41 250	负债合计	29 162.5	45 000
非流动资产合计	31 000	41 250	所有者权益		
			股本	11 250.0	11 250
			资本公积	13 500.0	13 625
			盈余公积	6 450.0	6 475
			未分配利润	6 000.0	6 150
			所有者权益合计	37 200.0	37 500
资产总计	66 362.5	82 500	负债与所有者权益	66 362.5	82 500

要求:根据上述资料,计算力华公司2014年下列财务指标并进行分析:①流动比率;②速动比率;③现金比率;④应收账款周转次数;⑤存货周转天数;⑥资产负债率;⑦净资产负债率;⑧有形净资产负债率;⑨长期负债率;⑩利息保障倍数。

2. 某公司相关财务数据如表 4-16 所示。

表 4-16　　　　　　　　　　**资产负债表**　　　　　　　　　　单位：元

项目	2013 年 12 月 31 日	2012 年 12 月 31 日	2011 年 12 月 31 日
货币资金	10 864 000 000. 00	25 197 000 000. 00	18 140 000 000. 00
交易性金融资产	—	—	—
应收票据	20 045 000 000. 00	27 961 000 000. 00	15 950 000 000. 00
应收账款	81 395 000 000. 00	58 721 000 000. 00	43 093 000 000. 00
预付款项	4 370 000 000. 00	4 096 000 000. 00	5 247 000 000. 00
其他应收款	8 807 000 000. 00	7 360 000 000. 00	9 880 000 000. 00
存货	218 262 000 000. 00	203 417 000 000. 00	156 546 000 000. 00
一年内到期的非流动资产	—	—	—
其他流动资产	1 008 000 000. 00	836 000 000. 00	594 000 000. 00
流动资产合计	344 751 000 000. 00	327 588 000 000. 00	249 450 000 000. 00
可供出售金融资产	—	—	—
持有至到期投资	—	—	—
长期应收款	—	—	—
长期股权投资	52 061 000 000. 00	47 458 000 000. 00	45 037 000 000. 00
固定资产	588 969 000 000. 00	565 936 000 000. 00	540 700 000 000. 00
在建工程	168 977 000 000. 00	111 311 000 000. 00	89 599 000 000. 00
生产性生物资产	—	—	—
油气资产	—	—	—
无形资产	49 834 000 000. 00	34 842 000 000. 00	27 440 000 000. 00
开发支出	—	—	—
商誉	6 257 000 000. 00	8 212 000 000. 00	8 298 000 000. 00
长期待摊费用	10 246 000 000. 00	9 076 000 000. 00	7 560 000 000. 00
递延所得税资产	15 130 000 000. 00	13 398 000 000. 00	15 578 000 000. 00
其他非流动资产	11 046 000 000. 00	12 232 000 000. 00	1 727 000 000. 00
非流动资产合计	902 520 000 000. 00	802 465 000 000. 00	735 939 000 000. 00
资产总计	1 247 271 000 000. 00	1 130 053 000 000. 00	985 389 000 000. 00
短期借款	70 228 000 000. 00	36 985 000 000. 00	29 298 000 000. 00
交易性金融负债	—	—	1 000 000 000. 00
应付票据	6 656 000 000. 00	5 933 000 000. 00	3 818 000 000. 00
应付账款	215 628 000 000. 00	177 002 000 000. 00	132 528 000 000. 00
预收款项	69 299 000 000. 00	66 686 000 000. 00	57 324 000 000. 00
应付职工薪酬	1 838 000 000. 00	1 795 000 000. 00	7 444 000 000. 00
应交税费	21 985 000 000. 00	39 622 000 000. 00	33 814 000 000. 00
应付利息	—	—	—
应付股利	—	—	—
其他应付款	61 721 000 000. 00	57 662 000 000. 00	54 871 000 000. 00
一年内到期的非流动负债	15 754 000 000. 00	43 388 000 000. 00	5 530 000 000. 00
其他流动负债	30 000 000 000. 00	—	—
流动负债合计	493 109 000 000. 00	429 073 000 000. 00	325 627 000 000. 00
长期借款	40 267 000 000. 00	54 320 000 000. 00	58 895 000 000. 00
应付债券	121 849 000 000. 00	100 137 000 000. 00	115 180 000 000. 00

续表

项目	2013 年 12 月 31 日	2012 年 12 月 31 日	2011 年 12 月 31 日
预计负债	21 591 000 000.00	18 381 000 000.00	15 573 000 000.00
递延所得税负债	16 043 000 000.00	15 181 000 000.00	15 017 000 000.00
其他非流动负债	3 811 000 000.00	3 436 000 000.00	2 415 000 000.00
非流动负债合计	203 561 000 000.00	191 455 000 000.00	207 080 000 000.00
负债合计	696 670 000 000.00	620 528 000 000.00	532 707 000 000.00
实收资本(或股本)	86 820 000 000.00	86 702 000 000.00	86 702 000 000.00
资本公积	30 574 000 000.00	29 583 000 000.00	29 414 000 000.00
盈余公积	184 603 000 000.00	178 263 000 000.00	141 711 000 000.00
减:库存股	—	—	—
未分配利润	248 604 000 000.00	214 977 000 000.00	194 855 000 000.00
所有者权益(或股东权益)合计	550 601 000 000.00	509 525 000 000.00	452 682 000 000.00
负债和所有者(或股东权益)合计	1 247 271 000 000.00	1 130 053 000 000.00	985 389 000 000.00

要求:根据上述资料,分析该公司的偿债能力。

05 模块 5 盈利能力分析实训

【知识目标】

通过本模块的学习，掌握盈利能力分析的程序与方法，理解盈利能力分析的意义，理解盈利能力与偿债能力之间的关系，了解盈利能力分析的含义。

【能力目标】

通过本模块的学习，掌握盈利能力分析的方法，能运用财务报表信息熟练计算各项盈利能力指标；通过指标值分析判断企业在盈利方面存在哪些问题，并提出整改措施。

【素质目标】

通过本模块的学习，使学生建立企业盈利能力分析的知识体系，具备初步的财务报表尤其是利润表的阅读分析能力，能够结合行业特点与当前经济形势，全面综合地对企业的盈利能力进行分析。

5.1 案例演练

案例1 中农化工盈利能力分析

【案例资料】

中农集团通用化工有限公司（简称中农化工），是由中国农业生产资料集团公司与自然人李智勇等14人共同出资组建的有限责任公司，于2010年7月2日取得北京市工商行政管理局海淀分局核发的企业法人营业执照，公司登记的注册资本为人民币1 000万元，法定代表人李智勇。公司经营范围:化工产品(不含危险化学品);货物进出口、代理进出口、技术进出口,技术咨询、经济贸易咨询服务;仓储服务等。中农化工 2010 年、2011 年、2012 年三个年度的相关财务数据见表 5-1 和表 5-2。

表 5-1　　中农化工 2010—2012 年资产负债表　　单位:万元

项目	2010 年 12 月 31 日	2011 年 12 月 31 日	2012 年 12 月 31 日
流动资产:			
货币资金	787	5 196	12 238
交易性金融资产	198	278	2
应收账款			68
预付款项	2 640	20 015	22 428
其他应收款	191	1 482	3 099
存货	912	22 516	24 214
流动资产合计	4 728	49 487	62 049
非流动资产:			
长期股权投资			1 000
固定资产		57	314
递延所得税资产		7	310
非流动资产合计		64	1 624
资产总计	4 728	49 551	63 673
负债:			
流动负债合计	3 530	47 994	51 284
非流动负债合计	0	4	10 311
负债合计	3 530	47 998	61 595
所有者权益:			
实收资本	840	840	1 000
未分配利润	358	713	1 078
所有者权益合计	1 198	1 553	2 078
负债和所有者权益合计	4 728	49 551	63 673

表 5-2　　中农化工 2010—2012 年利润表　　单位:万元

项目	2010 年	2011 年	2012 年
一、营业收入	23 007	160 479	177 458
减:营业成本	21 922	156 406	174 045
营业税金及附加	3	36	72
销售费用	408	946	653
管理费用	1 095	1 189	687
财务费用	-3	2 404	2 882
资产减值损失			
加:投资收益(损失以"-"号填列)	13	460	853
其中:对联营企业和合营企业的投资收益			
二、营业利润(亏损以"-"填列)	-405	-42	-28
加:营业外收入	895	532	498

续表

项目	2010 年	2011 年	2012 年
减:营业外支出			
三、利润总额(亏损总额以"-"号填列)	490	490	470
减:所得税费用	123	144	109
四、净利润(净亏损以"-"号填列)	367	346	361

【任务要点】

根据中农化工给出的相关财务数据,从以下五个方面对该公司的盈利能力进行分析:

1. 销售利润率分析;
2. 总资产利润率分析;
3. 资产周转率分析;
4. 资产收益率分析;
5. 股东权益收益率分析。

【任务分析】

任务 1 中农化工销售利润率分析

1. 盈利能力分析知识要点

盈利能力是指企业获取收益及利润的能力。股东以股利的形式获取的收益来自公司经营所得的利润,且利润的上涨会拉动股价的上涨,从而使股东在获得股利之外又得到资本收益。因此,盈利能力分析是股东衡量一个公司对自己投资回报能力高低至关重要的分析指标,企业也通过盈利能力指标的反馈,及时发现问题、改善企业财务结构,提高企业偿债能力、经营能力,以便最终达到提高盈利能力的目的。

盈利能力分析是指通过一系列基础数据的百分比指标来衡量收益,比单纯用绝对数来衡量更有参考价值。盈利能力分析百分比指标主要有:销售利润率指标、总资产利润率指标、资产周转率指标、资产收益率指标和股东权益收益率指标等。

2. 中农化工销售利润率分析

(1) 净利润率分析。净利润率是企业税后利润与企业销售收入净额的比率。净利润率是通常用于衡量盈利能力的指标,是最为常见的销售利润率指标。

净利润率的计算公式如下:

$$净利润率=\frac{净利润}{销售收入}$$

这一比率用于衡量每一元销售额所获得的净利润,比率越高,说明企业的盈利能力越强。一般来说,利润率的高低与资本的密集程度相关,资本密集程度越高,利润率也越高,反之,资本密集程度低的,利润率也相对较低。公式中的分子是指企业实现的税后利润;分母是指扣除了销售折扣、折让和销售退回后的销售净额。

以企业的净利润来计算净利润率,最主要的特点是净利润是扣除所得税后的利润指标。由于所有者认为，所得税是企业的一种资金流出，是企业为取得收益而必须支付的代价，所以在衡量企业盈利能力时应当扣除所得税，因此净利润率是从所有者角度出发来衡量企业盈利能力的指标。

根据表 5-2 可知，中农化工 2010、2011、2012 年度的净利润及销售收入(即营业收入)分别为 367 万元、346 万元、361 万元和 23 007 万元、160 479 万元、177 458 万元，净利润、销售收入环比计算见表 5-3。

表 5-3　　中农化工净利润、销售收入环比比例

项目	2011 年较 2010 年环比	2012 年较 2011 年环比
净利润	$94.28\% = \frac{346}{367} \times 100\%$	$104.34\% = \frac{361}{346} \times 100\%$
销售收入	$697.52\% = \frac{160\ 479}{23\ 007} \times 100\%$	$110.58\% = \frac{177\ 458}{160\ 479} \times 100\%$

将相关数据代入公式，得出该公司的净利润率为：

$$2010\text{ 年度的销售净利率} = \frac{367}{23\ 007} \times 100\% = 1.60\%$$

$$2011\text{ 年度的销售净利率} = \frac{346}{160\ 479} \times 100\% = 0.22\%$$

$$2012\text{ 年度的销售净利率} = \frac{361}{177\ 458} \times 100\% = 0.20\%$$

从表 5-3 可以看出，该公司 2010—2012 年度的净利润先下降、后上升，环比数据呈小幅先下降后上升状态，净利润的变化相对稳定；销售收入环比呈上升趋势，且第二年经历了一个大幅度增加，原因是第二年公司经营逐步步入正轨，盈利有大幅度提高。该公司的净利润率在 2010 年为 1.60%，2011 年、2012 年基本在 0.20% 左右，没有较大幅度的波动，且近两年净利润和销售收入的波动呈正相关关系，说明该公司的净利润与销售收入之间存在一定的相关性，销售额很可能是影响净利润高低的重要因素，至于能否明确认定销售额与净利润的相关性，则还需要考察公司的其他利润项目。但是，该公司过低的销售净利率值得引起重视，公司在 2011 年进入稳定经营后的销售净利率数值均未达到 1%，观察利润表可以发现，其营业收入不低，但营业成本也同样不低，这就大大减少了净利润的空间，也就使得销售净利率偏低。

由于这一比率用于衡量每一元销售额所获得的净利润，比率越高，说明企业的盈利能力越强，因此，从该公司的净利润率数值可看出其盈利能力偏弱。但究其原因，尚不能确定是否是公司的经营不善造成的，还要横向对比该公司所处行业的其他公司的净利润率，看是否处在较为正常的范围内，因为不同行业间的企业净利润率千差万别，跨行业进行对比得出的结论是没有参考价值的。

(2) 营业利润率。销售利润率指标除了净利润率之外，还有营业利润率。营业利润率是指营业利润占销售收入净额的比率，计算公式为：

$$\text{营业利润率} = \frac{\text{营业利润}}{\text{销售收入}}$$

根据表 5-2 可知，中农化工 2010 年、2011 年、2012 年三个年度的营业利润分别为-405 万元、-42 万元、-28 万元，营业利润环比计算见表 5-4。

表 5-4 中农化工营业利润环比比例

项目	2011 年较 2010 年环比	2012 年较 2011 年环比
营业利润	$10.37\% = \frac{-42}{-405} \times 100\%$	$66.67\% = \frac{-28}{-42} \times 100\%$

则营业利润率和销售毛利率分别为：

$$2010\text{ 年度的营业利润率} = \frac{-405}{23\ 007} \times 100\% = -1.76\%$$

$$2011\text{ 年度的营业利润率} = \frac{-42}{160\ 479} \times 100\% = -0.03\%$$

$$2012\text{ 年度的营业利润率} = \frac{-28}{177\ 458} \times 100\% = -0.02\%$$

从表 5-4 中可以看出，中农化工 2011 年和 2012 年的营业利润率数据波动不大且均为负数。营业利润率考察的是每 1 元销售收入扣除销售成本和期间费用后，有多少钱可以形成盈利，显然，该公司的营业利润为负，利润率也为负，即扣除期间费用后，再无销售收入可供形成盈利。

将营业利润率与净利润率相比较可知，两个盈利指标的分母相同，均为营业收入，区别在于分子。由表 5-2 可以看出，两个盈利指标的分子营业利润和净利润的主要差别在于中农化工的营业外收入和补贴收入上，由于这两个科目的增加，使得中农化工最后的净利润变为正值。因此，在考察中农化工盈利能力时，不能仅凭净利润率为正而判断该企业的主营业务不存在问题。通过以上分析可以看出，中农化工三年来的营业利润都是负值，应当对主营业务加以关注并作相应调整，以提高主营业务的盈利能力。

任务 2 中农化工总资产利润率分析

总资产利润率又称总资产报酬率，是指企业净利润与平均资产之间的比率，用以评价企业运用全部资产的总体获利能力，是评价企业资产运营效益的重要指标。其计算公式为：

$$\text{总资产利润率} = \text{净利润} / \text{资产总额}$$

该公式表示每单位资产能获得净利润的数量，该指标也可理解为企业全部资产的回报率。

根据表 5-1 可知，中农化工 2010、2011、2012 年度的资产总额分别为 4 728 万元、49 551 万元、63 673 万元，净利润分别为 367 万元、346 万元、361 万元。资产总额环比计算见表 5-5。

表 5-5 中农化工资产总额环比比例

项目	2011 年较 2010 年环比	2012 年较 2011 年环比
资产总额	$1\ 048.03\% = \frac{49\ 551}{4\ 728} \times 100\%$	$128.50\% = \frac{63\ 673}{49\ 551} \times 100\%$

因此，这三年的总资产利润率为：

$$2010\text{ 年度的总资产利润率} = \frac{367}{4\ 728} \times 100\% = 7.76\%$$

$$2011\text{ 年度的总资产利润率} = \frac{346}{49\ 551} \times 100\% = 0.70\%$$

$$2012\text{ 年度的总资产利润率} = \frac{361}{63\ 673} \times 100\% = 0.57\%$$

总资产利润率反映了企业利用资产获取利润的能力，即企业总资产的利用效率，数值越高说明企业资产运营效益越好、经营管理水平越高、公司资产结构越合理，企业资产的盈利能力越强；反之，数值越低说明企业盈利能力越弱。根据上述数据可以看出，2010 年刚刚投资建厂的时候总资产利润率较高，随后的两年总资产利润率大幅度下降，主要原因是企业资产总额出现了大幅增加，从 2011 年、2012 年两个年度看，总资产利润率略有降低，变化幅度较小，处于比较稳定的状态。

任务 3　中农化工资产周转率分析

1．总资产周转率分析

总资产周转率是指企业在一定时期销售净额同平均资产总额的比率。总资产周转率是考察企业资产运营效率的一项重要指标，体现了企业经营期间全部资产从投入到产出的流转速度，反映了企业全部资产的管理质量和利用效率。其计算公式为：

$$\text{总资产周转率} = \frac{\text{销售净额}}{\text{平均资产总额}}$$

根据表 5-1 和表 5-2 可知，2011 年、2012 年中农化工的销售净额分别为 160 479 万元和 177 458 万元。

$$2011\text{ 年平均资产总额} = \frac{4\ 728 + 49\ 551}{2} = 27\ 139.5(\text{万元})$$

$$2012\text{ 年平均资产总额} = \frac{49\ 551 + 63\ 673}{2} = 56\ 612(\text{万元})$$

则该公司总资产周转率为：

$$2011\text{ 年度的总资产周转率} = \frac{160\ 479}{27\ 139.5} = 5.91$$

$$2012\text{ 年度的总资产周转率} = \frac{177\ 458}{56\ 612} = 3.13$$

上述计算结果表明，该公司总资产的周转状况尚佳，2011 年比 2012 年周转速度快，有一部分原因是公司刚刚投产，平均资产基数不大，因此总资产周转率较高，2012 年的平均资产数值增加，周转速度也就相应有所下降，下降幅度也属于正常情况。从以上两个数值可以看出总资产周转率的情况，为了更进一步地分析企业整体资产的周转情况，以及对这些情况的影响因素，还应该进一步分析经营资产，即流动资产和固定资产的周转情况。

2．经营资产周转率、流动资产周转率、固定资产周转率分析

经营资产周转率、流动资产周转率、固定资产周转率计算公式如下：

$$\text{经营资产周转率} = \frac{\text{销售净额}}{\text{平均经营资产}}$$

$$平均经营资产 = 平均流动资产 + 平均固定资产$$

$$流动资产周转率 = \frac{销售净额}{平均流动资产}$$

$$固定资产周转率 = \frac{销售净额}{平均固定资产}$$

根据表5-1和5-2可知：

$$2011\ 年平均流动资产 = \frac{4\ 728 + 49\ 487}{2} = 27\ 107.5(万元)$$

$$2012\ 年平均流动资产 = \frac{49\ 487 + 62\ 049}{2} = 55\ 768(万元)$$

$$2011\ 年平均固定资产 = \frac{0 + 57}{2} = 28.5(万元)$$

$$2012\ 年平均固定资产 = \frac{57 + 314}{2} = 185.5(万元)$$

因为平均经营资产=平均流动资产+平均固定资产，所以2011、2012年度的平均经营资产为27 136万元、55 953.5万元。2011、2012年度的销售净额为160 479万元、177 458万元。将以上数据代入公式可得：

$$2011\ 年度的经营资产周转率 = \frac{160\ 479}{27\ 136} = 5.91$$

$$2012\ 年度的经营资产周转率 = \frac{177\ 458}{55\ 953.5} = 3.17$$

$$2011\ 年度的流动资产周转率 = \frac{160\ 479}{27\ 107.5} = 5.92$$

$$2012\ 年度的流动资产周转率 = \frac{177\ 458}{55\ 768} = 3.18$$

$$2011\ 年度的固定资产周转率 = \frac{160\ 479}{28.5} = 5\ 630.84$$

$$2012\ 年度的固定资产周转率 = \frac{177\ 458}{185.5} = 956.65$$

一般来说，企业经营追求的是利润最大化，而资产则是创造利润的能力。对于经营化工产品、货物进出口代理的公司来说，固定资产不像在纯制造业企业中那样，能在很大程度上表明企业的生产能力，但是也是产品制造、销售的重要保证，固定资产的多少不仅代表着企业的生产能力，而且通过影响产品生产和销售进而影响销售毛利和最终的净利润；而企业的流动资产则主要促成产品和销售收入的实现，最终形成销售利润，因而对企业最终财务成果产生间接影响。

在流动资产总额不变的情况下，销售净额越高，则流动资产周转速度越快；同理，在主营业务收入不变的情况下，周转速度越快，则表明流动资产占用越少。此外，流动资产周转速度的快慢，还会影响企业的成本费用水平以及短期偿债能力，在一定范围内，周转速度越快，企业占用的成本费用水平越低，流动资产的灵活性越强，短期偿债能力越强。

固定资产的周转与销售收入的增减没有直接关系，但企业的生产经营能力取决于固定资产的投资规模，以及对固定资产的利用效率。规模越大，利用效率越高，则经营能力越强，销售收入也随之增加,因此固定资产的周转与销售收入的增减有间接的关系。

经过以上的分析可知,在考察经营资产周转率的时候,主要侧重于企业是否能用尽可能大的固定资产投资规模,推动尽可能小的流动资产占用,通过改善资产利用率,加快经营资产周转速度,从而为企业创造更多的利润。当然,固定资产的规模也与企业所处行业密切相关,如果规模过大且没有得到有效利用,不仅不能促进销售收入提高,还会因为每年发生的固定资产折旧给企业带来经营风险。

上述计算结果表明,该公司经营资产的周转状况与流动资产周转状况、总资产周转状况相同,2011 年都在 5 次左右,2012 年都在 3 次左右,与这三个指标相差较大的是固定资产周转率,由于该公司 2010 年刚刚成立,固定资产的状况与普通企业不同,前三年有大幅增加,会对固定资产周转率产生非正常影响,因此暂时不考察固定资产周转率。从经营资产周转率和流动资产周转率数值来看,公司资产周转状况良好,总体流动性和运营能力良好,需要注意的就是对未来固定资产规模的稳定和控制,以便达到正常的固定资产周转状态。

任务 4　中农化工资产收益率分析

1. 总资产收益率分析

总资产收益率又称为投资报酬率,是用以衡量企业利用其全部资产获取利润的能力,这一指标用净利润与获取这些利润的全部资产相比,以揭示企业每一元资产创造利润的能力。其计算公式为:

$$总资产收益率=\frac{净利润}{平均资产总额}$$

总资产收益率既能揭示利用总资产所能实现的盈利率,又能反映形成销售、产生利润所需的资产数额大小的情况。

根据表 5-1 和表 5-2 可知,该公司 2011、2012 年度的净利润分别为 346 万元、361 万元,平均资产总额分别为 27 139.5 万元和 56 612 万元。则根据公式得:

$$2011\ 年度的总资产收益率=\frac{346}{27\ 139.5}\times 100\% = 1.27\%$$

$$2012\ 年度的总资产收益率=\frac{361}{56\ 612}\times 100\% = 0.64\%$$

上述计算结果表明,该公司 2011、2012 年度的总资产收益率都很低,且有下降趋势,2012 年度总资产收益率的下降主要受到平均资产总额大幅上升这个因素的影响,其中,净收益提高了 4.34%,平均资产总额提高了 108.60%,说明 2012 年度该公司总资产收益率的降低主要是因为平均资产总额提高所致。

2. 经营资产收益率、流动资产收益率、固定资产收益率分析

经营资产收益率是指一定时期内企业的营业利润与该时期平均经营资产之比。该指标客观地反映了企业在利用资产进行经营活动过程中获得现金的能力,因而更进一步反映了资产的利用效率。流动资产收益率为企业的营业利润与平均流动资产之比;固定资产收益率为企业的营业利润与平均固定资产之比。经营资产收益率、流动资产收益率、固定资产收益率计算公式如下:

$$经营资产收益率=\frac{营业利润}{平均经营资产}$$

$$=营业利润率\times经营资产周转率$$

$$流动资产收益率=\frac{营业利润}{平均流动资产}$$

$$固定资产收益率=\frac{营业利润}{平均固定资产}$$

根据表 5-1 和表 5-2 可知,该公司 2011、2012 年度的营业利润分别为-42 万元、-28 万元,则该公司:

$$2011\text{ 年度的经营资产收益率}=\frac{-42}{27\ 136}=-0.15\%$$

$$2012\text{ 年度的经营资产收益率}=\frac{-28}{55\ 953.5}=-0.05\%$$

$$2011\text{ 年度的流动资产收益率}=\frac{-42}{27\ 107.5}=-0.15\%$$

$$2012\text{ 年度的流动资产收益率}=\frac{-28}{55\ 768}=-0.05\%$$

$$2011\text{ 年度的固定资产收益率}=\frac{-42}{28.5}=-147.37\%$$

$$2012\text{ 年度的固定资产收益率}=\frac{-28}{185.5}=-15.09\%$$

上述计算结果表明,该公司经营资产收益率的变化趋势与总资产收益率的变化基本相同,但经营资产收益率因为经营利润为负所以也是负值,经营资产收益率与总资产收益率的区别在于一个是使用营业利润,一个是使用净利润,该公司的净利润是正值,而营业利润是负值,通过利润表可以看出,这是由于公司的营业外收入比较高,使得净利润最后为正,未来管理层应致力于提高公司的营业收入,改善财务结构。

任务 5　中农化工股东权益收益率分析

1. 股东权益收益率

股东权益收益率是指净利润与平均所有者权益的百分比。该指标反映股东权益的收益水平,用以衡量公司运用自有资本的效率。指标值越高,说明投资带来的收益越高。它弥补了每股税后利润指标的不足。其计算公式如下:

$$股东权益收益率=\frac{净利润}{平均所有者权益}\times 100\%$$

根据表 5-1 和表 5-2 可知,该公司 2011、2012 年度的净利润分别是 346 万元、361 万元。

$$2011\text{ 年平均所有者权益}=\frac{1\ 198+1\ 553}{2}=1\ 375.5(\text{万元})$$

$$2012\text{ 年平均所有者权益}=\frac{1\ 553+2\ 078}{2}=1\ 815.5(\text{万元})$$

则该公司:

$$2011\text{ 年度股东权益收益率}=\frac{346}{1\ 375.5}\times100\%=25.15\%$$

$$2012\text{ 年度股东权益收益率}=\frac{361}{1\ 815.5}\times100\%=19.88\%$$

上述数值表明，该公司的股东权益收益率呈下降趋势，究其原因，是净利润的增幅不及所有者权益增幅大，虽然股东权益收益率有所下降，但从所有者的角度考察，两个年度股东权益收益率的数值仍能表明该公司净资产收益状况良好。

2. 权益乘数

权益乘数是总资产与股东权益的比值。

根据表 5-1 和表 5-2 可知，该公司 2011、2012 年度的资产总额和所有者权益分别为49 551 万元、63 673 万元和 1 553 万元、2 078 万元。则该公司：

$$2011\text{ 年度的权益乘数}=\frac{49\ 551}{1\ 553}=31.91$$

$$2012\text{ 年度的权益乘数}=\frac{63\ 673}{2\ 078}=30.64$$

权益乘数越大，表示公司向外融资的财务杠杆系数越大，公司将承担较大的财务风险。从以上数值可以看出，该公司两个年度的权益乘数指标数值都较大，企业投资规模远大于股权资本，企业的财务弹性较大，同时也承担着较大的风险，可通过提高股东权益收益率来激励公司股价上升。

案例 2　宁波银行盈利能力分析

【案例资料】

宁波银行股份有限公司（以下简称宁波银行）成立于 1997 年 4 月 10 日，是一家具有独立法人资格的股份制商业银行。2006 年 5 月，宁波银行引进境外战略投资者——新加坡华侨银行。2007 年 7 月 19 日，宁波银行在深圳证券交易所挂牌上市（股票代码：002142），成为国内首批上市的城市商业银行之一。2007 年 5 月 18 日，宁波银行上海分行正式开业。至此宁波银行顺利实现引进战略投资者、公开上市和跨区域经营三大发展战略。

宁波银行具有相对分散的股权结构，国有股东和外资股东持股比例接近，社会法人股东占相当大份额。从十大股东看，前七大股东在发行后持股超过 56%，而且各自持股比例接近。这样的股权结构赋予管理层宽松的经营管理空间，也避免了因大股东之间的矛盾影响公司正常经营。宁波银行总股本 28.84 亿股。

2011 年、2012 年、2013 年宁波银行相关财务指标如表 5-6 所示。

表 5-6　宁波银行相关财务指标

项目	2011 年	2012 年	2013 年
摊薄每股收益（元）	1.13	1.41	1.68
净资产收益率（%）	18.81	19.97	20.41

续表

项目	2011 年	2012 年	2013 年
每股经营活动现金流量(元)	-8.40	16.70	13.43
每股净资产(元)	6.49	7.67	8.84
每股资本公积金(元)	2.77	2.74	2.48
每股未分配利润(元)	1.91	2.89	3.69
扣除非经常损益每股收益(元)	1.06	1.40	1.68
净利润(不含少数股东权益)(百万元)	3 253.51	4 068.14	4 847.27

注:年末每股股票市场价格 2011 年为 8.83 元,2012 年为 10.25 元,2013 年为 8.93 元。

【任务要点】

根据宁波银行给出的相关财务数据,从以下两个方面对该公司的盈利能力进行分析:

1. 每股利润;
2. 市盈率。

【任务分析】

任务 1 宁波银行每股利润分析

市场价值指标分析是上市公司盈利能力分析的重要部分,是指站在投资者的角度对企业的价值最大化所进行的分析,市场价值比率是分析企业财务状况、股票价格和盈利能力的重要指标。

每股利润是指普通股每股税后利润。该指标中的利润是利润总额扣除应缴所得税的税后利润,再扣除优先股股利,然后除以流通股数,计算公式为:

$$每股利润=\frac{税后利润-优先股股利}{流通股数}$$

经计算得到:

$$2011\text{ 年}每股利润=\frac{3\ 253.51}{2\ 884}=1.13(元)$$

$$2012\text{ 年}每股利润=\frac{4\ 068.14}{2\ 884}=1.41(元)$$

$$2013\text{ 年}每股利润=\frac{4\ 847.27}{2\ 884}=1.68(元)$$

该指标反映了普通股每股的盈利能力,是衡量上市公司获利能力的重要财务指标,每股收益越多,说明每股盈利能力越强。影响该指标的因素:一是企业的获利水平,二是企业的股利发放政策。从宁波银行近三年的每股利润来看,每股利润呈逐年稳步递增趋势,主要原因在于该公司净利润等指标逐年上升,每股收益也逐年递增,进而每股利润上升,每股盈利能力逐年增强。因此,可以得出:宁波银行的每股盈利能力较强,且近年不断小幅提升。

任务 2 宁波银行市盈率分析

市盈率即市价盈利率,是上市公司股票市价与每股税后利润之间的比率。其计算公式为:

$$市盈率=普通股每股市场价格/普通股每股利润$$

代入公司数据得到：

$$2011\text{ 年市盈率} = \frac{8.83}{1.13} = 7.81$$

$$2012\text{ 年市盈率} = \frac{10.25}{1.41} = 7.27$$

$$2013\text{ 年市盈率} = \frac{8.93}{1.68} = 5.32$$

股票价格即为当前的每股市价，税后利润可用最近一年的盈利，也可用未来的预期值。一般来说，一只股票的市盈率越低，市价相对于股票的盈利能力就越低，表明投资回收期越短，投资风险越小，股票的投资价值越大。而市盈率越高，表明投资者对公司的实力越有信心，愿意为每一元盈余多付买价。通常，市盈率的数值在 5 ~ 20 之间为正常，超过 20 倍市盈率的股票被认为非常态，有可能是股价下跌的前兆，风险较大。市盈率在 5 以下的股票，表明企业发展潜力弱，不建议持有。不同行业之间的市盈率不相同，而且会经常发生波动。

从以上的数据看，虽然宁波银行的市盈率在 2013 年略有小的降幅，但从总体上看，该公司的市盈率基本在正常范围内，且有较强的盈利能力，是值得关注的个股，未来有一定的发展潜力。

5.2 案例实训

实训 1　常熟风范电力公司盈利能力分析

【实训资料】

常熟风范电力设备股份有限公司(简称风范)，是生产高压、超高压输电线路镀锌铁塔，钢管组合塔，钢管杆，变电站钢构支架及其他各种支撑钢结构件产品的专业公司。自成立始，产品已在国内 20 多个省、自治区、直辖市使用，并已出口到日本、澳大利亚、伊朗、伊拉克、韩国、缅甸等国家和地区。自 2002 年起，风范进入了迅猛发展时期，为了快速提供更优质的产品，公司专门购置了数控型钢联合生产线，数控型角钢钻孔生产线，数控冲、钻复合机，液压剪板机，数控等离子平面切割机，双工作台龙门移动式数控钻床，有效地改变了以往 160mm 及以上角钢只能用手工钻的工序，提高了生产效率和孔的光洁度，避免了斜孔和喇叭孔，从而保证了加工产品的精度和速度。风范目前总占地面积 380 000m^2，工厂区内自备水运码头 4 个，拥有世界领先的各种自动化铁塔加工生产线、热镀锌生产线、金属切削设备、计量理化精密仪器等，是国内较具规模、技术装备先进、检测手段先进、综合实力很强的铁构件制造公司。风范 2012 年、2013 年资产负债表、利润表见表 5-7、表 5-8、表 5-9。

表 5-7　　常熟风范电力设备股份有限公司资产负债表　　单位：元

资产	2012 年 12 月 31 日	2013 年 12 月 31 日
流动资产：		
货币资金	1 455 972 304.12	584 286 935.08

续表

资产	2012 年 12 月 31 日	2013 年 12 月 31 日
应收票据	30 306 112.60	48 841 379.85
应收账款	496 813 258.32	430 950 315.81
预付款项	145 783 393.78	228 784 385.87
其他应收款	51 801 102.71	212 425 678.00
存货	511 198 991.69	564 050 750.43
其他流动资产		579 000 000.00
流动资产合计	2 691 875 163.22	2 648 339 445.04
非流动负债:		
长期股权投资	133 590 000.00	342 382 333.45
固定资产	220 757 499.99	278 453 550.71
在建工程	17 124 689.38	11 755 243.23
固定资产清理	2 590 092.97	
无形资产	81 704 242.19	79 911 882.01
递延所得税资产	14 938 268.58	14 511 207.08
其他非流动资产	775 200.00	
非流动资产合计	471 479 993.11	727 014 216.48
资产总计	3 163 355 156.33	3 375 353 661.52

注:2012 年平均资产总额 = 293 169(万元)

2013 年平均资产总额 = 326 935(万元)

表 5-8　　常熟风范电力设备股份有限公司资产负债表(续)　　单位:元

负债和所有者权益(或股东权益)	2012 年 12 月 31 日	2013 年 12 月 31 日
流动负债:		
短期借款		70 000 000.00
应付票据	115 622 517.22	123 611 393.53
应付账款	178 950 909.74	127 626 720.79
预收款项	195 036 272.21	70 380 569.53
应付职工薪酬	7 877 944.54	8 225 521.33
应交税费	23 141 442.48	6 609 217.77
应付利息		7 829 945.20
其他应付款	383 976.53	5 731 065.94
其他流动负债	60 493 600.00	200 000 000.00
流动负债合计	581 506 662.72	620 014 434.09
非流动负债:		
递延所得税负债	1 080 270.85	1 012 805.02
其他非流动负债		
非流动负债合计	1 080 270.85	1 012 805.02
负债合计	582 586 933.57	621 027 239.11
所有者权益(或股东权益):		
实收资本(或股本)	219 600 000.00	453 360 000.00
资本公积	2 005 083 405.10	1 842 055 791.10

续表

负债和所有者权益(或股东权益)	2012 年 12 月 31 日	2013 年 12 月 31 日
盈余公积	47 686 481.76	68 949 063.13
未分配利润	308 398 335.90	389 961 568.18
所有者权益(或股东权益)合计	2 580 768 222.76	2 754 326 422.41
负债和所有者权益(或股东权益)总计	3 163 355 156.33	3 375 353 661.52

注:2012 年平均所有者权益=252 756(万元)
2013 年平均所有者权益=266 755(万元)

表 5-9　　常熟风范电力设备股份有限公司利润表　　单位:元

项目	2012 年	2013 年
一、营业收入	1 652 058 168.53	1 657 426 736.25
减:营业成本	1 314 725 841.10	1 329 055 801.36
营业税金及附加	6 204 313.61	5 239 467.06
销售费用	85 698 164.54	83 359 326.96
管理费用	74 669 222.84	79 741 094.25
财务费用	-27 201 575.44	-25 221 591.23
资产减值损失	20 431 518.19	-8 874 986.70
投资收益(损失以"-"号填列)		5 413 773.28
其中:对联营企业和合营企业的投资收益		-217 626.72
二、营业利润(亏损以"-"填列)	177 530 683.69	199 541 397.83
加:营业外收入	1 272 136.21	51 292 554.75
减:营业外支出	121 715.65	1 080 284.96
其中:非流动资产处置损失	47 014.83	
三、利润总额(亏损总额以"-"号填列)	178 681 104.25	249 753 667.62
减:所得税费用	28 333 916.65	37 127 853.97
四、净利润(净亏损以"-"号填列)	150 347 187.60	212 625 813.65

【实训要点】

根据常熟风范电力设备股份有限公司给出的相关财务数据,从以下五个方面对该公司的盈利能力进行分析:

1. 净利润率分析;
2. 总资产利润率分析;
3. 资产周转率分析;
4. 资产收益率分析;

5. 股东权益收益率分析。

实训 2　光大银行盈利能力分析

【实训资料】

中国光大银行(简称光大银行)成立于1992年8月,1997年1月完成股份制改造,2010年8月18日,成功完成IPO并在上海证券交易所挂牌上市。2014年年末,公司资产规模达到2.74万亿元;已在全国72个经济中心城市设立689家分支机构,形成了全国性银行的经营网络;公司控股的韶山光大村镇银行和光大金融租赁公司经营情况良好,综合化经营成效显现;阳光理财等产品继续为消费者所认可,新兴业务优势明显;坚持多年的母亲水窖公益活动彰显了公司的社会责任,在社会上具有较大影响;品牌建设屡获殊荣。多年来,伴随中国经济的发展进程,公司不断改革创新、锐意进取,在为客户提供优质金融服务的同时,取得了良好的经营业绩,已成为一家颇具社会影响力的全国性股份制商业银行和运作规范的公众公司。光大银行2012年、2013年相关财务数据见表5-10。

表 5-10　　光大银行相关数据

项目	2012 年	2013 年
总股本(流通股股数)(亿股)	70	70
每股市场价格(元)	2.9	3.1
净利润(不含少数股东权益)(百万元)	23 537	26 621

【实训要点】

根据光大银行给出的相关财务数据,从以下两个方面对该公司的盈利能力进行分析:

1. 每股利润;

2. 市盈率。

综 合 测 试

一、单项选择题

1. 总资产利润率是指(　　)与资产总额之间的比率。

A. 利润总额　　B. 息税前利润　　C. 净利润　　D. 息前利润

2. (　　)指标越高,说明企业的资产盈利能力越强。

A. 总资产周转率　　B. 存货周转率

C. 总资产利润率　　D. 应收账款周转率

3. 每股利润是指普通股每股税后利润,该指标中的利润是(　　)。

A. 销售净利润
B. 利润总额扣除应缴所得税的税后利润,再扣除优先股股利
C. 利润总额减去应缴所得税
D. 主营业务收入

4. 以下关于股东权益收益率说法正确的是(　　)。
A. 股东权益收益率是每股利润与平均所有者权益的百分比
B. 股东权益收益率反映股东权益的收益水平,用以衡量公司运用自有资本的效率
C. 股东权益收益率指标值越高,说明投资带来的收益越低
D. 股东权益收益率是权益乘数的倒数

5. 经营资产收益率与总资产收益率的区别在于(　　)。
A. 经营资产收益率考察的期间比总资产收益率考察的期间短
B. 经营资产收益率考察的是中小企业,总资产收益率考察的是大型企业
C. 经营资产收益率的分母是平均经营资产,总资产收益率的分母是平均资产总额
D. 经营资产收益率考察的是主营业务利润,总资产收益率考察的是净利润

二、多项选择题

1. 盈利能力分析百分比指标主要有(　　　)。
A. 净利润率指标　B. 总资产利润率指标　C. 资产周转率指标
D. 资产收益率指标　E. 股东权益收益率指标

2. 以下因素会导致总资产周转率下降的是(　　　)。
A. 销售净额下降　B. 销售净额上升
C. 平均资产总额增加　D. 平均资产总额减少

3. 以下选项中,影响总资产利润率的因素有(　　　)。
A. 资本结构　B. 净利润率　C. 产品成本
D. 息税前利润率　E. 总资产的周转率

4. 以下选项中,可以反映上市公司盈利能力的指标有(　　　)。
A. 每股收益　B. 普通股权益报酬率
C. 总资产报酬率　D. 股利发放率

5. 普通股东权益收益率的变化受(　　　)因素的影响。
A. 普通股股息　B. 净利润　C. 优先股股息
D. 普通股权益平均额　E. 普通股股数

三、判断题

1. 企业盈利能力的高低与利润的高低成正比。(　　)

2. 在衡量企业盈利能力时应当扣除所得税,因此销售净利率是从所有者角度出发来衡量盈利能力的指标。(　　)

3. 总资产利润率用以评价企业运用全部资产的总体获利能力,是评价企业资产运营效益的重要指标。(　　)

4. 企业的总资产报酬率越高,则净资产收益率越低。(　　)

5. 权益乘数越大,表明企业的财务弹性越小,承担的风险越小。(　　)

四、计算分析题

1. 南京钢铁股份有限公司盈利能力分析之一(相关资料见表5-11~表5-13)。

表5-11　　南京钢铁股份有限公司资产负债表　　单位:万元

资产	2013年12月31日	2014年12月31日
流动资产:		
货币资金	275 167	492 061
应收票据	103 591	231 011
应收账款	54 609	69 406
预付款项	40 251	18 886
其他应收款	25 307	14 035
存货	415 899	392 494
其他流动资产	53 667	43 010
流动资产合计	968 491	1 260 903
非流动资产:		
长期股权投资	70 831	33 894
固定资产	1 394 583	2 232 524
在建工程	851 068	155 746
无形资产	93 440	92 489
递延所得税资产	152 155	90 612
非流动资产合计	2 562 077	2 605 265
资产总计	3 530 568	3 866 168

注:2013年平均资产总额 =3 496 445(万元)

2014年平均资产总额 =3 698 368(万元)

表5-12　　南京钢铁股份有限公司资产负债表(续)　　单位:万元

负债和所有者权益(或股东权益)	2013年12月31日	2014年12月31日
流动负债:		
短期借款	855 065	778 909
交易性金融负债	108	148
应付票据	292 458	738 126
应付账款	521 833	609 984
预收款项	78 678	52 384
应付职工薪酬	19 534	20 890
应交税费	10 495	11 035
应付利息	30 873	30 118
其他应付款	89 088	29 211
其他流动负债	22 453	25 961
流动负债合计	1 920 585	2 296 766
非流动负债:		

续表

负债和所有者权益(或股东权益)	2013 年 12 月 31 日	2014 年 12 月 31 日
其他非流动负债	783 375	713 601
非流动负债合计	783 375	713 601
负债合计	2 703 960	3 010 367
所有者权益(或股东权益):		
实收资本(或股本)	387 575	387 575
资本公积	50 902	50 902
盈余公积	65 868	65 868
未分配利润	322 263	351 456
所有者权益(或股东权益)合计	826 608	855 801
负债和所有者权益(或股东权益)总计	3 530 568	3 866 168

注:2013 年平均所有者权益 = 821 304(万元)

2014 年平均所有者权益 = 841 204.5(万元)

表 5-13　　南京钢铁股份有限公司利润表　　单位:万元

项目	2013 年	2014 年
一、营业收入	2 682 251	2 788 548
减:营业成本	2 541 072	2 526 701
营业税金及附加	8 563	9 805
销售费用	36 605	49 119
管理费用	88 020	90 230
财务费用	85 617	86 303
资产减值损失	51 024	10 713
投资收益	21 934	47 621
其中:对联营企业和合营企业的投资收益	1 364	997
二、营业利润(亏损以“-”填列)	-106 716	63 298
加:营业外收入	11 871	14 756
减:营业外支出	1 191	996
其中:非流动资产处置损失	42	99
三、利润总额(亏损总额以“-”号填列)	-96 036	77 058
减:所得税费用	-30 679	8 293
四、净利润(净亏损以“-”号填列)	-65 357	68 765

讨论并计算:

根据给出的南京钢铁股份有限公司相关财务数据,从以下五个方面对该公司的盈利能力进行分析:①净利润率;②总资产利润率;③总资产周转率;④总资产收益率;⑤股东权益收益率。

2. 南京钢铁股份有限公司盈利能力分析之二(相关资料见表 5-14)。

表 5-14 南京钢铁股份有限公司相关数据

项目	2013 年	2014 年
总股本（流通股股数）（亿股）	38.76	38.76
每股市场价格（元）	1.86	3.54
净利润（不含少数股东权益）（万元）	-65 357	68 765

讨论并计算：

根据南京钢铁股份有限公司给出的相关财务数据从以下两个方面对该公司的盈利能力进行分析：

（1）每股利润。

（2）市盈率。

06 现金流量分析实训

模块 6

【知识目标】

通过本模块的学习，掌握现金流量表的概念、结构并对现金流量表项目进行解读，熟悉现金流量表数据的收集方法，了解编制现金流量表的意义和作用。

【能力目标】

通过本模块的学习，能够根据企业的现金流量表进行结构分析、趋势分析及比率分析，能够运用相关指标对企业的现金流量表进行综合分析。

【素质目标】

通过本模块的学习，培养学生收集数据、分析数据的能力，使其能具备一定的职业综合判断能力。

6.1 案例演练

案例 1 青岛海尔股份有限公司现金流量表分析

【案例资料】

青岛海尔股份有限公司(简称海尔)成立于 1989 年 4 月 28 日，是在对原青岛电冰箱总厂改组的基础上，以定向募集资金方式设立的股份有限公司。1993 年 11 月 19 日，海尔在上海证券交易所上市，募集资金 3.69 亿元。截至 2013 年 12 月 31 日，海尔总股本为 2 720 835 940 股，总资产为 610.16 亿元，净资产为 144.67 亿元。

根据中怡康市场研究有限公司统计，在国内市场，2013 年海尔冰箱零售量份额为 25.18%，位居行业第一;海尔洗衣机零售量份额为 28.06%,位居行业第一;海尔空调零售量份额为 12.64%,位居行业第三;海尔热水器份额为 18.25%,位居行业第一。

在全球市场,根据世界权威市场调查机构欧睿国际(Euromonitor)发布的全球家电市场调查结果显示:海尔大型家用电器2013 年在全球市场的品牌零售量份额为9.7%,第五次蝉联全球第一。按制造商排名,海尔大型家用电器2013 年零售量占全球11.6%的份额,首次跃居全球第一。同时,在冰箱、洗衣机、冷柜、酒柜分产品线市场,海尔全球市场占有率继续保持第一。该公司近三年的现金流量表如表 6-1 所示。

表 6-1　　青岛海尔股份有限公司现金流量表　　单位:元

项目	2013 年	2012 年	2011 年
一、经营活动产生的现金流量			
销售商品、提供劳务收到的现金	79 292 928 420.05	64 504 721 712.24	59 555 333 928.80
收到的税费返还	387 845 154.66	296 289 792.55	299 913 410.80
收到其他与经营活动有关的现金	438 609 594.29	424 081 269.25	596 914 450.98
经营活动现金流入小计	80 119 383 169.00	65 225 092 774.04	60 452 161 790.58
购买商品、接受劳务支付的现金	53 918 148 576.49	41 864 116 926.94	38 448 308 626.36
支付给职工以及为职工支付的现金	6 402 087 867.82	5 613 514 868.05	5 139 022 242.52
支付的各项税费	5 222 744 980.34	4 942 780 264.01	3 724 147 241.87
支付其他与经营活动有关的现金	8 066 072 294.90	7 285 888 852.63	6 934 004 878.89
经营活动现金流出小计	73 609 053 719.55	59 706 300 911.63	54 245 482 989.64
经营活动产生的现金流量净额	6 510 329 449.45	5 518 791 862.41	6 206 678 800.94
二、投资活动产生的现金流量			
收回投资收到的现金	49 880 000.00	—	50 569 001.30
取得投资收益收到的现金	816 936 510.35	41 999 707.88	4 838 563.54
处置固定资产、无形资产和其他长期资产收回的现金净额	360 469 851.46	4 523 844.21	3 216 409.76
收到其他与投资活动有关的现金	19 051 047.74	—	—
投资活动现金流入小计	1 246 337 409.55	46 523 552.09	58 623 974.60
购建固定资产、无形资产和其他长期资产支付的现金	1 751 261 032.56	1 227 995 202.35	1 584 316 438.51
投资支付的现金	870 761 398.22	—	2 986 335 687.06
投资活动现金流出小计	2 622 022 430.78	1 227 995 202.35	4 570 652 125.57
投资活动产生的现金流量净额	-1 375 685 021.23	-1 181 471 650.26	-4 512 028 150.97
三、筹资活动产生的现金流量			
吸收投资收到的现金	381 024 027.77	184 856 862.93	177 122 230.69
取得借款收到的现金	1 378 815 652.27	1 165 175 533.64	2 054 332 743.22
收到其他与筹资活动有关的现金	—	438 600 000.00	—
筹资活动现金流入小计	1 759 839 680.04	1 788 632 396.57	2 231 454 973.91
偿还债务支付的现金	1 293 798 046.15	1 168 393 400.00	955 036 088.00
分配股利、利润或偿付利息支付的现金	1 390 673 160.94	1 088 774 744.83	514 846 565.01
支付其他与筹资活动有关的现金	—	—	6 324 276.46
筹资活动现金流出小计	2 684 471 207.09	2 257 168 144.83	1 476 206 929.47
筹资活动产生的现金流量净额	-924 631 527.05	-468 535 748.26	755 248 044.44
四、汇率变动对现金及现金等价物的影响	-26 865 704.20	-8 905 108.00	-66 130 227.26

续表

项目	2013 年	2012 年	2011 年
五、现金及现金等价物净增加额	4 183 147 196.97	3 859 879 355.89	2 383 768 467.15
加:期初现金及现金等价物余额	16 221 965 672.98	12 362 086 317.09	9 976 499 811.13
六、期末现金及现金等价物余额	20 405 112 869.95	16 221 965 672.98	12 360 268 278.28

【任务要点】

1. 掌握现金流量表的分析方法。
2. 试应用不同的分析方法,对海尔的现金流量表进行分析。

【任务分析】

任务 1 现金流量表分析

现金流量表的分析方法主要有三种,分别是现金流量表趋势分析方法、现金流量表结构分析方法及现金流量表比率分析方法。

1. 现金流量表趋势分析方法

现金流量表趋势分析方法主要是运用横向比较的方法对现金流量表内部的项目进行分析,通过比较不同时期数据的变化方向、变化幅度来分析企业现金流量的变动趋势。运用趋势分析法分析现金流量表不仅可以大致分析出企业现金流量的变动趋势,还可以及时发现现金流量的异常变动,有利于企业不断调整经营发展策略,保证企业稳健、快速发展。

现金流量表的趋势分析方法主要有定基变动比率分析和环比变动比率分析两种。定基变动比率分析是以某一期的数值为基期数值,其余各期的数值与其相比较,计算出变动额和变动率,以观察各期相对于基期的变动情况。环比变动比率分析是以前一期的数值为基期数值,每一期数值都与前一期数值相比较计算出变动额和变动率,以此来分析本期与上一期数值的变动情况。

2. 现金流量表结构分析方法

现金流量表结构分析方法主要是通过计算现金流入和现金流出构成项目所占的比重来分析现金流入和现金流出变动的一种方法。通常是分别对三大经济活动(经营活动、投资活动和筹资活动)产生的现金流量的构成进行计算,用以明确现金流入和现金流出的构成,以便企业日后能够不断地调整经营策略,改进营销及投资策略,让企业能更加稳健地发展。

3. 现金流量表比率分析方法

现金流量表比率分析方法主要是根据财务报表中的两个或多个指标之间的联系,通过比较计算出数值对企业的偿债能力、营运能力等方面进行分析。由于运用比率的形式计算出来的数值具有客观性和相对性,因此同行业内的不同企业可以用来相互对比,进而可以找出自身与行业领先企业之间的差距,不断改善自身的不足。常见的比率有以下三种:

(1) 反映企业偿债能力的:现金流动负债比率和债务保障率。

(2) 反映企业获取现金能力的:销售现金比率和资产现金回收率。

(3) 反映企业获取收益能力的:盈余现金保障倍数。

任务 2 海尔现金流量表分析

1. 海尔现金流量表趋势分析。

(1) 定基变动比率分析法。海尔 2011—2013 年现金流量表定基变动比率计算表如表 6-2 所示。

表6-2 海尔现金流量表项目趋势分析计算表(定基) 单位:元

项目	2013年	2012年	2011年	变动额		变动率	
				2013年-2011年	2012年-2011年	(2013年-2011年)/2011年	(2012年-2011年)/2011年
一、经营活动产生的现金流量							
销售商品、提供劳务收到的现金	79 292 928 420.05	64 504 721 712.24	59 555 333 928.80	19 737 594 491.25	4 949 387 783.44	33.14%	8.31%
收到的税费返还	387 845 154.66	296 289 792.55	299 913 410.80	87 931 743.86	-3 623 618.25	29.32%	-1.21%
收到其他与经营活动有关的现金	438 609 594.29	424 081 269.25	596 914 450.98	-158 304 856.69	-172 833 181.73	-26.52%	-28.95%
经营活动现金流入小计	80 119 383 169.00	65 225 092 774.04	60 452 161 790.58	19 667 221 378.42	4 772 930 983.46	32.53%	7.90%
购买商品、接受劳务支付的现金	53 918 148 576.49	41 864 116 926.94	38 448 308 626.36	15 469 839 950.13	3 415 808 300.58	40.24%	8.88%
支付给职工以及为职工支付的现金	6 402 087 867.82	5 613 514 868.05	5 139 022 242.52	1 263 065 625.30	474 492 625.53	24.58%	9.23%
支付的各项税费	5 222 744 980.34	4 942 780 264.01	3 724 147 241.87	1 498 597 738.47	1 218 633 022.14	40.24%	32.72%
支付其他与经营活动有关的现金	8 066 072 294.90	7 285 888 852.63	6 934 004 878.89	1 132 067 416.01	351 883 973.74	16.33%	5.07%
经营活动现金流出小计	73 609 053 719.55	59 706 300 911.63	54 245 482 989.64	19 363 570 729.91	5 460 817 921.99	35.70%	10.07%
经营活动产生的现金流量净额	6 510 329 449.45	5 518 791 862.41	6 206 678 800.94	303 650 648.51	-687 886 938.53	4.89%	-11.08%
二、投资活动产生的现金流量							
收回投资收到的现金	49 880 000.00	0	50 569 001.30	-689 001.30	-50 569 001.30	-1.36%	-100.00%
取得投资收益收到的现金	816 936 510.35	41 999 707.88	4 838 563.54	812 097 946.81	37 161 144.34	16 783.86%	768.02%
处置固定资产、无形资产和其他长期资产收回的现金净额	360 469 851.46	4 523 844.21	3 216 409.76	357 253 441.70	1 307 434.45	11 107.21%	40.65%

续表

项目	2013 年	2012 年	2011 年	变动额		变动率	
				2013 年 - 2011 年	2012 年 - 2011 年	(2013 年 - 2011 年)/2011 年	(2012 年 - 2011 年)/2011 年
收到其他与投资活动有关的现金	19 051 047.74	0	0	19 051 047.74	0.00		
投资活动现金流入小计	1 246 337 409.55	46 523 552.09	58 623 974.60	1 187 713 434.95	-12 100 422.51	2 025.99%	-20.64%
购建固定资产、无形资产和其他长期资产支付的现金	1 751 261 032.56	1 227 995 202.35	1 584 316 438.51	166 944 594.05	-356 321 236.16	10.54%	-22.49%
投资支付的现金	870 761 398.22	0	2 986 335 687.06	-2 115 574 288.84	-2 986 335 687.06	-70.84%	-100.00%
投资活动现金流出小计	2 622 022 430.78	1 227 995 202.35	4 570 652 125.57	-1 948 629 694.79	-3 342 656 923.22	-42.63%	-73.13%
投资活动产生的现金流量净额	-1 375 685 021.23	-1 181 471 650.26	-4 512 028 150.97	3 136 343 129.74	3 330 556 500.71	-69.51%	-73.82%
三、筹资活动产生的现金流量							
吸收投资收到的现金	381 024 027.77	184 856 862.93	177 122 230.69	203 901 797.08	7 734 632.24	115.12%	4.37%
取得借款收到的现金	1 378 815 652.27	1 165 175 533.64	2 054 332 743.22	-675 517 090.95	-889 157 209.58	-32.88%	-43.28%
收到其他与筹资活动有关的现金	0	438 600 000.00	0	0.00	438 600 000.00		
筹资活动现金流入小计	1 759 839 680.04	1 788 632 396.57	2 231 454 973.91	-471 615 293.87	-442 822 577.34	-21.13%	-19.84%
偿还债务支付的现金	1 293 798 046.15	1 168 393 400.00	955 036 088.00	338 761 958.15	213 357 312.00	35.47%	22.34%
分配股利、利润或偿付利息支付的现金	1 390 673 160.94	1 088 774 744.83	514 846 565.01	875 826 595.93	573 928 179.82	170.11%	111.48%
支付其他与筹资活动有关的现金	0	0	6 324 276.46	-6 324 276.46	-6 324 276.46	-100.00%	-100.00%

续表

项目	2013 年	2012 年	2011 年	变动额		变动率	
				2013 年 - 2011 年	2012 年 - 2011 年	(2013 年 - 2011 年)/2011 年	(2012 年 - 2011 年)/2011 年
筹资活动现金流出小计	2 684 471 207.09	2 257 168 144.83	1 476 206 929.47	1 208 264 277.62	780 961 215.36	81.85%	52.90%
筹资活动产生的现金流量净额	-924 631 527.05	-468 535 748.26	755 248 044.44	-1 679 879 571.49	-1 223 783 792.70	-222.43%	-162.04%
四、汇率变动对现金的影响	-26 865 704.20	-8 905 108.00	-66 130 227.26	39 264 523.06	57 225 119.26	-59.37%	-86.53%
五、现金及现金等价物净增加额	4 183 147 196.97	3 859 879 355.89	2 383 768 467.15	1 799 378 729.82	1 476 110 888.74	75.48%	61.92%
加：期初现金及现金等价物余额	16 221 965 672.98	12 362 086 317.09	9 976 499 811.13	6 245 465 861.85	2 385 586 505.96	62.60%	23.91%
六、期末现金及现金等价物余额	20 405 112 869.95	16 221 965 672.98	12 360 268 278.28	8 044 844 591.67	3 861 697 394.70	65.09%	31.24%

从经营活动产生的现金流量分析,海尔 2013 年和 2012 年经营活动产生的现金流入和流出均比 2011 年有所增加,且 2013 年相对于 2011 年增加的幅度远比 2012 年相对于 2011 年增加的要多。从现金流入来看,2013 年经营活动现金流入小计比 2011 年增加了 19 667 221 378.42 元,增加了 32.53%,2012 年经营活动现金流入小计比 2011 年增加了 4 772 930 983.46 元,增加了 7.90%。从现金流出来看,2013 年经营活动现金流出小计比 2011 年增加了 19 363 570 729.91 元,增加了 35.70%,2012 年经营活动现金流出小计比 2011 年增加了 5 460 817 921.99 元,增加了 10.07%。从经营活动产生的现金流量净额来看,2013 年经营活动产生的现金流量净额比 2011 年增加了 303 650 648.51 元,增加了 4.89%,而 2012 年经营活动产生的现金流量净额比 2011 年却减少了 687 886 938.53 元,减少了 11.08%。

从投资活动现金流量分析来看,2012 年投资活动现金流入小计比 2011 年的投资活动现金流入小计减少了 12 100 422.51 元,减少的幅度为 20.64%,但是 2013 年的投资活动现金流入小计大大超过了 2011 年,增加了 1 187 713 434.95 元,增长幅度高达 2 025.99%,这是因为海尔在 2013 年取得投资收益收到的现金和处置固定资产、无形资产和其他长期资产收回的现金净额大大增加。从投资活动现金流出小计来看,无论是 2012 年还是 2013 年,投资活动现金流出小计数字都低于 2011 年,2013 年投资活动现金流出小计比 2011 年减少了 1 948 629 694.79 元,减幅为 42.63%,而 2012 年投资活动现金流出小计比 2011 年减少了 3 342 656 923.22 元,减幅高达 73.13%,这主要是因为该公司投资支付的现金大大缩减。从投资活动产生的现金流量净额来看,2011 年至 2013 年均为负值,这主要是由于投资活动产生的现金流出远远大于现金流入导致的。

从筹资活动现金流量分析来看,海尔 2012 年和 2013 年筹资活动现金流入小计比起 2011 年都有一定幅度下跌。2013 年筹资活动现金流入小计比 2011 年减少 471 615 293.87元,减幅为 21.13%,2012 年筹资活动现金流入小计比 2011 年减少 442 822 577.34 元,减幅为 19.84%。这主要是因为 2012 年度和 2013 年度公司取得借款收到的现金有所减少。相反,2012 年和 2013 年筹资活动现金流出小计却比起 2011 年都有较大幅度上升。2013 年筹资活动现金流出小计比 2011 年增加 1 208 264 277.62 元,增幅高达 81.85%,2012 年筹资活动现金流出小计比 2011 年增加 780 961 215.36 元,增幅为 52.90%。这主要是由于分配股利、利润或偿付利息支付的现金支出较多。由于筹资活动产生的现金流出金额超过现金流入,因此 2012 年和 2013 年的筹资活动产生的现金流量净额均为负值(分别是-468 535 748.26 元和-924 631 527.05 元),而 2011 年的筹资活动产生的现金流量净额为正值,达 755 248 044.44 元。

(2) 环比变动比率分析法。海尔现金流量表环比变动比率计算表如表 6-3 所示。

在经营活动方面,经营活动产生的现金流入和现金流出整体呈逐年上升趋势。2013 年的经营活动现金流入小计比 2012 年高出 14 894 290 394.96 元,增幅为 22.84%,而 2012 年经营活动现金流入小计比 2011 年高出 4 772 930 983.46 元,增幅为 7.90%。经营活动现金流入的增加主要源于销售商品、提供劳务收到的现金增多,可见海尔业务不断壮大,经营效果较好。海尔 2013 年经营活动现金流出小计比 2012 年增加了 13 902 752 807.92 元,增幅为 23.29%,而 2012 年经营活动现金流出小计比 2011 年增加了 5 460 817 921.99 元,增幅为 10.07%。海尔 2011—2013 年的经营活动产生的现金流量净额均为正数,可见该公司经营活动产生的现金流入足以弥补现金流出。2013 年比 2012 年的经营活动产生的现金流量净额高出 991 537 587.04 元,增幅为 17.97%,而 2012 年比 2011 年的经营活动产生的现金流量净额减少了 687 886 938.53 元,减幅为 11.08%。

表6-3 海尔现金流量表项目趋势分析计算表(环比)

单位:元

项目	2013年	2012年	2011年	变动额		变动率	
				2013年-2012年	2012年-2011年	(2013年-2012年)/2012年	(2012年-2011年)/2011年
一、经营活动产生的现金流量							
销售商品、提供劳务收到的现金	79 292 928 420.05	64 504 721 712.24	59 555 333 928.80	14 788 206 707.81	4 949 387 783.44	22.93%	8.31%
收到的税费返还	387 845 154.66	296 289 792.55	299 913 410.80	91 555 362.11	-3 623 618.25	30.90%	-1.21%
收到其他与经营活动有关的现金	438 609 594.29	424 081 269.25	596 914 450.98	14 528 325.04	-172 833 181.73	3.43%	-28.95%
经营活动现金流入小计	80 119 383 169.00	65 225 092 774.04	60 452 161 790.58	14 894 290 394.96	4 772 930 983.46	22.84%	7.90%
购买商品、接受劳务支付的现金	53 918 148 576.49	41 864 116 926.94	38 448 308 626.36	12 054 031 649.55	3 415 808 300.58	28.79%	8.88%
支付给职工以及为职工支付的现金	6 402 087 867.82	5 613 514 868.05	5 139 022 242.52	788 572 999.77	474 492 625.53	14.05%	9.23%
支付的各项税费	5 222 744 980.34	4 942 780 264.01	3 724 147 241.87	279 964 716.33	1 218 633 022.14	5.66%	32.72%
支付其他与经营活动有关的现金	8 066 072 294.90	7 285 888 852.63	6 934 004 878.89	780 183 442.27	351 883 973.74	10.71%	5.07%
经营活动现金流出小计	73 609 053 719.55	59 706 300 911.63	54 245 482 989.64	13 902 752 807.92	5 460 817 921.99	23.29%	10.07%
经营活动产生的现金流量净额	6 510 329 449.45	5 518 791 862.41	6 206 678 800.94	991 537 587.04	-687 886 938.53	17.97%	-11.08%
二、投资活动产生的现金流量							
收回投资收到的现金	49 880 000.00	0	50 569 001.30	49 880 000.00	-50 569 001.30		-100.00%
取得投资收益收到的现金	816 936 510.35	41 999 707.88	4 838 563.54	774 936 802.47	37 161 144.34	1 845.10%	768.02%
处置固定资产、无形资产和其他长期资产收回的现金净额	360 469 851.46	4 523 844.21	3 216 409.76	355 946 007.25	1 307 434.45	7 868.22%	40.65%

续表

项目	2013年	2012年	2011年	变动额		变动率	
				2013年－2012年	2012年－2011年	(2013年－2012年)/2012年	(2012年－2011年)/2011年
收到其他与投资活动有关的现金	19 051 047.74	0	0	19 051 047.74	0		
投资活动现金流入小计	1 246 337 409.55	46 523 552.09	58 623 974.60	1 199 813 857.46	－12 100 422.51	2 578.94%	－20.64%
购建固定资产、无形资产和其他长期资产支付的现金	1 751 261 032.56	1 227 995 202.35	1 584 316 438.51	523 265 830.21	－356 321 236.16	42.61%	－22.49%
投资支付的现金	870 761 398.22	0	2 986 335 687.06	870 761 398.22	－2 986 335 687.06		－100.00%
投资活动现金流出小计	2 622 022 430.78	1 227 995 202.35	4 570 652 125.57	1 394 027 228.43	－3 342 656 923.22	113.52%	－73.13%
投资活动产生的现金流量净额	－1 375 685 021.23	－1 181 471 650.26	－4 512 028 150.97	－194 213 370.97	3 330 556 500.71	16.44%	－73.82%
三、筹资活动产生的现金流量							
吸收投资收到的现金	381 024 027.77	184 856 862.93	177 122 230.69	196 167 164.84	7 734 632.24	106.12%	4.37%
取得借款收到的现金	1 378 815 652.27	1 165 175 533.64	2 054 332 743.22	213 640 118.63	－889 157 209.58	18.34%	－43.28%
收到其他与筹资活动有关的现金	0	438 600 000.00	0	－438 600 000.00	438 600 000.00	－100.00%	
筹资活动现金流入小计	1 759 839 680.04	1 788 632 396.57	2 231 454 973.91	－28 792 716.53	－442 822 577.34	－1.61%	－19.84%
偿还债务支付的现金	1 293 798 046.15	1 168 393 400.00	955 036 088.00	125 404 646.15	213 357 312.00	10.73%	22.34%
分配股利、利润或偿付利息支付的现金	1 390 673 160.94	1 088 774 744.83	514 846 565.01	301 898 416.11	573 928 179.82	27.73%	111.48%
支付其他与筹资活动有关的现金	0	0	6 324 276.46	0.00	－6 324 276.46		－100.00%

续表

项目	2013年	2012年	2011年	变动额		变动率	
				2013年－2012年	2012年－2011年	(2013年－2012年)/2012年	(2012年－2011年)/2011年
筹资活动现金流出小计	2 684 471 207.09	2 257 168 144.83	1 476 206 929.47	427 303 062.26	780 961 215.36	18.93%	52.90%
筹资活动产生的现金流量净额	－924 631 527.05	－468 535 748.26	755 248 044.44	－456 095 778.79	－1 223 783 792.70	97.34%	－162.04%
四、汇率变动对现金的影响	－26 865 704.20	－8 905 108.00	－66 130 227.26	－17 960 596.20	57 225 119.26	201.69%	－86.53%
五、现金及现金等价物净增加额	4 183 147 196.97	3 859 879 355.89	2 383 768 467.15	323 267 841.08	1 476 110 888.74	8.38%	61.92%
加：期初现金及现金等价物余额	16 221 965 672.98	12 362 086 317.09	9 976 499 811.13	3 859 879 355.89	2 385 586 505.96	31.22%	23.91%
六、期末现金及现金等价物余额	20 405 112 869.95	16 221 965 672.98	12 360 268 278.28	4 183 147 196.97	3 861 697 394.70	25.79%	31.24%

从投资活动来看,海尔2013年的投资活动现金流入小计比2012年增加了1 199 813 857.46元,增幅高达2 578.94%,而2012年却比2011年减少了12 100 422.51元,减幅达20.64%,这主要是因为2013年收回投资收到的现金较多,而且取得投资收益收到的现金数额也较大。从投资活动现金流出小计来看,海尔2013年比2012年增加了1 394 027 228.43元,增幅为113.52%,而2012年比2011年的投资活动现金流出小计减少了3 342 656 923.22元,减幅达73.13%。从整体上看,2013年的投资活动中有几个项目获取的现金金额远高于2011年和2012年,如取得投资收益收到的现金,处置固定资产、无形资产和其他长期资产收回的现金及收到其他与投资活动有关的现金。据调查,该公司正处于稳定扩张阶段,投资活动产生的收益良好。从投资活动产生的现金流量净额来看,三年的数值均为负数,说明该公司投资活动产生的现金流入不能弥补现金流出。

从筹资活动来看,海尔的筹资活动现金流入小计2011—2013年呈下降趋势。2013年筹资活动现金流入小计比2012年减少了28 792 716.53元,减幅为1.61%,2012年比2011年减少了442 822 577.34元,减幅为19.84%。海尔的筹资活动现金流出小计呈上升趋势,2013年筹资活动现金流出小计比2012年多427 303 062.26元,增幅为18.93%,2012年筹资活动现金流出小计比2011年增加了780 961 215.36元,增幅为52.90%。但是从筹资活动产生的现金流量净额来看,除了2011年为正值外,2012年和2013年都为负值,这主要是由于偿还债务支付的现金和分配股利、利润或偿付利息支付的现金增多。

2. 海尔现金流量表结构分析

现金流量表结构分析主要是分析影响现金流入、现金流出和现金净流量的因素及其影响程度。因此,可以对三种经济活动自身的现金流入、现金流出部分分别进行分析研究,也可以从总的现金流入和现金流出两部分进行总体分析。

(1) 现金流量结构分析。

① 经营活动产生的现金流入和现金流出结构分析。经营活动产生的现金流入和现金流出结构计算表如表6-4所示。

表6-4　经营活动产生的现金流量内部结构计算表　单位:元

项目	2013年	2012年	2011年	结构百分比		
				2013年	2012年	2011年
一、经营活动产生的现金流量						
经营活动产生的现金流入						
销售商品、提供劳务收到的现金	79 292 928 420.05	64 504 721 712.24	59 555 333 928.80	98.97%	98.90%	98.52%
收到的税费返还	387 845 154.66	296 289 792.55	299 913 410.80	0.48%	0.45%	0.50%
收到其他与经营活动有关的现金	438 609 594.29	424 081 269.25	596 914 450.98	0.55%	0.65%	0.99%
经营活动现金流入小计	80 119 383 169.00	65 225 092 774.04	60 452 161 790.58	100.00%	100.00%	100.00%
经营活动产生的现金流出						
购买商品、接受劳务支付的现金	53 918 148 576.49	41 864 116 926.94	38 448 308 626.36	73.25%	70.12%	70.88%

续表

项目	2013年	2012年	2011年	结构百分比		
				2013年	2012年	2011年
支付给职工以及为职工支付的现金	6 402 087 867.82	5 613 514 868.05	5 139 022 242.52	8.70%	9.40%	9.47%
支付的各项税费	5 222 744 980.34	4 942 780 264.01	3 724 147 241.87	7.10%	8.28%	6.87%
支付其他与经营活动有关的现金	8 066 072 294.90	7 285 888 852.63	6 934 004 878.89	10.96%	12.20%	12.78%
经营活动现金流出小计	73 609 053 719.55	59 706 300 911.63	54 245 482 989.64	100.00%	100.00%	100.00%

通过对经营活动产生的现金流入分析可知，经营活动产生的现金流中起到决定性作用的是销售商品、提供劳务收到的现金，该部分2011—2013年所占经营活动产生的现金流入的比重均高达98%以上，可见该公司销售商品、提供劳务收到的现金是经营活动产生的现金流入的主要来源。而从经营活动产生的现金流出来看，2011—2013年购买商品、接受劳务支付的现金所占经营活动现金流出的比重都高达70%以上，是该公司经营活动现金支出的主要部分。此外，可以看出，2011—2013年支付的各项税费的比重在7%左右，支付给职工以及为职工支付的现金和支付其他与经营活动有关的现金（营业费用、管理费用、财务费用支付的现金及营业外支出等）所占的比重都在10%左右，也占公司经营活动现金支出的一定比重。

② 投资活动现金流量结构分析。投资活动产生的现金流入和现金流出结构计算表如表6-5所示。

表6-5　　投资活动产生的现金流量内部结构计算表　　单位：元

项目	2013年	2012年	2011年	结构百分比		
				2013年	2012年	2011年
二、投资活动产生的现金流量						
投资活动产生的现金流入						
收回投资收到的现金	49 880 000.00	—	50 569 001.30	4.00%		86.26%
取得投资收益收到的现金	816 936 510.35	41 999 707.88	4 838 563.54	65.55%	90.28%	8.25%
处置固定资产、无形资产和其他长期资产收回的现金净额	360 469 851.46	4 523 844.21	3 216 409.76	28.92%	9.72%	5.49%
收到其他与投资活动有关的现金	19 051 047.74	—	—	1.53%		
投资活动现金流入小计	1 246 337 409.55	46 523 552.09	58 623 974.60	100.00%	100.00%	100.00%

续表

项目	2013 年	2012 年	2011 年	结构百分比		
				2013 年	2012 年	2011 年
投资活动产生的现金流出						
购建固定资产、无形资产和其他长期资产支付的现金	1 751 261 032.56	1 227 995 202.35	1 584 316 438.51	66.79%	100.00%	34.66%
投资支付的现金	870 761 398.22	—	2 986 335 687.06	33.21%		65.34%
投资活动现金流出小计	2 622 022 430.78	1 227 995 202.35	4 570 652 125.57	100.00%	100.00%	100.00%

从对投资活动产生的现金流量的分析来看，影响投资活动产生的现金流入的主要因素在2011 年是收回投资收到的现金，而 2012 年和 2013 年变成了取得投资收益收到的现金。这是因为该公司之前的投资逐渐收回投资成本，且收到了不错的投资收益，尤其是 2012 年取得投资收益收到的现金占投资活动产生的现金流入总量的比例高达 90.28%。而值得关注的是 2013 年该公司除了取得投资收益收到的现金外，处置固定资产、无形资产和其他长期资产收回的现金净额所占比重也高达 28.92%，大量处置固定资产等资产类项目的原因需要进一步调查分析。从投资活动产生的现金流出来看，该公司 2011 年的现金流出中有 65.34% 是投资支付的现金，而34.66% 是用来购建固定资产、无形资产和其他长期资产。2012 年的投资活动现金流出 100% 是用来购建固定资产、无形资产和其他长期资产。而 2013 年有所变动，除了 66.79% 的比重是购建固定资产等因素支付的现金外，另外 33.21% 是投资支付的现金，这两个项目比重的变化刚好和2011 年相反，可见该公司调整了相关的投资及经营策略。

③ 筹资活动现金流量结构分析。筹资活动产生的现金流入和现金流出结构计算表如表6-6所示。

表 6-6　　筹资活动产生的现金流量内部结构计算表　　单位：元

项目	2013 年	2012 年	2011 年	结构百分比		
				2013 年	2012 年	2011 年
三、筹资活动产生的现金流量						
筹资活动产生的现金流入						
吸收投资收到的现金	381 024 027.77	184 856 862.93	177 122 230.69	21.65%	10.34%	7.94%
取得借款收到的现金	1 378 815 652.27	1 165 175 533.64	2 054 332 743.22	78.35%	65.14%	92.06%
收到其他与筹资活动有关的现金	—	438 600 000.00	—		24.52%	
筹资活动现金流入小计	1 759 839 680.04	1 788 632 396.57	2 231 454 973.91	100.00%	100.00%	100.00%

续表

项目	2013 年	2012 年	2011 年	结构百分比		
				2013 年	2012 年	2011 年
筹资活动产生的现金流出						
偿还债务支付的现金	1 293 798 046. 15	1 168 393 400. 00	955 036 088. 00	48. 20%	51. 76%	64. 70%
分配股利、利润或偿付利息支付的现金	1 390 673 160. 94	1 088 774 744. 83	514 846 565. 01	51. 80%	48. 24%	34. 88%
支付其他与筹资活动有关的现金	—	—	6 324 276. 46			0. 43%
筹资活动现金流出小计	2 684 471 207. 09	2 257 168 144. 83	1 476 206 929. 47	100. 00%	100. 00%	100. 00%

从筹资活动产生的现金流量分析来看,影响筹资活动现金流入的主要因素是取得借款收到的现金,进而可以看出该公司主要的筹资方式是借款,而其他筹资方式主要是吸收投资。这一点从 2011—2013 年吸收投资收到的现金所占比重可以看出(2011 年为 7. 94%,2012 年为 10. 34%,2013 年为 21. 65%)。而影响筹资活动现金流出的因素主要是偿还债务支付的现金和分配股利、利润或偿付利息支付的现金。除 2011 年这两者所占比重相差较大以外(2011 年偿还债务支付的现金占 64. 7%,分配股利、利润或偿付利息支付的现金占 34. 88%),2012 年和 2013 年这两个影响因素所占的比重近似(都接近 50%)。

(2) 现金流入和现金流出总体内部结构分析。现金流入、现金流出内部结构计算表如表 6-7、表 6-8 所示。

表 6-7　　**现金流入内部结构计算表**　　单位:元

项目	2013 年	2012 年	2011 年	内部结构比		
				2013 年	2012 年	2011 年
经营活动现金流入小计	80 119 383 169. 00	65 225 092 774. 04	60 452 161 790. 58	96. 38%	97. 26%	96. 35%
投资活动现金流入小计	1 246 337 409. 55	46 523 552. 09	58 623 974. 60	1. 50%	0. 07%	0. 09%
筹资活动现金流入小计	1 759 839 680. 04	1 788 632 396. 57	2 231 454 973. 91	2. 12%	2. 67%	3. 56%
现金流入合计	83 125 560 258. 59	67 060 248 722. 70	62 742 240 739. 09	100. 00%	100. 00%	100. 00%

表 6-8　　**现金流出内部结构计算表**　　单位:元

项目	2013 年	2012 年	2011 年	内部结构比		
				2013 年	2012 年	2011 年
经营活动现金流出小计	73 609 053 719. 55	59 706 300 911. 63	54 245 482 989. 64	93. 28%	94. 48%	89. 97%

续表

项目	2013 年	2012 年	2011 年	内部结构比		
				2013 年	2012 年	2011 年
投资活动现金流出小计	2 622 022 430.78	1 227 995 202.35	4 570 652 125.57	3.32%	1.94%	7.58%
筹资活动现金流出小计	2 684 471 207.09	2 257 168 144.83	1 476 206 929.47	3.40%	3.57%	2.45%
现金流出合计	78 915 547 357.42	63 191 464 258.81	60 292 342 044.68	100.00%	100.00%	100.00%

从现金流入和现金流出总体内部结构分析来看，对企业现金流影响较大的是经营活动。经营活动产生的现金流入在2011—2013 年所占现金流入总量的比重均高达96%以上，可见海尔的主要经济收益来源于经营活动，也意味着该公司的经营状态良好。而从现金流出内部结构来看，对企业现金流出影响最大的仍然是经营活动。2011—2013 年，经营活动产生的现金流出均占到了现金流出合计的89%以上。

3. 海尔现金流量表比率分析

海尔相关财务数据如表 6-9 所示。

表 6-9　　财务数据综合表

项目	2013 年	2012 年	2011 年
营业收入(元)	86 487 723 560.83	79 856 597 810.97	73 662 501 627.24
流动负债合计(元)	38 005 671 654.17	31 341 237 107.01	25 932 658 465.33
负债合计(元)	41 021 718 550.73	34 262 177 684.93	28 184 535 340.69
资产总计(元)	61 015 859 730.70	49 688 316 696.42	39 723 484 083.51
净利润(元)	5 551 281 062.30	4 360 610 580.93	3 647 662 677.50
普通股股数(股)	2 720 835 940	2 685 127 540	2 685 127 540
经营活动现金净流量(元)	6 510 329 449.45	5 518 791 862.41	6 206 678 800.94

(1) 反映企业偿债能力的现金流量比率分析。

① 现金流动负债比率。

$$现金流动负债比率=\frac{经营活动现金净流量}{流动负债}\times 100\%$$

$$2013\text{ 年现金流动负债比率}=\frac{6\ 510\ 329\ 449.45}{38\ 005\ 671\ 654.17}\times 100\%=17.13\%$$

$$2012\text{ 年现金流动负债比率}=\frac{5\ 518\ 791\ 862.41}{31\ 341\ 237\ 107.01}\times 100\%=17.61\%$$

$$2011\text{ 年现金流动负债比率}=\frac{6\ 206\ 678\ 800.94}{25\ 932\ 658\ 465.33}\times 100\%=23.93\%$$

从计算结果可知，2012 年和 2013 年的现金流动负债比率接近，但都略低于 2011 年，表明该公司的短期偿债能力不强，利用经营活动产生的现金净流量来偿还流动负债的能力下降，建议该公司的领导者采取相关措施改进经营策略，提高企业的现金流动负债比率。

② 债务保障率。

$$债务保障率=\frac{经营活动现金净流量}{负债总额}\times 100\%$$

$$2013年债务保障率=\frac{6\ 510\ 329\ 449.45}{41\ 021\ 718\ 550.73}\times 100\%=15.87\%$$

$$2012年债务保障率=\frac{5\ 518\ 791\ 862.41}{34\ 262\ 177\ 684.93}\times 100\%=16.11\%$$

$$2011年债务保障率=\frac{6\ 206\ 678\ 800.94}{28\ 184\ 535\ 340.69}\times 100\%=22.02\%$$

从计算结果来看,该公司2011—2013年的债务保障率有所下降,这表明经营活动产生的净现金流量可承担全部负债的能力有所下降,该公司需进一步改进企业的负债结构,提高公司的债务保障率。

(2) 反映企业获取现金能力的现金流量比率分析。

① 销售现金比率。

$$销售现金比率=\frac{经营活动现金净流量}{营业收入}\times 100\%$$

$$2013年销售现金比率=\frac{6\ 510\ 329\ 449.45}{86\ 487\ 723\ 560.83}\times 100\%=7.53\%$$

$$2012年销售现金比率=\frac{5\ 518\ 791\ 862.41}{79\ 856\ 597\ 810.97}\times 100\%=6.91\%$$

$$2011年销售现金比率=\frac{6\ 206\ 678\ 800.94}{73\ 662\ 501\ 627.24}\times 100\%=8.43\%$$

从计算结果来看,销售现金比率基本维持在7%左右,变动幅度不是很大,这表明该公司2011—2013年营业收入获取现金的能力变化不大。

② 资产现金回收率。

$$资产现金回收率=\frac{经营活动现金净流量}{平均资产总额}\times 100\%$$

$$=\frac{经营活动现金净流量}{(年初资产总额+年末资产总额)/2}\times 100\%$$

$$2013年资产现金回收率=\frac{6\ 510\ 329\ 449.45}{(61\ 015\ 859\ 730.70+49\ 688\ 316\ 696.42)/2}\times 100\%=11.76\%$$

$$2012年资产现金回收率=\frac{5\ 518\ 791\ 862.41}{(49\ 688\ 316\ 696.42+39\ 723\ 484\ 083.51)/2}\times 100\%=12.34\%$$

从计算结果来看,2012年、2013年的资产现金回收率都维持在12%左右,变动不大。

③ 反映企业获取收益能力的现金流量比率分析。

$$盈余现金保障倍数=\frac{经营活动现金净流量}{净利润}$$

$$2013年盈余现金保障倍数=\frac{6\ 510\ 329\ 449.45}{5\ 551\ 281\ 062.30}=1.17$$

$$2012年盈余现金保障倍数=\frac{5\ 518\ 791\ 862.41}{4\ 360\ 610\ 580.93}=1.27$$

$$2011年盈余现金保障倍数=\frac{6\ 206\ 678\ 800.94}{3\ 647\ 662\ 677.50}=1.70$$

该公司2011—2013年的净利润呈增长趋势,但从计算结果来看,该公司2013年和2012年的盈余现金保障倍数均维持在1.2左右,都略低于2011年的盈余现金保障倍数,这说明该企业净利润的经营现金保障程度降低,需进一步分析原因。

案例2　中国国旅股份有限公司现金流量表分析

【案例资料】

中国国旅股份有限公司(简称中国国旅)由中国国旅集团有限公司以旅行社和免税业务相关资产整体重组改制,并联合华侨城集团,共同发起设立的股份有限公司。该公司于2008年3月28日在国家工商行政管理总局领取了企业法人营业执照,注册资本为66 000万元,主营业务为旅行社和免税业务。经营范围包括:旅游服务及旅游商品相关项目的投资与管理,旅游服务配套设施的开发、改造与经营,旅游产业研究与咨询服务等。

该公司2011—2013年的财务数据及现金流量表如表6-10、表6-11所示。

表6-10　　中国国旅2011—2013年现金流量表　　单位:元

项目	2013年	2012年	2011年
一、经营活动产生的现金流量			
销售商品、提供劳务收到的现金	22 950 129 588.11	21 072 016 581.92	17 227 336 845.76
收到的税费返还	55 429 111.99	96 301 894.01	963 286.85
收到其他与经营活动有关的现金	575 332 129.37	508 211 421.58	437 504 843.38
经营活动现金流入小计	23 580 890 829.47	21 676 529 897.51	17 665 804 975.99
购买商品、接受劳务支付的现金	18 720 881 979.31	17 648 433 082.50	14 727 291 268.94
支付给职工以及为职工支付的现金	1 035 259 774.59	888 590 857.39	722 731 049.68
支付的各项税费	739 395 785.27	648 870 691.11	427 466 678.39
支付其他与经营活动有关的现金	1 615 131 875.85	1 218 062 704.16	1 236 365 443.61
经营活动现金流出小计	22 110 669 415.02	20 403 957 335.16	17 113 854 440.62
经营活动产生的现金流量净额	1 470 221 414.45	1 272 572 562.35	551 950 535.37
二、投资活动产生的现金流量			
收回投资收到的现金	645 000.00	618 000.00	3 008 625.06
取得投资收益收到的现金	71 938 121.36	116 558 039.84	48 729 245.36
处置固定资产、无形资产和其他长期资产收回的现金净额	1 323 920.82	973 600.97	1 306 957.59
处置子公司及其他营业单位收到的现金净额	10 494 188.32	—	—
投资活动现金流入小计	84 401 230.50	118 149 640.81	53 044 828.01
购建固定资产、无形资产和其他长期资产支付的现金	576 039 606.92	308 193 586.91	1 110 628 310.49
投资支付的现金	2 340 000.00	8 015 686.87	11 683 510.62
支付其他与投资活动有关的现金	—	9 634 752.73	574 497.79
投资活动现金流出小计	578 379 606.92	325 844 026.51	1 122 886 318.90
投资活动产生的现金流量净额	-493 978 376.42	-207 694 385.70	-1 069 841 490.89

续表

项目	2013 年	2012 年	2011 年
三、筹资活动产生的现金流量			
吸收投资收到的现金	2 529 302 748.82	101 933 177.50	78 905 971.09
取得借款收到的现金	1 181 500 000.00	799 860 397.17	947 400 000.00
收到其他与筹资活动有关的现金	51 765 488.74	38 281 983.19	31 715 349.05
筹资活动现金流入小计	3 762 568 237.56	940 075 557.86	1 058 021 320.14
偿还债务支付的现金	1 139 500 000.00	1 009 810 397.17	896 582 987.96
分配股利、利润或偿付利息支付的现金	465 606 061.09	237 485 537.70	250 137 552.39
支付其他与筹资活动有关的现金	1 342 103.10	1 683 440.63	1 149 930.07
筹资活动现金流出小计	1 606 448 164.19	1 248 979 375.50	1 147 870 470.42
筹资活动产生的现金流量净额	2 156 120 073.37	-308 903 817.64	-89 849 150.28
四、汇率变动对现金的影响	-12 432 715.92	636 892.04	-11 708 322.74
五、现金及现金等价物净增加额	3 119 930 395.48	756 611 251.05	-619 448 428.54
加:期初现金及现金等价物余额	3 877 541 295.08	3 120 930 044.03	3 740 378 472.57
六、期末现金及现金等价物余额	6 997 471 690.56	3 877 541 295.08	3 120 930 044.03

表 6-11　　**中国国旅 2011—2013 年主要财务指标**　　单位:元

会计年度	2013 年	2012 年	2011 年
流动资产合计	10 000 293 913.13	6 711 092 543.46	5 653 617 321.84
资产总计	12 961 422 249.48	8 930 269 704.25	7 696 365 999.20
流动负债合计	3 252 309 865.80	2 733 652 343.03	2 543 112 905.17
负债合计	3 255 448 275.15	2 736 548 832.42	2 546 186 292.67
营业收入	17 448 188 232.06	16 133 919 927.84	12 694 694 402.37
营业利润	1 893 599 005.89	1 447 571 064.26	1 081 323 235.45
利润总额	1 956 930 814.50	1 562 512 195.44	1 086 500 896.11
净利润	1 484 712 518.82	1 180 385 190.73	835 220 697.54

【任务要点】

1. 请根据该公司的现金流量表数据,对该公司的现金流入和流出总体结构进行分析。
2. 计算该公司 2011—2013 年的现金流量比率、债务保障率、销售现金比率及资产现金回收率。

【任务分析】

任务 1　中国国旅现金流入和流出总体结构分析

中国国旅现金流量流入、流出结构计算表如表 6-12、表 6-13 所示。

表 6-12　　**中国国旅现金流量表流入结构计算表**　　单位:元

项目	2013 年	2012 年	2011 年	内部结构比		
				2013 年	2012 年	2011 年
经营活动现金流入小计	23 580 890 829.47	21 676 529 897.51	17 665 804 975.99	85.97%	95.35%	94.08%
投资活动现金流入小计	84 401 230.50	118 149 640.81	53 044 828.01	0.31%	0.52%	0.28%

续表

项目	2013 年	2012 年	2011 年	内部结构比		
				2013 年	2012 年	2011 年
筹资活动现金流入小计	3 762 568 237.56	940 075 557.86	1 058 021 320.14	13.72%	4.13%	5.63%
现金流入合计	27 427 860 297.53	22 734 755 096.18	18 776 871 124.14	100.00%	100.00%	100.00%

表 6-13　　中国国旅现金流量表流出结构计算表　　单位:元

项目	2013 年	2012 年	2011 年	内部结构比		
				2013 年	2012 年	2011 年
经营活动现金流出小计	22 110 669 415.02	20 403 957 335.16	17 113 854 440.62	91.01%	92.83%	88.29%
投资活动现金流出小计	578 379 606.92	325 844 026.51	1 122 886 318.90	2.38%	1.48%	5.79%
筹资活动现金流出小计	1 606 448 164.19	1 248 979 375.50	1 147 870 470.42	6.61%	5.68%	5.92%
现金流出合计	24 295 497 186.13	21 978 780 737.17	19 384 611 229.94	100.00%	100.00%	100.00%

从数据分析的结果来看,中国国旅 2011—2013 年现金流入合计和现金流出合计均呈不断增加趋势,且经营活动产生的现金流入和流出小计均占现金流入和流出的主导地位。其中,2011 年和 2012 年经营活动产生的现金流入小计所占现金流入合计的比重变化不大,但是 2013 年经营活动产生的现金流入小计占现金流入合计的比重比 2012 年减少了将近 10%,而筹资活动产生的现金流入小计所占比重相应增加了近 10%,可见 2013 年筹资活动对企业的生产经营活动产生较大影响。2011—2013 年该公司的投资活动产生的现金流入小计所占现金流入合计比重较小,可见该公司主要现金来源是经营活动。值得注意的是,该公司 2011—2013 年的投资活动现金流入均小于投资活动现金流出,投资活动产生的现金流量净额均为负数,从现金流量表中可以看出,该公司的投资现金流出主要是购建固定资产、无形资产和其他长期资产支付的现金增多所致,可见该公司仍处于扩张阶段。从现金流出来看,该公司 2011—2013 年经营活动现金流出小计所占现金流出合计的比重变化不大,维持在 90% 左右,投资活动产生的现金流出小计有较小波动,筹资活动产生的现金流出小计所占比重也呈较小波动状态,维持在 6% 左右。

任务 2　中国国旅现金流量比率指标分析

1. 现金流动负债比率

$$\text{现金流动负债比率} = \frac{\text{经营活动现金净流量}}{\text{流动负债}} \times 100\%$$

$$2013\text{ 年现金流动负债比率} = \frac{1\ 470\ 221\ 414.45}{3\ 252\ 309\ 865.80} \times 100\% = 45.21\%$$

$$2012\text{ 年现金流动负债比率} = \frac{1\ 272\ 572\ 562.35}{2\ 733\ 652\ 343.03} \times 100\% = 46.55\%$$

$$2011\text{ 年现金流动负债比率} = \frac{551\ 950\ 535.37}{2\ 543\ 112\ 905.17} \times 100\% = 21.70\%$$

从计算结果可以看出，该公司2011年的现金流动负债比率相对2012年和2013年来说较低，2012年和2013年的数值较接近，分别为46.55%和45.21%。可见，该公司用经营活动所产生的现金净流量支付流动负债的能力有所提高，短期偿债能力增强。

2. 债务保障率

$$债务保障率=\frac{经营活动现金净流量}{负债总额}\times 100\%$$

$$2013年债务保障率=\frac{1\,470\,221\,414.45}{3\,255\,448\,275.15}\times 100\%=45.16\%$$

$$2012年债务保障率=\frac{1\,272\,572\,562.35}{2\,736\,548\,832.42}\times 100\%=46.50\%$$

$$2011年债务保障率=\frac{551\,950\,535.37}{2\,546\,186\,292.67}\times 100\%=21.68\%$$

2011年该公司的债务保障率较低，但2012年和2013年的债务保障率有较大提升，均维持在45%左右。可见，该公司用经营活动产生的现金净流量承担全部负债的能力增强。

3. 销售现金比率

$$销售现金比率=\frac{经营活动现金净流量}{营业收入}\times 100\%$$

$$2013年销售现金比率=\frac{1\,470\,221\,414.45}{17\,448\,188\,232.06}\times 100\%=8.43\%$$

$$2012年销售现金比率=\frac{1\,272\,572\,562.35}{16\,133\,919\,927.84}\times 100\%=7.89\%$$

$$2011年销售现金比率=\frac{551\,950\,535.37}{12\,694\,694\,402.37}\times 100\%=4.35\%$$

从计算结果来看，该公司2011—2013年的销售现金比率呈上升趋势，从2011年的4.35%，增加至2012年的7.89%，再提高到2013年的8.43%，可见该公司营业收入获取现金的能力在逐渐变强。

4. 资产现金回收率

$$资产现金回收率=\frac{经营活动现金净流量}{平均资产总额}\times 100\%$$

$$=\frac{经营活动现金净流量}{(年初资产总额+年末资产总额)/2}\times 100\%$$

$$2013年资产现金回收率=\frac{1\,470\,221\,414.45}{(12\,961\,422\,249.48+8\,930\,269\,704.25)/2}\times 100\%=13.43\%$$

$$2012年资产现金回收率=\frac{1\,272\,572\,562.35}{(8\,930\,269\,704.25+7\,696\,365\,999.20)/2}\times 100\%=15.31\%$$

该公司2013年的资产现金回收率为13.43%，低于2012年的资产现金回收率，说明该公司平均资产总额获取经营现金的能力减弱，需要进一步分析原因。

6.2 案例实训

实训1 中国远洋控股股份有限公司现金流量表分析

【实训资料】

中国远洋控股股份有限公司(简称中国远洋)是中国远洋运输(集团)总公司的上市旗舰和资本平台。中国远洋目前拥有:①中远集装箱运输有限公司(简称中远集运)100%权益。②中远散货运输(集团)有限公司(简称中散集团)100%权益。③中远太平洋有限公司(简称中远太平洋)约43%权益。中国远洋通过下属各子公司为国际和国内客户提供涵盖整个航运价值链的集装箱航运、干散货航运、物流、码头及集装箱租赁服务,其中远洋运输业务占86%以上。因受到航运周期的影响,公司的发展呈现周期性变化。中国远洋2011—2013年的财务报表数据如表6-14、表6-15所示。

表6-14　　中国远洋2011—2013年财务报表数据　　单位:元

项目	2013年	2012年	2011年
资产总计	161 925 810 787.50	165 228 060 580.82	157 436 613 874.49
流动负债合计	48 121 389 251.51	39 904 925 005.60	47 315 555 018.61
非流动负债合计	71 690 614 792.50	83 625 614 268.14	59 950 605 955.94
负债合计	119 812 004 044.01	123 530 539 273.74	107 266 160 974.55
所有者权益(或股东权益)合计	42 113 806 743.49	41 697 521 307.08	50 170 452 899.94
负债和所有者(或股东权益)合计	161 925 810 787.50	165 228 060 580.82	157 436 613 874.49
营业收入	61 934 136 540.26	72 056 802 569.35	68 908 178 866.62
营业利润	4 393 209 855.97	-6 008 915 661.83	-6 805 546 745.86
利润总额	3 743 731 995.70	-7 397 345 347.85	-7 807 392 113.23

表6-15　　中国远洋2011—2013年现金流量表数据　　单位:元

项目	2013年	2012年	2011年
一、经营活动产生的现金流量			
销售商品、提供劳务收到的现金	75 180 477 627.59	95 196 278 646.85	95 685 087 687.19
收到的税费返还	420 340 718.04	380 175 109.50	83 800 164.66
收到其他与经营活动有关的现金	16 160 077 938.06	27 572 554 741.71	22 545 304 907.75
经营活动现金流入小计	91 760 896 283.69	123 149 008 498.06	118 314 192 759.60
购买商品、接受劳务支付的现金	70 903 689 102.25	92 210 975 935.73	92 433 461 384.55
支付给职工以及为职工支付的现金	6 921 697 640.36	7 825 687 826.31	8 052 456 301.93
支付的各项税费	1 254 994 718.78	1 461 381 111.24	1 130 373 332.06
支付其他与经营活动有关的现金	15 018 641 097.69	26 950 244 327.62	21 708 957 728.78
经营活动现金流出小计	94 099 022 559.08	128 448 289 200.90	123 325 248 747.32
经营活动产生的现金流量净额	-2 338 126 275.39	-5 299 280 702.84	-5 011 055 987.72

续表

项目	2013年	2012年	2011年
二、投资活动产生的现金流量			
收回投资收到的现金	7 358 502 632.19	382 843 064.57	300 630 470.05
取得投资收益收到的现金	920 915 542.34	1 808 662 861.31	1 216 175 589.23
处置固定资产、无形资产和其他长期资产收回的现金净额	1 504 016 928.04	470 708 198.85	1 731 387 222.72
处置子公司及其他营业单位收到的现金净额	14 232 465 643.33	—	7 078 100.00
收到其他与投资活动有关的现金	3 003 814.35	189 200.52	84 534 942.16
投资活动现金流入小计	24 018 904 560.25	2 662 403 325.25	3 339 806 324.16
购建固定资产、无形资产和其他长期资产支付的现金	10 606 600 278.29	11 390 806 747.05	8 496 783 142.15
投资支付的现金	11 757 060 783.90	522 154 397.22	259 576 564.64
取得子公司及其他营业单位支付的现金净额	199 313 558.96	—	2 526 803.22
支付其他与投资活动有关的现金	622 520 000.00	—	94 786 910.12
投资活动现金流出小计	23 185 494 621.15	11 912 961 144.27	8 853 673 420.13
投资活动产生的现金流量净额	833 409 939.10	-9 250 557 819.02	-5 513 867 095.97
三、筹资活动产生的现金流量			
吸收投资收到的现金	103 264 143.21	1 200 000.00	141 078 904.50
取得借款收到的现金	25 799 122 774.50	40 454 316 892.27	26 437 779 444.05
收到其他与筹资活动有关的现金	—	659 169 990.00	1 221 440 968.80
筹资活动现金流入小计	25 902 386 917.71	41 114 686 882.27	27 800 299 317.35
偿还债务支付的现金	17 558 559 560.85	24 307 373 334.48	12 516 469 027.22
分配股利、利润或偿付利息支付的现金	3 770 785 874.47	2 753 277 267.44	3 372 636 126.45
支付其他与筹资活动有关的现金	459 600 568.25	136 472 183.24	251 084 666.27
筹资活动现金流出小计	21 788 946 003.57	27 197 122 785.16	16 140 189 819.94
筹资活动产生的现金流量净额	4 113 440 914.14	13 917 564 097.11	11 660 109 497.41
四、汇率变动对现金的影响	-763 627 423.68	6 343 266.22	-855 681 986.10
五、现金及现金等价物净增加额	1 845 097 154.17	-625 931 158.53	279 504 427.62
加:期初现金及现金等价物余额	46 361 293 094.39	46 962 724 849.20	46 683 220 421.58
六、期末现金及现金等价物余额	48 206 390 248.56	46 336 793 690.67	46 962 724 849.20

【实训要点】

1. 利用趋势分析法(定基变动比率分析法)对该企业的现金流量进行分析。
2. 利用结构分析法对该企业的现金流量进行分析。

实训 2 一汽轿车股份有限公司现金流量表分析

【实训资料】

一汽轿车股份有限公司是由中国第一汽车集团公司于1997年独家发起设立，以其净资产折为国有法人股75 000万股，经同年5月22日发行后，上市时总股份105 000万股，其中职工股3 000万股将于公众股27 000万股上市交易期满半年后上市。公司主营开发、制造、销售轿车、旅行车及其配件以及其他种类的汽车及其配件；兼营汽车修理，机械加工和技术咨询服务，普通货运、物流服务。公司主要财务指标如表6-16、表6-17所示。

表6-16　　一汽轿车股份有限公司2011—2013年现金流量表　　单位：元

项目	2013年	2012年	2011年
一、经营活动产生的现金流量			
销售商品、提供劳务收到的现金	22 214 564 047.74	20 186 515 930.15	26 707 206 823.38
收到的税费返还	12 159 045.96	130 602 867.44	31 032 950.02
收到其他与经营活动有关的现金	164 183 623.90	102 202 239.90	167 123 807.67
经营活动现金流入小计	22 390 906 717.60	20 419 321 037.49	26 905 363 581.07
购买商品、接受劳务支付的现金	14 938 483 099.11	13 840 281 199.34	21 174 762 836.85
支付给职工以及为职工支付的现金	1 342 279 879.74	1 135 334 492.84	1 105 186 249.84
支付的各项税费	2 218 507 508.03	2 334 522 682.43	3 142 953 782.66
支付其他与经营活动有关的现金	2 497 871 753.05	1 599 542 141.01	2 042 092 517.10
经营活动现金流出小计	20 997 142 239.93	18 909 680 515.62	27 464 995 386.45
经营活动产生的现金流量净额	1 393 764 477.67	1 509 640 521.87	-559 631 805.38
二、投资活动产生的现金流量			
收回投资收到的现金	—	—	—
取得投资收益收到的现金	101 113 274.67	105 959 582.47	70 751 386.80
处置固定资产、无形资产和其他长期资产收回的现金净额	1 674 786.81	980 269.00	3 137 194.23
处置子公司及其他营业单位收到的现金净额	—	—	—
收到其他与投资活动有关的现金	17 297 551.67	10 061 083.35	17 704 803.31
投资活动现金流入小计	120 085 613.15	117 000 934.82	91 593 384.34
购建固定资产、无形资产和其他长期资产支付的现金	1 414 387 242.15	2 578 696 077.00	1 913 002 174.33
投资支付的现金	87 500 000.00	—	87 500 000.00
取得子公司及其他营业单位支付的现金净额	—	—	—
支付其他与投资活动有关的现金	—	—	—
投资活动现金流出小计	1 501 887 242.15	2 578 696 077.00	2 000 502 174.33
投资活动产生的现金流量净额	-1 381 801 629.00	-2 461 695 142.18	-1 908 908 789.99
三、筹资活动产生的现金流量			
吸收投资收到的现金	—	—	—
取得借款收到的现金	2 800 000 000.00	3 900 000 000.00	1 500 000 000.00

续表

项目	2013 年	2012 年	2011 年
收到其他与筹资活动有关的现金	212 000.00	85 653 323.54	3 840 000.00
筹资活动现金流入小计	2 800 212 000.00	3 985 653 323.54	1 503 840 000.00
偿还债务支付的现金	2 800 000 000.00	3 400 000 000.00	—
分配股利、利润或偿付利息支付的现金	97 704 666.67	65 501 870.83	546 032 766.67
支付其他与筹资活动有关的现金	—	—	—
筹资活动现金流出小计	2 897 704 666.67	3 465 501 870.83	546 032 766.67
筹资活动产生的现金流量净额	-97 492 666.67	520 151 452.71	957 807 233.33
四、汇率变动对现金的影响	-893 321.18	-599 028.89	-2 377 770.59
五、现金及现金等价物净增加额	-86 423 139.18	-432 502 196.49	-1 513 111 132.63
加:期初现金及现金等价物余额	1 371 255 599.56	1 803 757 796.05	3 316 868 928.68
六、期末现金及现金等价物余额	1 284 832 460.38	1 371 255 599.56	1 803 757 796.05

表 6-17　一汽轿车 2011—2013 年主要财务数据　单位:元

项目	2013 年	2012 年	2011 年
流动资产合计	11 420 172 058.17	8 841 939 918.07	10 259 435 900.01
资产总计	21 086 280 351.88	16 330 562 855.11	16 289 294 375.97
流动负债合计	11 849 125 865.41	8 215 305 545.04	7 459 071 435.18
负债合计	12 386 585 923.70	8 657 448 485.60	7 863 592 312.71
营业收入	29 675 131 409.36	23 384 904 674.19	32 652 673 333.62
营业利润	1 132 484 448.55	-981 359 066.88	183 731 922.50
净利润	1 033 111 856.00	-752 508 927.61	191 655 744.30

【实训要点】

1. 对该公司的经营活动和投资活动产生的现金流入和流出结构进行分析。
2. 运用比率分析法对该公司的现金流量进行分析。

综合测试

一、单项选择题

1. 现金流量表是反映企业在一定会计期间(　　)流入和流出情况的报表。
   A. 现金　　B. 银行存款
   C. 交易性金融资产　　D. 现金及现金等价物
2. 现金流量表分为主表和(　　)两大部分。
   A. 备注　　B. 附表　　C. 补充资料　　D. 小结
3. 在企业处于扩张发展阶段,投资活动的现金流量一般是(　　)。
   A. 流入大于流出　　B. 流入小于流出
   C. 流入等于流出　　D. 流入和流出量大小关系不一定
4. 下列选项中,属于经营活动产生的现金流入的是(　　)。

A. 销售商品、提供劳务收到的现金
B. 处置固定资产收回的现金
C. 取得借款收到的现金
D. 购买商品、接受劳务支付的现金

5. 现金及现金等价物净增加额(　　)期初现金及现金等价物余额等于期末现金及现金等价物余额。
A. 加上　　B. 减去　　C. 乘以　　D. 除以

二、多项选择题

1. 现金流量表主要将企业产生的现金流量分为(　　)三大部分。
A. 经营活动产生的现金流量
B. 投资活动产生的现金流量
C. 筹资活动产生的现金流量
D. 盈利活动产生的现金流量

2. 补充资料分为(　　)。
A. 将利润总额调节为经营活动现金流量
B. 将净利润调节为经营活动现金流量
C. 不涉及现金收支的重大投资和筹资活动
D. 现金等价物的净变动情况

3. 以下属于经营活动产生的现金流量的项目有(　　)。
A. 收到的税费返还
B. 购建固定资产
C. 处置无形资产
D. 购买商品、接受劳务支付的现金

4. 现金流动负债比率的决定因素有(　　)。
A. 经营活动产生的现金净流量　　B. 负债总额
C. 流动负债　　D. 净利润

5. 盈余现金保障倍数(　　)。
A. 反映的是经营现金净流量与净利润之比
B. 反映的是企业的盈利能力
C. 反映企业当期实现的单位净利润有多少经营现金作保证
D. 反映的是企业的偿债能力

三、判断题

1. 现金流量表反映的是企业银行存款的变动。(　　)
2. 现金流量表中,只有经济活动的现金流入大于现金流出,才能保证公司正常运行。(　　)
3. 三大经济活动中,企业的现金流入应主要以经营活动为主。(　　)
4. 处置固定资产得到的现金属于经营活动产生的现金流出。(　　)

5. 企业的现金流入越多越好,现金流出越少越好。(　　)

四、思考题

1. 什么是现金流量表?
2. 简述现金流量表的结构。
3. 简述现金流量表内经营活动、投资活动、筹资活动产生的现金流量的项目及补充资料的内容。

五、计算分析题

1. 已知某企业某年度内经营活动产生的现金流入为2 500 000元,经营活动产生的现金流出为2 020 000元,流动负债为2 400 000元,实收资本为9 200 000元,净利润为320 000元,利润总额为450 000元。计算该公司的现金流动负债比率和盈余现金保障倍数。

2. 根据某企业现金流量数据表(见表6-18)计算A、B、C、D四个项目的金额。

表6-18　　某企业现金流量数据表　　单位:元

项目	2013年
一、经营活动产生的现金流量	
销售商品、提供劳务收到的现金	2 634 463 000 000.00
收到的税费返还	9 019 000 000.00
收到其他与经营活动有关的现金	5 720 000 000.00
经营活动现金流入小计	A
购买商品、接受劳务支付的现金	1 764 275 000 000.00
支付给职工以及为职工支付的现金	115 772 000 000.00
支付的各项税费	400 757 000 000.00
支付其他与经营活动有关的现金	79 869 000 000.00
经营活动现金流出小计	2 360 673 000 000.00
经营活动产生的现金流量净额	288 529 000 000.00
二、投资活动产生的现金流量	
收回投资收到的现金	1 294 000 000.00
取得投资收益收到的现金	11 702 000 000.00
处置固定资产、无形资产和其他长期资产收回的现金净额	38 828 000 000.00
处置子公司及其他营业单位收到的现金净额	—
收到其他与投资活动有关的现金	—
投资活动现金流入小计	51 824 000 000.00
购建固定资产、无形资产和其他长期资产支付的现金	310 223 000 000.00
投资支付的现金	8 111 000 000.00
取得子公司及其他营业单位支付的现金净额	—
支付其他与投资活动有关的现金	—
投资活动现金流出小计	318 334 000 000.00
投资活动产生的现金流量净额	B
三、筹资活动产生的现金流量	

续表

项目	2013 年
吸收投资收到的现金	14 415 000 000.00
取得借款收到的现金	601 218 000 000.00
收到其他与筹资活动有关的现金	263 000 000.00
筹资活动现金流入小计	615 896 000 000.00
偿还债务支付的现金	546 936 000 000.00
分配股利、利润或偿付利息支付的现金	80 263 000 000.00
支付其他与筹资活动有关的现金	936 000 000.00
筹资活动现金流出小计	628 135 000 000.00
筹资活动产生的现金流量净额	-12 239 000 000.00
四、汇率变动对现金的影响	C
五、现金及现金等价物净增加额	D
加:期初现金及现金等价物余额	43 395 000 000.00
六、期末现金及现金等价物余额	51 407 000 000.00

07 营运能力分析实训

模块 7

【知识目标】

通过本模块的学习，能够掌握营运能力的含义及分析方法，了解分析长期偿债能力的意义，理解长期偿债能力与短期偿债能力的关系。

【能力目标】

通过本模块的学习，能够掌握营运能力各项指标的计算方法，提高对各项指标进行分析的能力。

【素质目标】

通过本模块的学习，能够培养学生收集和获取信息的能力，培养学生对财务报表数据的判断和分析能力以及综合应用数据分析问题、解决问题的能力。

7.1 案例演练

案例1 中国石油化工集团公司营运能力分析

【案例资料】

中国石油化工集团公司（简称中石化）是1998年7月国家在原中国石油化工总公司基础上重组成立的特大型石油石化企业集团，是国家独资设立的国有公司、国家授权投资的机构和国家控股公司。中石化注册资本1 820亿元，总部设在北京。2010年中石化实现净利707亿元。2014年1月21日，中石化获《中国企业社会责任报告白皮书（2013）》五星级评定，属于最高等级。

2012年2月19日，中石化董事会通过了《启动中国石化销售业务重组、引入社会和民营资本实现混业经营的议案》,中石化业务向民间资本开放。

中国石油化工集团公司对其全资企业、控股企业、参股企业的有关国有资产行使资产受益、重大决策和选择管理者等出资人的权力,对国有资产依法进行经营、管理和监督,并相应承担保值增值责任。中国石油化工集团公司控股的中国石油化工股份有限公司先后于2000年10月和2001年8月在境外境内发行H股和A股,并分别在香港、纽约、伦敦和上海上市。

中国石油化工集团公司主营业务范围包括:实业投资及投资管理;石油、天然气的勘探、开采、储运(含管道运输)、销售和综合利用;石油炼制;汽油、煤油、柴油的批发;石油化工及其他化工产品的生产、销售、储存、运输;石油石化工程的勘探设计、施工、建筑安装;石油石化设备检修维修;机电设备制造;技术及信息、替代能源产品的研究、开发、应用、咨询服务;自营和代理各类商品和技术的进出口(国家限定公司经营或禁止进出口的商品和技术除外)。

中石化2011—2013年相关财务数据如表7-1、表7-2所示。

表7-1　　资产负债表　　单位:元

项目	2011年12月31日	2012年12月31日	2013年12月31日
货币资金	10 864 000 000.00	25 197 000 000.00	18 140 000 000.00
交易性金融资产	—	—	—
应收票据	20 045 000 000.00	27 961 000 000.00	15 950 000 000.00
应收账款	81 395 000 000.00	58 721 000 000.00	43 093 000 000.00
预付款项	4 370 000 000.00	4 096 000 000.00	5 247 000 000.00
其他应收款	8 807 000 000.00	7 360 000 000.00	9 880 000 000.00
存货	218 262 000 000.00	203 417 000 000.00	156 546 000 000.00
其他流动资产	1 008 000 000.00	836 000 000.00	594 000 000.00
流动资产合计	344 751 000 000.00	327 588 000 000.00	249 450 000 000.00
可供出售金融资产	—	—	—
持有至到期投资	—	—	—
长期应收款	—	—	—
长期股权投资	52 061 000 000.00	47 458 000 000.00	45 037 000 000.00
投资性房地产	—	—	—
固定资产	588 969 000 000.00	565 936 000 000.00	540 700 000 000.00
在建工程	168 977 000 000.00	111 311 000 000.00	89 599 000 000.00
生产性生物资产	—	—	—
油气资产	—	—	—
无形资产	49 834 000 000.00	34 842 000 000.00	27 440 000 000.00
开发支出	—	—	—
商誉	6 257 000 000.00	8 212 000 000.00	8 298 000 000.00
长期待摊费用	10 246 000 000.00	9 076 000 000.00	7 560 000 000.00
递延所得税资产	15 130 000 000.00	13 398 000 000.00	15 578 000 000.00
其他非流动资产	11 046 000 000.00	12 232 000 000.00	1 727 000 000.00
非流动资产合计	902 520 000 000.00	802 465 000 000.00	735 939 000 000.00
资产总计	1 247 271 000 000.00	1 130 053 000 000.00	985 389 000 000.00
短期借款	70 228 000 000.00	36 985 000 000.00	29 298 000 000.00
交易性金融负债	—	—	1 000 000 000.00

续表

项目	2011年12月31日	2012年12月31日	2013年12月31日
应付票据	6 656 000 000.00	5 933 000 000.00	3 818 000 000.00
应付账款	215 628 000 000.00	177 002 000 000.00	132 528 000 000.00
预收款项	69 299 000 000.00	66 686 000 000.00	57 324 000 000.00
应付职工薪酬	1 838 000 000.00	1 795 000 000.00	7 444 000 000.00
应交税费	21 985 000 000.00	39 622 000 000.00	33 814 000 000.00
其他应付款	61 721 000 000.00	57 662 000 000.00	54 871 000 000.00
一年内到期的非流动负债	15 754 000 000.00	43 388 000 000.00	5 530 000 000.00
其他流动负债	30 000 000 000.00	—	—
流动负债合计	493 109 000 000.00	429 073 000 000.00	325 627 000 000.00
长期借款	40 267 000 000.00	54 320 000 000.00	58 895 000 000.00
应付债券	121 849 000 000.00	100 137 000 000.00	115 180 000 000.00
预计负债	21 591 000 000.00	18 381 000 000.00	15 573 000 000.00
递延所得税负债	16 043 000 000.00	15 181 000 000.00	15 017 000 000.00
其他非流动负债	3 811 000 000.00	3 436 000 000.00	2 415 000 000.00
非流动负债合计	203 561 000 000.00	191 455 000 000.00	207 080 000 000.00
负债合计	696 670 000 000.00	620 528 000 000.00	532 707 000 000.00
实收资本(或股本)	86 820 000 000.00	86 702 000 000.00	86 702 000 000.00
资本公积	30 574 000 000.00	29 583 000 000.00	29 414 000 000.00
盈余公积	184 603 000 000.00	178 263 000 000.00	141 711 000 000.00
减:库存股	—	—	—
未分配利润	248 604 000 000.00	214 977 000 000.00	194 855 000 000.00
所有者权益(或股东权益)合计	550 601 000 000.00	509 525 000 000.00	452 682 000 000.00
负债和所有者(或股东权益)合计	1 247 271 000 000.00	1 130 053 000 000.00	985 389 000 000.00

表7-2　　**营业收入、营业成本表**　　单位:万元

项目	2011年	2012年	2013年
营业收入	323 707 915	289 024 762	236 623 663
营业成本	225 464 646	236 573 971	176 114 250

【任务要点】

根据给出的相关财务数据,对中石化的营运能力进行分析。

【任务分析】

任务1　应收账款周转率和周转天数的分析

应收账款周转率和周转天数表示从获得应收账款的权利到收回款项、变成现金所需要的时间。应收账款周转率越高越好,应收账款周转率越高,表明公司收账速度越快,平均收账期越短,坏账损失越少,资产流动越快,偿债能力越强。与之相对应,应收账款周转天数则是越短越好。周转率越高,周转天数越短,说明应收账款收回得越快。如果应收账款收回比较慢,说明企业的

资金过多地呆滞在应收账款上，就会影响资金的获取能力。应收账款周转率和周转天数计算公式如下：

$$应收账款周转率=\frac{营业收入}{应收账款}$$

$$应收账款周转天数=\frac{360}{应收账款周转率}$$

通过计算，中石化应收账款周转率和周转天数如表 7-3 所示。

表 7-3　2011—2013 年中石化应收账款周转率、周转天数

指标	2011 年	2012 年	2013 年
应收账款周转率(次)	39.77	49.22	54.91
应收账款周转天数(天)	9.05	7.31	6.56

通过以上数据可以看出，中石化的应收账款周转率逐年提高而周转天数逐年减少，这表明该企业收账速度快，平均收账期短，应收账款的流动性强，增强了企业的短期偿债能力。

任务 2　存货周转率和周转天数的分析

存货的周转率和周转天数反映了存货转化为现金或应收账款的能力，是衡量企业生产经营各个环节中存货运营效率的一个综合性指标，存货周转速度越快，存货的占用水平越低，变现能力越强。存货周转率和周转天数计算公式如下：

$$存货周转率=\frac{营业成本}{存货}$$

$$存货周转天数=\frac{360}{存货周转率}$$

通过计算，中石化的存货周转率和周转天数如表 7-4 所示。

表 7-4　2011—2013 年中石化存货周转率、周转天数

指标	2011 年	2012 年	2013 年
存货周转率(次)	10.31	11.63	11.25
存货周转天数(天)	34.92	30.95	32.00

通过以上三年数据的分析来看，该企业的存货周转率相对稳定但趋于下降，周转天数趋于增加。企业对存货的管理水平还应结合行业特点来分析。

任务 3　流动资产周转率、周转天数的分析

企业流动资产周转速度越快，周转次数越多，周转天数越短，表明以相同的流动资产完成的周转额越多，流动资产利用效果越好。流动资产周转率和周转天数计算公式如下：

$$流动资产周转率=\frac{营业收入}{流动资产}$$

$$流动资产周转天数=\frac{360}{流动资产周转率}$$

通过计算，中石化的流动资产周转率和周转天数如表 7-5 所示。

表 7-5 2011—2013 年中石化流动资产周转率、周转天数

指标	2011 年	2012 年	2013 年
流动资产周转率(次)	9.39	8.82	9.49
流动资产周转天数(天)	38.34	40.82	37.93

通过三年的数据可以看出,中石化的流动资产周转率总的趋势是在提高,表明该企业的流动资产利用能力在增强。

任务4 固定资产周转率、周转天数的分析

固定资产周转率是销售收入与固定资产净值平均余额的比率。该指标反映的是企业固定资产的管理水平的高低。固定资产周转率和周转天数计算公式如下:

$$固定资产周转率=\frac{营业收入}{固定资产}$$

$$固定资产周转天数=\frac{360}{固定资产周转率}$$

通过计算,中石化的固定资产周转率和周转天数如表 7-6 所示。

表 7-6 2011—2013 年中石化固定资产的周转率、周转天数

指标	2011 年	2012 年	2013 年
固定资产周转率(次)	5.50	5.11	4.37
固定资产周转天数(天)	65.45	70.45	82.38

通过三年的数据可以看出,中石化的固定资产周转率逐年下降,分析可得知其固定资产净值的增长幅度要大于销售收入净额的增长幅度,这说明企业的营运能力减弱,但是考虑该企业近年来对其产业结构进行调整,这种减弱是合理的。

任务5 总资产周转率、周转天数的分析

总资产周转率是销售收入与全部资产平均余额的比率。该指标体现了企业经营期间全部资产从投入到产出的流转速度,反映了企业全部资产的管理质量和利用效率。总资产的周转速度越快,销售能力越强,资产利用效率越高。总资产周转率和周转天数计算公式如下:

$$总资产周转率=\frac{营业收入}{总资产}$$

$$总资产周转天数=\frac{360}{总资产周转率}$$

通过计算,中石化的总资产周转率和周转天数如表 7-7 所示。

表 7-7 2011—2013 年中石化总资产周转率、周转天数

指标	2011 年	2012 年	2013 年
总资产周转率(次)	2.60	2.56	2.40
总资产周转天数(天)	138.46	140.63	150.00

通过对中石化三年数据的分析可以看出,该企业的总资产周转率逐年下降,分析可以得知中

石化应提高资产利用效率,以增强营运能力从而提高盈利能力。

案例2　春晖集团营运能力分析

【案例资料】

春晖集团创建于2000年,目前已跻身全国性大型商业百亿企业,是福建省流通及农业产业化双龙头企业,被国家商务部列为"全国流通重点企业""双百市场工程重点企业",荣获"中国驰名商标"。2010年12月15日,春晖集团在上海主板上市。

春晖集团是在推动传统农贸市场向现代流通方式转变过程中培育起来的民营股份制大型企业集团。2000年,集团积极响应国家"杜绝餐桌污染,改善社区生活,建设放心市场"的号召,把生鲜农产品引进现代超市,并以其独特的经营模式、准确的市场定位,迅速发展,得到百姓的广泛认可,被誉为"民生超市、百姓春晖",被国家七部委誉为中国"农改超"的开创者,其经营模式被列入《中国零售十大创新案例》,春晖黎明店被福建省经贸委评为"福建十佳超市"。

春晖集团2011—2013年的相关财务数据如表7-8、表7-9所示。

表7-8　资产负债表简表　单位:万元

项目	2013年12月31日	2012年12月31日	2011年12月31日
流动资产:			
货币资金	139 860	201 906	263 858
交易性金融资产	1 946	—	—
应收票据	—	—	20
应收账款	17 767	10 958	4 829
预付款项	76 159	64 941	39 851
应收利息	40	455	—
应收股利	—	—	—
其他应收款	99 917	80 692	21 981
存货	287 191	239 541	135 117
一年内到期的非流动资产	—	—	—
其他流动资产	4 846	—	2 005
流动资产合计	627 726	598 493	467 661
非流动资产:			
可供出售金融资产	—	—	—
持有至到期投资	—	—	—
长期股权投资	—	20 999	—
投资性房地产	—	—	—
固定资产原值	268 932	191 444	99 526
累计折旧	62 168	37 415	22 414
固定资产净值	206 764	154 029	77 112

续表

项目	2013年12月31日	2012年12月31日	2011年12月31日
在建工程	48 159	29 854	22 608
工程物资	—	—	—
生产性生物资产	—	—	—
油气资产	—	—	—
无形资产	52 345	33 643	23 936
开发支出	—	—	
商誉	—	—	
长期待摊费用	152 205	107 234	68 873
递延所得税资产	3 486	2 441	892
其他非流动资产	—	—	—
非流动资产合计	462 959	348 200	193 421
资产总计	1 090 685	946 693	661 082
流动负债：			
短期借款	70 000	119 000	89 500
应付账款	331 488	211 887	114 834
预收账款	70 231	44 636	24 418
应付职工薪酬	13 594	11 045	6 382
应交税费	21 042	15 831	5 634
应付利息	4 063	1 331	153
其他应付款	51 438	32 987	15 851
一年内到期的非流动负债	8 900	4 700	—
其他流动负债	70 000	80 000	—
流动负债合计	640 756	521 417	256 772
非流动负债：			
长期借款	—	10 450	15 000
专项应付款	7 410	7 410	7 410
其他非流动负债	278	122	137
非流动负债合计	7 688	17 982	22 547
负债合计	648 444	539 399	279 319
所有者权益(或股东权益)			
实收资本(或股本)	76 790	76 790	76 790
资本公积	229 796	229 796	243 531
减:库存股	—	—	—
盈余公积(万元)	10 771	7 217	4 489
未分配利润(万元)	124 884	93 491	56 953
所有者权益(或股东权益)合计	442 241	407 294	381 763
负债和所有者权益(或股东权益)总计	1 090 685	946 693	661 082

表 7-9　　利　润　表　　单位:万元

项目	2013 年	2012 年	2011 年
一、营业收入	2 468 432	1 773 156	1 231 650
减:营业成本	1 985 903	1 431 821	996 186
营业税金及附加	11 517	8 289	4 727
销售费用	332 914	229 451	155 771
管理费用	64 391	40 363	28 195
财务费用	14 796	4 940	7 038
资产减值损失	2 407	1 610	563
加:投资收益	1 348	2 158	—
公允价值变动收益	-1 051	—	—
二、营业利润	56 801	58 840	39 170
加:营业外收入	12 659	3 611	1 859
营业外支出	3 098	2 172	1 120
三、利润总额	66 362	60 279	39 909
减:所得税费用	16 057	13 522	9 401
四、净利润	50 305	46 757	30 508
五、每股收益			
(一)基本每股收益(元)	0.65	0.61	0.46
(二)稀释每股收益(元)	0.65	0.61	0.46

【任务要点】

1. 根据春晖集团的相关财务数据计算各项营运能力指标。
2. 对该公司的营运能力进行分析和评价。

【任务分析】

任务 1　春晖集团各项营运能力指标计算

春晖集团营运能力各项指标的计算如表 7-10 所示。

表 7-10　　营运能力各项指标

指标	2013 年	2012 年	2011 年
总资产周转率(次)	2.26	1.87	1.86
总资产周转天数(天)	159.29	192.51	193.55
流动资产周转率(次)	3.93	2.96	2.63
流动资产周转天数(天)	91.60	121.62	131.88
现金周转率(次)	17.65	8.72	4.67
应收账款周转率(次)	138.93	161.81	255.05
应收账款周转天数(天)	2.59	2.22	1.41
固定资产周转率(次)	11.94	11.51	15.97
存货周转率(次)	6.91	5.98	7.73
存货周转天数(天)	52.10	60.20	48.85

任务 2 春晖集团各项营运能力指标的分析

资产营运能力的强弱取决于资产的周转速度、资产的运营状况及资产的管理水平等多种因素。从报表中很难看出资产运行状况和资产的管理水平,所以我们要通过分析各项资产周转速度和周转天数,来判断企业资产营运能力的强弱。

1. 应收账款周转速度分析

通过表 7-10 可以看出该公司应收账款周转能力在下降,说明该公司的收账速度变慢,但从整体上看,公司的收账速度依然迅速,应收账款的流动性还是很强的。

2. 存货周转速度分析

由前面的分析可以得知,由于该公司经营规模的扩大,存货 2012 年、2013 年大幅度增加,所以导致存货周转率下降。

3. 流动资产周转速度分析

由表 7-10 所计算的数据来看,该公司 2013 年的存货周转率较 2012 年提高了近 1 次,存货周转天数缩短了 8 天,企业通过流动资产的周转速度所反映的营运能力还是比较强的。

4. 总资产周转速度分析

结合 2011—2013 年的指标来看,春晖集团的总资产不到半年就周转一次,说明企业资产的使用效率较高。

综上所述,春晖集团的营运能力总体还是比较强的。

7.2 案例实训

实训 1 科力集团房地产集团营运能力分析

【实训资料】

科力集团成立于 1984 年 5 月,是目前中国规模较大的专业住宅开发企业之一,也是股市里有代表性的地产蓝筹股。

截至 2012 年,科力集团已在全国 20 多个城市设立了分公司。2013 年,公司完成新开工面积 1 248 万平方米,实现销售面积 897.7 万平方米,销售金额 1 081.6 亿元,营业收入 507.1 亿元,净利润 72.8 亿元。

截至 2013 年年末,科力集团的业务覆盖到以珠三角、长三角、环渤海三大城市经济圈为重点的 31 个城市。当年共销售住宅 42 500 套,在全国商品住宅市场的占有率从 2.07% 提升到 2.34%,其中市场占有率在深圳、上海、天津、佛山、厦门、沈阳、武汉、镇江、鞍山 9 个城市排名首位。公司持续增长的业绩以及规范透明的公司治理结构,使公司赢得了投资者的广泛认可。

科力集团相关财务数据如表 7-11、表 7-12 所示。

表 7-11　　资产负债表　　单位:万元

项目	2011 年 12 月 31 日	2012 年 12 月 31 日	2013 年 12 月 31 日
流动资产:			
货币资金	2 300 190.00	3 781 690.00	3 423 950.00
交易性金融资产	74.05	0	0
应收账款	71 319.20	159 402.00	151 481.00
预付款项	873 632.00	1 783 800.00	2 011 620.00
其他应收款	778 581.00	1 493 830.00	1 844 060.00
存货	9 008 530.00	13 333 300.00	20 833 500.00
流动资产合计	13 032 326.25	20 552 022.00	28 264 611.00
非流动资产合计	728 573.75	1 011 778.00	1 356 189.00
资产总计	13 760 900.00	21 563 800.00	29 620 800.00
流动负债合计	6 805 830.00	12 965 100.00	20 072 400.00
非流动负债合计	2 414 180.00	3 140 060.00	2 765 170.00
负债合计	9 220 010.00	16 105 160.00	22 837 570.00
所有者权益合计	4 540 890.00	5 458 640.00	6 783 230.00
负债和所有者权益总计	13 760 900.00	21 563 800.00	29 620 800.00

表 7-12　　利　润　表　　单位:万元

项目	2011 年 12 月 31 日	2012 年 12 月 31 日	2013 年 12 月 31 日
一、营业收入	4 888 100.00	5 071 380.00	7 178 280.00
减:营业成本	3 451 470.00	3 007 350.00	4 322 820.00
营业税金及附加	360 258.00	562 411.00	777 879.00
销售费用	151 372.00	207 909.00	255 678.00
管理费用	144 199.00	184 637.00	257 821.00
财务费用	57 368.00	50 422.80	50 981.30
加: 投资收益	145 075.00	130 839.80	63 219
二、营业利润	868 508.00	1 189 490.00	1 576 319.70
加:营业外收入	7 067.88	7 172.72	7 618.67
减:营业外支出	13 832.88	2 582.72	3 348.67
三、利润总额	861 743.00	1 194 080.00	158 589.70
减:所得税费用	218 742.00	310 114.00	420 628.00
四、净利润	643 001.00	883 966.00	1 159 961.70
五、每股收益			
(一) 基本每股收益	0.04	0.06	0.08
(二) 稀释每股收益	0.04	0.06	0.08

【实训要点】

1. 分析科力集团 2011 年、2012 年、2013 年的营运能力。
2. 结合 2013 年发生的事项,分析其对公司营运能力的影响。

实训2 SN公司与GM公司营运能力分析

【实训资料】

SN公司是我国3C(消费类电子产品、计算机、通信)家电连锁零售企业的领先者,是国家商务部重点培育的“全国15家大型商业企业集团”之一,名列中国上规模民企前三,中国企业500强第54位。凭借优良的业绩,SN公司得到了投资市场的高度认可,是全球家电连锁零售业市场价值最高的企业之一。目前,SN公司经营的产品包括空调、冰洗、彩电、音像、小家电、通信、计算机、数码八个品类(包括自主产品),上千个品牌,20多万个规格型号。

SN公司以空调专卖起家,直至目前,空调产品仍然在SN公司的商品结构中占有相当大的比重。空调是传统家电产品中毛利最高的品类,因此,对于以空调起家的SN公司来说,在空调销售方面的品牌、供应链资源积累是一个差异化的竞争优势。同时SN公司主动与厂商共同研发个性产品,使自己的产品有别于其他电器销售商,以此来创造价格溢价,创造新的优势。

SN公司在通路扩张时,按照城市人口、面积、人均GDP、电器市场容量、竞争状况五个标准,把全国市场划分为A、B、C、D、E五类,不同市场采取不同的进入方式和分销渠道(见表7-13)。

表7-13 市场分类表

	市场分类	包括城市	市场特征	进入方式	经营门类
分类和市场进入策略	A	北京、上海、广州	家电消费能力强,但拥有量也高;消费者购买心理成熟,强调品牌、功能、服务、价格以及产品个性;家电的消费购买逐步转向更新换代;经销商实力较强,竞争经验丰富,有着较强的品牌意识	直营连锁	综合家电
	B	11个重要省会城市及直辖市	需求增长快,消费档次多;厂商可以在一定的程度上引导消费需求;经销商竞争的能力较强,有一定的品牌意识,在多年的发展中积累了一定的经验和资本,但还难以打破地域的限制	直营连锁或控股合资合作	综合家电
	C	21个经济发达省的中心地级市及不发达省份的省会城市	虽然电器容量比不上B类市场,但发展的速度快;厂商重视与否可以明显地影响该类市场的占有情况;经销个体实力不强,相互竞争激烈	不控股合资合作	综合家电或品牌专营
	D	70余个地级市	数量众多,地区间发展不平衡;电器需求一般处于上升阶段;城市内的商家个体实力较弱,缺乏与厂家直接谈判的能力和引导市场消费的能力,在经营方式的选择上跟风心理较强	特许加盟,不控股合资合作	综合家电或品牌专营
	E	全国有进入价值的千余个县	城市规模小,人口少,经济不发达;电器需求有限;经销商规模小,资金能力弱,完全不具备引导消费的能力,大多只能靠产品自身的品牌拉力	特许加盟,不控股合资合作	综合家电或品牌专营

总的来说,SN公司在发展的不同阶段,根据当时的实际情况和企业的自身条件,采取了相应

的分销渠道管理策略，兼顾了品牌扩张和品牌形象，从量和质两方面综合提高了品牌价值和影响力，把分销渠道管理提炼成企业的核心竞争力。特别是在新时期，SN 公司紧跟时代发展的潮流，建立起新的网购渠道，进一步扩大了 SN 公司的市场影响力。

同样作为中国大型家电零售连锁企业，GM 公司坚持“薄利多销，服务当先”的经营理念，依靠准确的市场定位和不断创新的经营策略，引领家电消费潮流，为消费者提供个性化、多样化的服务，GM 公司品牌得到中国广大消费者的青睐。本着“商者无域、相融共生”的企业发展理念，GM 公司与全球知名家电制造企业保持紧密、友好、互助的战略合作伙伴关系，成为众多知名家电厂家在中国最大的经销商。

SN 公司与 GM 公司相关财务数据如表 7-14、表 7-15 所示。

表 7-14　SN 公司营运资金管理绩效指标　　单位：天

年度	应收账款周转期	存货周转期	应付账款周转期	营运资金周转期
2010 年	2.2	45.0	30.0	17.2
2011 年	0.9	42.3	25.7	17.5
2012 年	0.8	41.8	29.6	13.1
2013 年	1.5	42.6	32.7	11.4

表 7-15　GM 公司资产营运能力指标　　单位：%

相关指标	2013 年	2012 年	2011 年
流动比率	1.202	1.125	1.220
速动比率	0.788	0.809	0.859
净营运资金比率	0.109	0.072	0.121
总资产回报率	5.418	3.941	3.812
总资产周转率	1.406	1.193	1.669
应收账款周转率	247.014	787.239	1 017.681
债务/股东权益	0.679	2.966	1.986

【实训要点】

1. 分析 SN 公司与 GM 公司 2011 年、2012 年、2013 年的营运能力。
2. 结合财务数据比较 SN 公司与 GM 公司的营运能力。

综 合 测 试

一、单项选择题

1. 营运能力是对（　　）进行管理。
   A. 负债　　B. 资本　　C. 资产　　D. 所有者权益
2. 在分析营运能力时，（　　）属于特殊资产。

A. 应收账款　　B. 固定资产　　C. 存货　　D. 现金

3. 计算应收账款周转率时,应使用的收入指标是(　　)。

A. 主营业务收入　　B. 赊销净额　　C. 销售收入　　D. 营业利润

4. 企业的应收账款周转天数为 90 天,存货周转天数为 180 天,则营业周期为(　　)天。

A. 90　　B. 180　　C. 270　　D. 360

5. 某公司某年年末流动负债为 80 万元,速动比率为 1,流动比率为 1.8,年度营业成本为 640 万元,年末存货周转率为(　　)次。

A. 6　　B. 8　　C. 9　　D. 10

6. 存货周转率的计算公式为(　　)比存货。

A. 营业收入　　B. 营业成本　　C. 净利润　　D. 利润总额

7. 某企业本年销售收入为 20 000 元,应收账款周转率为 4 次,期初应收账款余额为 3 500 元,则期末应收账款余额为(　　)元。

A. 5 000　　B. 6 000　　C. 6 500　　D. 5 500

8. 以下选项中,变现能力最弱、风险最大的是(　　)。

A. 现金　　B. 存货　　C. 应收账款　　D. 营业收入

9. 某公司 2011 年营业务收入为 60 111 万元,年初资产总额为 6 810 万元,年末资产总额为 8 600 万元,该公司总资产周转率及周转天数分别为(　　)。

A. 8.83 次,40.77 天　　B. 6.99 次,51.5 天

C. 8.83 次,51.5 天　　D. 7.8 次,46.15 天

10. 下列各项中,属于企业营运资产的是(　　)。

A. 无形资产　　B. 固定资产　　C. 总资产　　D. 闲置资产

11. 计算营业周期时,存货要用(　　)比存货计算其周转天数。

A. 营业成本　　B. 营业收入　　C. 净利润　　D. 税前利润

12. 计算周转天数通常为一年,一般是(　　)天。

A. 365　　B. 360　　C. 366　　D. 30

13. 反映企业营运能力的是(　　)。

A. 速动比率　　B. 净资产收益率　　C. 固定资产周转率　　D. 利息保障倍数

14. 某公司 2011 年和 2012 年的流动资产平均占用额分别为 2 700 万元和 3 500 万元,流动资产周转率分别为 10 次和 11 次,则 2012 年的营业收入比 2011 年增加了(　　)元。

A. 10 500　　B. 11 500　　C. 3 700　　D. 300

15. 下列各项中,不属于反映企业营运能力的指标是(　　)。

A. 总资产周转率　　B. 流动资产周转率

C. 存货周转天数　　D. 销售净利率

16. 以下不属于综合财务分析的方法是(　　)。

A. 杜邦分析法　　B. 趋势分析法　　C. 沃尔评分法　　D. 综合绩效评价

17. 杜邦分析法的缺点是(　　)。

A. 缺少最重要的盈利能力

B. 未能说明各个财务比率所占比重的合理性

C. 财务指标来源的编制基础为权责发生制，易造假
D. 选择的财务指标不具有综合性

18. 批发业商业企业重点分析(　　)。
A. 存货　B. 应收账款　C. 预收账款　D. 应付账款

19. 营运能力中资产周转率的计算公式为(　　)。
A. 营业成本/资产　B. 营业收入/资产
C. 资产/营业成本　D. 资产/营业收入

20. 营业周期反映了(　　)。
A. 偿债能力　B. 盈利能力　C. 营运能力　D. 发展能力

二、多项选择题

1. 反映企业营运能力的指标有(　　)。
A. 营运周期　B. 流动资产周转率
C. 存货周转率　D. 应收账款周转率

2. 存货周转率可以以(　　)作为基础进行计算。
A. 主营业务收入　B. 主营业务成本
C. 其他业务收入　D. 其他业务成本

3. 反映流动资产周转速度的指标有(　　)。
A. 固定资产周转率　B. 应收账款周转率
C. 存货周转率　D. 应收账款周转天数

4. 营业周期包括(　　)。
A. 应收账款周转天数　B. 存货周转天数
C. 应收账款周转率　D. 存货周转率

5. 计算营业周期时，存货周转天数的计算是以(　　)为基础。
A. 主营业务收入　B. 其他业务收入　C. 主营业务成本　D. 其他业务成本

6. 以下属于企业信用的是(　　)。
A. 国家信用　B. 商业信用　C. 个人信用　D. 金融信用

7. 以下属于存货周转率的计算公式的是(　　)。
A. 营业收入/存货　B. 存货/营业收入
C. 营业成本/存货　D. 存货/营业成本

8. 沃尔评分法的缺点是(　　)。
A. 缺少最重要的盈利能力
B. 未能说明各个财务比率所占比重的合理性
C. 财务指标的来源的编制基础为权责发生制，易造假
D. 选择的财务指标缺少营运能力指标

9. 以下不是零售业商业企业分析的重点的是(　　)。
A. 存货　B. 应收账款　C. 预收账款　D. 应付账款

10. 以下属于资本密集型的行业的是(　　)。

A. 机场　　B. 高速公路　　C. 钢铁行业　　D. 港口

三、判断题

1. 营运能力是指对资产的效率和事件的管理。(　　)
2. 应收账款属于特殊资产。(　　)
3. 计算周转天数时,其天数按 365 天计算。(　　)
4. 企业信用包括商业信用和金融信用。(　　)
5. 计算营业周期时,用存货的定义式计算。(　　)
6. 港口、码头不属于资本密集型行业。(　　)
7. 银行的资金业务是银行发放的贷款业务。(　　)
8. 融资租赁不属于企业的资产,不计提折旧。(　　)
9. 现金流量表的编制基础为应计制。(　　)
10. 当一产业达到一定规模时就形成了行业。(　　)

四、计算分析题

1. 某企业相关财务数据如表 7-16 所示。

表 7-16　某企业相关财务数据　　单位:万元

项目	上年	本年
营业收入		31 420
营业成本		21 994
流动资产合计	13 250	13 846
其中:存货	6 312	6 148
应收账款	3 548	3 216

要求:

(1) 计算流动资产周转速度。

(2) 计算存货周转速度。

(3) 计算应收账款周转速度。

2. 某企业相关财务数据如表 7-17、表 7-18、表 7-19、表 7-20 所示。

表 7-17　某企业资产负债表相关数据　　单位:万元

资产	期末	期初
流动资产:		
货币资金	165 141	81 219
应收票据	9 797	350
应收账款	132 462	67 899
其他应收款	65 442	36 515
预付账款	16 790	16 160
存货	376 290	312 085
流动资产合计	765 922	514 228

续表

资产	期末	期初
长期投资：		
长期股权投资	74 077	36 258
固定资产：		
固定资产原值	116 228	74 089
减：累计折旧	17 661	9 331
固定资产净值	98 567	64 758
减：固定资产减值准备	3 606	3 106
固定资产净额	94 961	61 652
在建工程	11 223	1 283
固定资产清理	105	448
固定资产合计	106 289	63 383
无形资产及其他资产：		
无形资产	5 955	5 934
长期待摊费用	1 526	949
无形资产及其他资产合计	7 481	6 883
资产总计	953 769	620 752

表 7-18　　某企业资产负债表相关数据　　单位：万元

负债和股东权益	期末	期初
流动负债：		
短期借款	300	61 061
应付票据	52 537	43 295
应付账款	173 104	135 597
预收账款	116 352	51 773
应付职工薪酬	20 584	9 379
应付股利	8 492	91
应交税金	16 686	-7 368
其他应付款	18 809	19 172
流动负债合计	406 864	313 000
非流动负债：		
长期借款	113 000	87 600
长期应付款	24 090	18 632
非流动负债合计	137 090	106 232
负债合计	543 954	419 232
股东权益：		
股本	55 608	41 340
资本公积	219 231	64 777
盈余公积	23 851	14 232
未分配利润	111 125	81 171
股东权益合计	409 815	201 520
负债和股东权益合计	953 769	620 752

表7-19 某企业利润表相关数据 单位:万元

项目	期末	期初
一、营业收入	931 225	451 595
减:营业成本	612 191	289 130
营业税金及附加	659	286
销售费用	97 282	56 832
管理费用	164 525	70 102
财务费用	20 573	11 113
加:投资收益	31 796	23 635
二、营业利润	67 791	47 767
加:营业外收入	2 767	1 679
减:营业外支出	1 614	1 179
三、利润总额	68 944	48 267
减:所得税	4 811	3 008
四、净利润	64 133	45 259

表7-20 某企业相关财务数据 单位:万元

项目	期末	期初
生产用固定资产	72 061	48 158
生产设备	32 427	19 263
材料存货	131 702	102 988
在产品存货	180 619	140 438
产成品存货	63 969	68 659
工业总产值	921 726	456 020
商品产值	912 600	460 627
当期材料费用	393 865	193 048
总产值生产费	605 946	288 132
产品生产成本	599 947	294 913

注:为分析方便起见,均以当期余额代替平均余额。

要求:根据以上资料,对该公司的营运能力进行分析并做出评价。

08 模块 8

发展能力分析实训

【知识目标】

通过本模块的学习，能够掌握发展能力的含义及发展能力与企业偿债能力、盈利能力、营运能力的关系，理解发展能力的意义。

【能力目标】

通过本模块的学习，能够掌握企业发展能力各项指标的计算方法，以及提高对各项指标进行分析的能力。

【素质目标】

通过本模块的学习，能够培养学生收集和获取信息的能力，培养学生对财务报表数据的判断和分析能力，以及综合应用数据分析问题、解决问题的能力。

8.1 案例演练

案例1 蒙利集团发展能力分析

【案例资料】

蒙利集团是国内乳业领军者。蒙利集团由液态奶、冷饮、奶粉、酸奶和原奶五大事业部组成，国内分公司及子公司130多个，旗下拥有雪糕、冰淇淋、奶粉、奶茶粉、无菌奶、酸奶、奶酪等1 000多个产品品种。

蒙利集团经过近十几年发展已成为我国乳品行业市场占有率最高的企业，其资产规模、产品产量、销售收入等均列首位。

蒙利集团 2013 年财务报表如表 8-1、表 8-2、表 8-3 所示。

表 8-1　　**蒙利集团资产负债表简表**　　单位:元

资产	2013 年 12 月 31 日	负债和所有者权益（或股东权益）	2013 年 12 月 31 日
流动资产:		流动负债:	
货币资金	3 341 742 647.00	短期借款	2 697 833 904.00
交易性金融资产	—	交易性金融负债	—
应收票据	22 500 000.00	应付票据	175 400 000.00
应收账款	257 222 847.00	应付账款	3 704 272 507.00
预付款项	1 239 509 229.00	预收款项	1 923 396 559.00
其他应收款	112 983 447.30	应付职工薪酬	871 916 067.00
存货	2 583 654 422.00	其他应付款	825 680 947.00
一年内到期的非流动资产	—	其他流动负债	—
其他流动资产	—	流动负债合计	10 198 499 984.00
流动资产合计	7 557 612 592.30	非流动负债:	
非流动资产:		长期借款	59 729 000.00
可供出售金融资产	17 735 872.00	专项应付款	69 971 733.00
长期股权投资	605 602 432.00	递延所得税负债	2 520 580.00
固定资产	5 590 570 496.00	其他非流动负债	519 567 518.40
在建工程	666 373 112.00	非流动负债合计	651 788 831.40
工程物资	54 211 544.00	负债合计	10 850 288 815.40
		所有者权益(或股东权益):	
		实收资本(或股本)	799 22 750.00
生产性生物资产	136 219 033.00	资本公积	3 373 026 150.20
油气资产	—	盈余公积	406 917 510.00
无形资产	733 999 005.30	减:库存股	—
开发支出	—	未分配利润	652 168 861.00
商誉	—	所有者权益(或股东权益)合计	4 512 035 271.20
非流动资产合计	7 804 711 494.30	负债和所有者权益(或股东权益)合计	15 362 324 086.60
资产总计	15 362 324 086.60		

表 8-2　　**蒙利集团利润表**　　单位:元

项目	期末数	期初数
一、营业收入	29 665 000 000.00	24 323 500 000.00
减:营业成本	20 686 300 000.00	15 778 100 000.00
营业税金及附加	87 784 900.00	108 833 000.00
销售费用	6 807 070 000.00	6 496 090 000.00
管理费用	1 520 810 000.00	1 190 960 000.00
财务费用	-20 707 600.00	22 402 700.00
资产减值损失	-10 157 300.00	76 914 300.00
加:公允价值变动收益	0	0
投资收益	11 767 500.00	15 125 100.00

续表

项目	期末数	期初数
二、营业利润	605 667 500.00	665 325 100.00
加:营业外收入	302 361 000.00	209 233 000.00
减:营业外支出	54 404 500.00	62 681 100.00
三、利润总额	853 624 000.00	811 877 000.00
减:所得税费用	57 860 800.00	146 609 000.00
四、净利润	795 763 200.00	665 268 000.00
五、每股收益		
基本每股收益	1.00	1.00
稀释每股收益	1.00	1.00

表 8-3　蒙利集团现金流量表简表　单位:元

项　　目	期初数	期末数
一、经营活动产生的现金流量		
经营活动现金流入小计	29 239 922 442.00	35 651 814 101.00
经营活动现金流出小计	27 211 095 932.00	34 177 240 244.00
经营活动产生的现金流量净额	2 028 826 510.00	1 474 573 857.00
二、投资活动产生的现金流量		
投资活动现金流入小计	26 115 828.00	34 221 331.00
投资活动现金流出小计	741 537 580.00	2 215 364 466.00
投资活动产生的现金流量净额	-715 421 752.00	-2 181 143 135.00
三、筹资活动产生的现金流量		
筹资活动现金流入小计	2 634 033 828.00	2 654 633 905.00
筹资活动现金流出小计	2 732 173 051.00	2 741 422 717.00
筹资活动产生的现金流量净额	-98 139 223.00	-86 788 812.00

【任务要点】

1. 根据蒙利集团的相关财务数据,对该公司的盈利能力、偿债能力、营运能力三大能力进行分析。

2. 结合三大能力对蒙利集团的发展能力进行分析和评价。

【任务分析】

任务 1　蒙利集团三大能力的分析

1. 盈利能力的分析

盈利能力是指企业赚取利润的能力。对于蒙利集团,我们主要从营业利润率和资产报酬率两方面来分析乳业丑闻在 2011—2013 年对蒙利的财务影响。

公司 2011—2013 年的相关盈利能力指标如表 8-4 所示。

表 8-4 蒙利集团盈利能力指标

项目 \ 时间	2011 年	2012 年	2013 年
营业收入(元)(1)	21 658 590 273.00	24 323 500 000.00	29 665 000 000.00
营业成本(元)(2)	15 849 142 905.62	15 778 100 000.00	20 686 300 000.00
毛利(3)=(1)-(2)	5 809 447 367.38	8 545 400 000.00	8 978 700 000.00
毛利率(%)(4)=(3)/(1)	26.82	35.13	30.27
净利润(元)(5)	-1 736 710 918.87	665 268 000.00	795 763 200.00
销售净利率(%)(6)=(5)/(1)	-8.02	2.74	2.68
营业利润(元)(7)	-2 050 011 862.52	665 325 100.00	605 667 500.00

营业利润率是指营业利润和营业收入的比率,表示每一元的营业收入能够带来多少营业利润。营业利润的多少反映企业基本获利能力的高低,若企业没有足够大的营业利润则一般不能获得更多的盈利。

蒙利集团 2011—2013 年营业利润率如表 8-5 所示。

表 8-5 蒙利集团营业利润率 单位:%

时间	第 1 季度	中期	前 3 季度	年度
2011 年	1.34	1.32	-0.63	-9.47
2012 年	2.64	2.62	2.95	2.74
2013 年	1.60	2.46	2.52	2.04

通过表 8-5 可以看出,企业在 2011 年、2012 年、2013 年的营业利润率分别是-9.47%、2.74%、2.04%。乳业丑闻事件发生在 2011 年 9 月份,在之后的一段时间中,给企业在全年的销售收入造成了很大的影响,净利润呈现负值,但是随着国家对事件的调查与公民对乳制业的信任度的逐渐恢复,蒙利集团的营业收入呈现大幅度的增长并继续保持以往的营业利润率。

总资产报酬率(净利润/总资产平均额)反映企业综合利用资产获取利润的能力,也是衡量企业利用债权人和所有者权益总额所取得的盈利,该指标越大,表明盈利能力越强,财务管理水平越高。

蒙利集团 2011—2013 年总资产收益率如表 8-6 所示。

表 8-6 蒙利集团总资产收益率 单位:%

时间	第 1 季度	中期	前 3 季度	年度
2011 年	0.54	1.01	-0.93	-14.74
2012 年	0.96	2.05	3.83	5.06
2013 年	0.9	2.36	3.68	5.18

2011—2013 年总资产收益率分别是-14.74%、5.06%、5.18%。在 2011 年的乳业事件发生后,蒙利集团利润受到很大的冲击,同时大量的存货难以出售,导致资产增加,加上进口奶粉冲击国内市场,使这一指标在 2011 年度呈现负值,企业债权人和所有者的利益均受到不同程度的打击。

2. 偿债能力的分析

偿债能力是指企业偿还到期债务的能力。以下主要通过对流动比率和资产负债率的分析来分析蒙利集团2011—2013年的偿债能力。

该公司2011—2013年的偿债能力的指标如表8-7所示。

表8-7　　蒙利集团偿债能力指标

项目＼时间	2011年	2012年	2013年
流动资产(元)(1)	5 417 862 813.94	6 831 285 249.00	7 557 612 592.30
流动负债(元)(2)	8 201 028 312.32	9 037 426 349.87	10 198 499 984.00
流动比率(3)=(1)/(2)	0.66	0.76	0.74
总负债(元)(4)	8 552 918 910.16	9 442 204 785.19	10 850 288 815.40
总资产(元)(5)	11 780 488 935.08	13 152 143 646.51	15 362 324 086.60
资产负债率(%)(6)=(4)/(5)	72.60	71.79	70.63
现金(元)(7)	2 774 432 558.38	4 113 466 057.89	3 341 742 647.00
现金比率(%)(8)=(7)/(2)	33.83	45.52	32.77

流动比率(流动资产/流动负债)表明企业每一元流动负债有多少流动资产作为偿还保证。

蒙利集团2011—2013年的流动比率如表8-8所示。

表8-8　　蒙利集团流动比率　　单位:%

时间	第1季度	中期	前3季度	年度
2011年	93	94	87	66
2012年	69	73	79	76
2013年	78	80	79	74

该公司2011—2013年的流动比率分别为66%、76%、74%。一般认为企业合理的最低流动比率是200%,该公司2011—2013年的流动比率都远远低于200%,并且三年指标非常近似,说明从2011年到2013年乳业事件发生后,以及“后金融危机”的打击,消费者对乳制品的需求有所下降,企业的存货周转率下降,存货积压较严重,流动资产增加,企业的偿债能力较差。

资产负债率(负债总额/资产总额)越小说明企业长期偿债能力越强。

蒙利公司2011—2013年的资产负债率如表8-9所示。

表8-9　　蒙利集团资产负债率　　单位:%

时间	第1季度	中期	前3季度	年度
2011年	53.21	57.31	59.30	72.60
2012年	71.57	73.39	74.00	71.79
2013年	72.41	72.2	71.46	70.63

公司2011—2013年的资产负债率分别是72.60%、71.79%、70.63%。一般而言,乳制品行业的资产负债率不应太高,但是从这三年的指标来看,公司的资产负债率都高达70%以上,主要是由于乳业事件对乳制品的冲击,破坏了良性的产业链,从奶源上出现大量地倒奶,杀牛现象严重,成本价格上涨,企业大量使用票据采购,同时又有大量的应付账款未结算,导致这三年的资产负债率高居不下,企业的长期偿债能力下降。

3. 营运能力的分析

资产营运能力反映企业使用其经济资源的效率及有效性。企业基于外部市场环境的约束,通过内部人力资源和生产资料的配置组合，来提高资产的管理水平。营运能力主要指标包括存货周转率和总资产周转率。

存货周转率(营业成本/平均存货余额)，对企业的偿债能力和获利能力均有影响。一般而言，存货周转率越高越好。

蒙利集团 2011—2013 年的存货周转率如表 8-10 所示。

表 8-10　　蒙利集团存货周转率　　单位:次

时间	第 1 季度	中期	前 3 季度	年度
2011 年	10.10	2.19	3.67	2.31
2012 年	0.94	2.10	2.96	3.97
2013 年	0.98	1.98	3.17	8.01

由于 2011 年成本要素价格大幅度上涨，乳业事件让消费者对乳业企业失去信心，加之进口乳制品的冲击，使得企业存货量激增，无法实现正常的销售额。随后的 2012 年、2013 年，市场情况好转，加上企业自身在产品的创新方面大量投入，消费者逐渐对乳制品信任度增加，使得存货周转率在 2013 年大幅度地提高。

总资产周转率(营业收入/平均资产总额)越高越好，越高则说明企业对资产的使用效率越高。

蒙利集团 2011—2013 年的总资产周转率如表 8-11 所示。

表 8-11　　蒙利集团总资产周转率　　单位:次

时间	第 1 季度	中期	前 3 季度	年度
2011 年	0.46	1.06	1.74	1.84
2012 年	0.43	1.01	1.51	1.85
2013 年	0.52	1.06	1.67	1.93

公司 2011—2013 年的总资产周转率分别为 1.84 次、1.85 次、1.93 次，可以看出这一指标三年来变动不大。虽然 2011 年的乳业事件对营业收入产生了很大的影响，但是企业及时对事件做出反应，进行整改。同时政府对乳制业也给予了较大的支持，使得企业能够在逆境的情况下保持该指标的稳定。

任务 2　蒙利集团发展能力分析

企业的发展能力是企业三大能力即盈利能力、偿债能力、营运能力的综合体现，也是企业扩大规模、壮大实力的潜在能力。以下主要通过销售增长率和总资产增长率两个指标来分析。

蒙利集团 2011—2013 年各项发展能力指标如表 8-12 所示。

表 8-12　　蒙利集团发展能力指标

指标	2011 年	2012 年	2013 年
营业收入(元)(1)	21 658 590 273.00	24 323 500 000.00	29 665 000 000.00
营业收入增长额(元)(2)	2 298 900 000.00	2 664 909 727.00	5 341 500 000.00
营业收入增长率(%)(3)=(2)/(1)	10.61	12.30	21.96
净利润(元)(4)	-1 736 710 918.87	665 268 000.00	795 763 200.00

续表

指标	2011 年	2012 年	2013 年
净利润增长额(元)(5)	-1 637 753 400.00	2 401 978 918.87	130 495 200.00
净利润增长率(%)(6)=(5)/(4)	94.30	138.31	19.62
总资产额(元)(7)	11 780 488 935.08	13 152 143 646.51	15 362 324 086.60
总资产增长额(元)(8)	1 606 588 424.20	1 371 654 711.43	2 210 180 440.09
总资产增长率(%)	13.64	11.64	16.80

销售增长率(本年销售增长额/上年营业收入总额)是衡量企业经营状况和市场占有能力,预测企业经营业务拓展趋势的重要标志,进而做出趋势性分析的判断。

蒙利集团 2011—2013 年销售增长率如表 8-13 所示。

表 8-13　　蒙利集团销售增长率　　单位:%

时间	第 1 季度	中期	前 3 季度	年度
2011 年	21.56	23.06	29.67	10.61
2012 年	7.9	6.51	0.97	12.30
2013 年	36.94	20.31	21.92	21.96

公司 2011—2013 年的销售增长率分别为 10.61%、12.30%、21.96%。三年的销售增长率总的趋势是上升的,这是因为 2011 年的乳业事件给企业的销售收入造成巨大不利影响,但在随后的两年,企业克服各种困难,销售收入逐渐增加,预计未来也将持续增长。

总资产增长率(本年总资产增长额/上年资产总额)指标是从资产总量扩张方面来衡量企业的发展能力,表明企业规模的增长水平对企业发展潜力的影响。

蒙利集团 2011—2013 年总资产增长率如表 8-14 所示。

表 8-14　　蒙利集团总资产增长率　　单位:%

时间	第 1 季度	中期	前 3 季度	年度
2011 年	23.02	33.56	34.35	13.64
2012 年	14.6	6.88	16.5	11.64
2013 年	17.88	17.6	8.99	16.80

公司 2011—2013 年的总资产增长率分别为 13.64%、11.64%、16.80%。总资产增长率在 2012 年有所下降是因为企业在面对重大事件时,及时做出调整,不断创新,提高乳制品的质量,尽量降低采购成本和生产成本。在 2011 年和 2013 年这一指标都较高,在 2011 年,是因为存货增加,销售收入受到冲击,资产增加;在 2013 年,企业大量生产产品,有大量的应收账款存在,所以资产总量也在增加。

通过以上财务指标分析可知,蒙利集团在面对 2011 年发生的乳业事件时,能够从企业自身出发,减轻这一事件对企业造成的重大影响。对比 2012 年、2013 年,这两年中企业的财务指标有了明显的改善,主要是通过技术创新,改善质量,优化奶源,监管生产,扩大宣传,抓住机遇,面对挑战等管理方法,来提高企业的收入,降低生产成本,保证产品质量,从而获得更高的利润。

案例 2　中国电力行业发展能力分析

【案例资料】

1. 中能电力公司

中能电力公司(简称中能电力)是于 1985 年成立的中外合资企业,总股本 60 亿股,2001 年在国内发行 3.5 亿股 A 股,其中流通股 2.5 亿股。

在过去的几年中,中能电力通过项目开发和资产收购不断扩大经营规模,盈利保持稳步增长。公司拥有的总发电装机容量从 2 900 兆瓦增加到目前的 15 936 兆瓦。中能电力现全资拥有 14 座电厂,控股 5 座电厂,参股 3 家电力公司,其发电厂设备先进,高效稳定,且广泛地分布于经济发达及用电需求增长强劲的地区。目前,中能电力已成为中国最大的独立发电公司之一。在发展战略上,中能电力加快了并购扩张的步伐。中国经济的快速增长造成了电力等能源的严重短缺。随着中国政府对此越来越多的关注和重视,以及中能电力逐渐走上快速发展和不断扩张的道路,在不久的将来,中能电力必将在中国电力能源行业中脱颖而出。

中能电力相关财务数据如表 8-15、表 8-16、表 8-17 所示。

表 8-15　2011—2013 年资产负债部分数据　单位:万元

项目	2013 年 12 月 31 日	2012 年 12 月 31 日	2011 年 12 月 31 日
应收账款	235 683.00	188 908.00	125 494.00
存货	80 816.00	94 072.00	73 946.00
流动资产合计	830 287.00	770 282.00	1 078 438.00
固定资产合计	3 840 088.00	4 021 516.00	3 342 351.00
资产总计	5 327 696.00	4 809 875.00	4 722 970.00
应付账款	65 310.00	47 160.00	36 504.00
流动负债合计	824 657.00	875 944.00	1 004 212.00
非流动负债合计	915 360.00	918 480.00	957 576.00
负债总计	1 740 017.00	1 794 424.00	1 961 788.00
股本	602 767.00	600 027.00	600 000.00
未分配利润	1 398 153.00	948 870.00	816 085.00
股东权益总计	3 587 679.00	3 015 451.00	2 761 182.00

表 8-16　2011—2013 年利润分配简表　单位:万元

项目	2013 年 12 月 31 日	2012 年 12 月 31 日	2011 年 12 月 31 日
1. 营业收入	2 347 964.00	1 872 534.00	1 581 665.00
2. 营业成本	1 569 019.00	1 252 862.00	1 033 392.00
3. 管理费用	44 154.00	32 718.00	17 583.00
4. 财务费用	55 963.00	56 271.00	84 277.00
5. 营业利润	681 885.00	532 365.00	446 361.00
6. 利润总额	677 408.00	521 207.00	442 251.00
7. 净利润	545 714.00	408 235.00	363 606.00
8. 未分配利润	1 398 153.00	948 870.00	816 085.00

表 8-17　　2011—2013 年现金流量简表　　单位:万元

项目	2013 年 12 月 31 日	2012 年 12 月 31 日	2011 年 12 月 31 日
1. 经营活动现金流入	2 727 752	2 165 385	1 874 132
2. 经营活动现金流出	1 712 054	1 384 899	1 162 717
3. 经营活动现金流量净额	1 015 698	780 486	711 415
4. 投资活动现金流入	149 463	572 870	313 316
5. 投资活动现金流出	670 038	462 981	808 990
6. 投资活动现金流量净额	-520 575	109 889	-495 674
7. 筹资活动现金流入	221 286	17 337	551 415
8. 筹资活动现金流出	603 866	824 765	748 680
9. 筹资活动现金流量净额	-382 580	-807 428	-197 265

2. 华电电力股份有限公司

华电电力股份有限公司(简称华电电力)于 1997 年 3 月 18 日在上海证券交易所挂牌上市,2013 年股本总额达 14.02 亿元,流通股 3.52 亿股。

华电电力拥有全资及控股发电企业 10 家,参股发电企业 1 家,资产结构优良合理。公司坚持"并购与基建并举"的发展战略,实现了公司两大跨越。目前公司投资装机容量 1 410 万千瓦。同时,公司控股和参股了包括通信、网络、电子商务等高科技公司 12 家,持有专利 24 项,专有技术 68 项,被列入国家及部委重点攻关科技项目有 3 项,有多项技术达到了国际领先水平。

华电电力相关财务数据如表 8-18、表 8-19、表 8-20 所示。

表 8-18　　2011—2013 年资产负债简表　　单位:万元

项目	2013 年 12 月 31 日	2012 年 12 月 31 日	2011 年 12 月 31 日
1. 应收账款	87 905.00	62 604.00	43 309.00
2. 存货	29 624.00	17 109.00	13 094.00
3. 流动资产合计	231 387.00	158 545.00	161 601.00
4. 固定资产合计	1 255 542.00	1 025 822.00	692 592.00
5. 资产总计	2 274 879.00	1 769 220.00	888 258.00
6. 应付账款	109 736.00	38 176.00	12 735.00
7. 流动负债合计	526 402.00	301 648.00	116 006.00
8. 非流动负债合计	973 251.00	599 746.00	248 999.00
9. 负债总计	1 499 653.00	901 394.00	365 005.00
10. 股本	140 229.00	140 229.00	140 229.00
11. 未分配利润	137 492.00	92 289.00	7 614.00
12. 股东权益总计	775 226.00	867 826.00	523 253.00

表 8-19　　2011—2013 年利润表简表　　单位:万元

项目	2013 年 12 月 31 日	2012 年 12 月 31 日	2011 年 12 月 31 日
1. 营业收入	484 598	356 273	293 400
2. 营业成本	342 232	254 483	199 228
3. 管理费用	13 968	9 287	365
4. 财务费用	35 362	25 362	7 379

续表

项目	2013年12月31日	2012年12月31日	2011年12月31日
5. 营业利润	93 036	67 141	86 428
6. 利润总额	104 374	75 805	75 637
7. 净利润	67 497	54 088	55 234

表8-20　**2011—2013年现金流量简表**　单位:万元

项目	2013年12月31日	2012年12月31日	2011年12月31日
1. 经营活动现金流入	544 239.00	443 091.00	351 572.00
2. 经营活动现金流出	401 836.00	322 371.00	247 211.00
3. 经营活动现金流量净额	142 403.00	120 720.00	104 361.00
4. 投资活动现金流入	16 208.00	2 589.00	276.00
5. 投资活动现金流出	375 949.00	447 515.00	22 707.00
6. 投资活动现金流量净额	359 741.00	-444 926.00	-22 431.00
7. 筹资活动现金流入	-986 597.00	471 284.00	3 419.00
8. 筹资活动现金流出	728 578.00	183 492.00	29 346.00
9. 筹资活动现金流量净额	258 019.00	287 792.00	-25 927.00

正因为以上这两家企业规模较大,公司治理结构、经营管理规范,财务制度比较完善,而两者在规模等方面又有着较大不同,具备比较分析的条件,所以特选取这两家企业作为分析对象。

【任务要点】

1. 根据给出的相关财务数据,对中能电力、华电电力的各项财务比率进行分析。
2. 对中能电力、华电电力的发展能力进行分析并进行比较。

【任务分析】

任务1　中能电力、华电电力各项财务比率分析

(1)中能电力的各项财务比率如表8-21所示。

表8-21　**中能电力各项财务比率**

指标	2013年12月31日	2012年12月31日	2011年12月31日
流动性比率:			
流动比率(%)	101	88	107
速动比率(%)	91	77	100
长期偿债能力:			
资产负债率(%)	32.66	37.31	41.54
债务对权益比率(%)	48.50	59.51	71.05
利息保障倍数	13.10	10.26	6.25
营运能力:			
应收账款周转率(次)	9.96	9.91	12.6
存货周转率(次)	19.41	13.32	13.97
总资产周转率(次)	0.44	0.39	0.33

续表

指标	2013 年 12 月 31 日	2012 年 12 月 31 日	2011 年 12 月 31 日
获利能力:			
资产收益率(%)	10.24	8.49	7.70
权益回报率(%)	15.21	13.54	13.17
销售毛利率(%)	33.18	33.09	34.66
销售净利率(%)	23.24	21.80	22.99
净资产收益率(%)	15.21	13.54	13.17

从表 8-21 可以看出,公司 2011—2013 年流动比率先降后升,但与标准比率 200% 仍有很大差距,与行业平均水平约 135% 也有一定差距,值得警惕。值得注意的是 2013 年是中能还款的一个小高峰,到期的借款比较多,必须预先做好准备。公司速动比率与流动比率发展趋势相似、数值相近,并且 2013 年数值 0.91 接近于 1,与行业标准也相差不多,表明存货较少,这与电力行业的特征是有关系的。

公司负债比率逐年降低,主要是因为公司在成立初期举借大量贷款和外债进行电厂建设,随着电厂相继投产获利,逐渐还本付息使公司负债比率降低,同时也与企业不断地增资扩股有关。已获利息倍数指标发展趋势较好,公司有充分的能力偿还利息及本金,公司的长期偿债能力在行业中处于领先优势。

公司资产管理效率比率数值从 2011—2013 年呈上升趋势,其中,存货周转率在 2013 年度超过行业平均水平,说明公司管理存货能力较强,物料流转加快,库存不多。应收账款周转率远高于行业平均水平,说明资金回收速度较快,销售运行流畅。公司 2013 年总资产增长较快,销售收入净额增长也很快,所以资产周转率呈快速上升趋势,在行业中处于领先水平,说明该公司的资产使用效率较高,同时规模的扩张也带来了更高的规模收益,公司呈现良性发展态势。

公司获利能力指标数值基本上均高于行业平均水平,并处于领先地位,特别是资产收益率有相当大的领先优势。各项指标在 2012 年比 2011 年略有下降,这可能与煤炭等资源的大幅度涨价有关。而 2013 年出现了大幅度的增长,这说明公司 2013 年的并购等一系列举措获得了良好的效果和收益。

表 8-22 为 2013 年 6 月 30 日的原国家电力公司所属上市发电公司财务比例比较表,可以作为参考进行比较。

表 8-22　　电力行业各项能力指标

股票名称		漳泽电力	长源电力	中能电力	桂冠电力	九龙电力	龙电股份	华银电力	华电电力
日期		2013 年 6 月 30 日	2013 年 6 月 30 日	2013 年 6 月 30 日	2013 年 6 月 30 日	2013 年 6 月 30 日	2013 年 6 月 30 日	2013 年 6 月 30 日	2013 年 6 月 30 日
盈利能力	销售毛利率(%)	30.58	15.5	32.15	59.12	31.7	26.3	3.98	30.71
	主营业务利润率(%)	29.5	14.23	31.9	57.67	30.68	26.3	2.73	29.39
	总资产收益率(%)	3.12	1.26	5.23	2.74	2.95	2.69	-0.49	1.82
	每股收益(元)	0.26	0.08	0.39	0.19	0.24	0.10	-0.04	0.26
	每股净资产(元)	3.02	2.27	5.26	4.06	4.95	2.79	4.00	3.64
	每股现金净流量(元)	-0.03	0.01	-0.33	-0.02	-1.17	0.73	-0.14	0.27

续表

股票名称		漳泽电力	长源电力	中能电力	桂冠电力	九龙电力	龙电股份	华银电力	华电电力
日期		2013 年 6 月 30 日	2013 年 6 月 30 日	2013 年 6 月 30 日	2013 年 6 月 30 日	2013 年 6 月 30 日	2013 年 6 月 30 日	2013 年 6 月 30 日	2013 年 6 月 30 日
成长能力	主营业务收入增长率(%)	36.77	26.24	33.3	-4.22	4.76	1.18	10.25	40.54
	净资产增长率(%)	8.77	2.71	9.46	3.83	-0.05	3.58	-3.36	11.14
	营业利润增长率(%)	182.23	73.85	29.2	-10.98	-8.47	28.38	-176.3	17.42
	税后利润增长率(%)	170.08	97.01	29.37	-9.99	-8.89	-21.04	-163	17.50
	利润总额增长率(%)	178.08	84.03	32.82	-9.75	-5.95	-15.60	-145.5	31.88
	利息保障倍数	4.62	2.48	11.18	40.97	-515.20	8.14	0.02	4.04
	固定资产比率(%)	75.88	64.72	83.78	82.97	58.3	45.53	55.36	79.66
短期偿债能力	流动比率(%)	167	102	86	106	119	456	170	37
	速动比率(%)	150	101	71	106	113	451	139	33
管理效率	存货周转率(次)	9.62	44.32	8.30	43.07	6.28	16.35	1.24	7.95
	应收账款周转率(次)	5.4	3.61	5.76	1.33	3.31	—	1.91	3.06
	固定资产周转率(次)	0.28	0.33	0.26	0.09	—	—	0.16	0.15
	股东权益周转率(次)	0.62	0.62	0.35	0.11	0.24	0.19	0.17	0.46
	总资产周转率(次)	0.22	0.23	0.24	0.07	0.15	0.14	0.09	0.12
资本结构	股东权益比率(%)	36.83	34.89	67.37	59.05	51.29	71.13	50.18	25.58
	资产负债比率(%)	63.17	55.95	30.98	30.69	44.69	28.86	48.78	65.10

（2）华电电力各项财务比率如表 8-23 所示。

表 8-23　　华电电力各项财务比率

指标	2013 年 12 月 31 日	2012 年 12 月 31 日	2011 年 12 月 31 日
流动性比率：			
流动比率(%)	44	53	139
速动比率(%)	38	47	128
长期偿债能力：			
资产负债率(%)	65.92	50.95	41.09
债务对权益比率(%)	193.45	103.87	67.76
利息保障倍数	3.95	3.99	11.25
营运能力：			
应收账款周转率(次)	5.51	5.69	6.77
存货周转率(次)	11.55	14.87	15.22
总资产周转率(次)	0.21	0.20	0.33
获利能力：			
资产收益率(%)	2.97	3.06	6.22
权益回报率(%)	8.71	6.23	10.56
销售毛利率(%)	29.08	28.38	31.78
销售净利率(%)	13.93	15.18	18.82
净资产收益率(%)	8.71	6.23	10.56

任务2 中能电力与华电电力的发展能力分析

中能电力与华电电力各项财务指标对比如表8-24所示。

表8-24 中能电力与华电电力各项财务比率

指标		2013年12月31日	2012年12月31日	2011年12月31日
流动性比率				
流动比率(%)	华电电力	44	53	139
	中能电力	101	88	107
速动比率(%)	华电电力	38	47	128
	中能电力	91	77	100
长期偿债能力				
资产负债率(%)	华电电力	65.92	50.95	41.09
	中能电力	32.66	37.31	41.54
债务对权益比率(%)	华电电力	193.45	103.87	67.76
	中能电力	48.50	59.51	71.05
利息保障倍数	华电电力	3.95	3.99	11.25
	中能电力	13.10	10.26	6.25
营运能力				
应收账款周转率(次)	华电电力	5.51	5.69	6.77
	中能电力	9.96	9.91	12.6
存货周转率(次)	华电电力	11.55	14.87	15.22
	中能电力	19.41	13.32	13.97
总资产周转率(次)	华电电力	0.21	0.20	0.33
	中能电力	0.44	0.39	0.33
获利能力				
资产收益率(%)	华电电力	2.97	3.06	6.22
	中能电力	10.24	8.49	7.70
权益回报率(%)	华电电力	8.71	6.23	10.56
	中能电力	15.21	13.54	13.17
销售毛利率(%)	华电电力	29.08	28.38	31.78
	中能电力	33.18	33.09	34.66
销售净利率(%)	华电电力	13.93	15.18	18.82
	中能电力	23.24	21.80	22.99

通过对比可以看出,华电电力在流动性、长期偿债能力、营运能力、获利能力各项指标上均远低于中能电力。在2012—2013年,两者的差距迅速拉大,中能电力从2012年至2013年总体呈现大幅度的上升趋势,发展势头良好,而华电电力大多数指标不升反降,这虽然与经济环境以及煤炭价格上涨有关系,但也反映出公司经营管理上存在很大的问题,特别2013年开始我国用电

紧张的状况特别明显，而华电电力却没有抓住这个机会，相反中能电力抓住机会扩张并购，取得了巨大的正面效应。

综合比较，中能电力已经具备一定的规模，资产扩张潜力巨大，其蓝筹形象在未来将更加突出。相对于华电电力而言，中能电力的资产规模就称不上大了，但如果投资者看好其发展潜力，则有可能获得大规模资产注入。

8.2　案例实训

实训 1　恒州集团股份有限公司发展能力分析

【实训资料】

恒州集团股份有限公司（简称恒州集团）是一家跨行业的集团化经营的上市公司，2000 年，恒州集团在上海证券交易所挂牌上市。公司主营业务范围包括：医药、能源、基础设施、城市公用事业、酒店旅游业、物流业的投资与管理；地产开发与经营、投资；自有资产经营与管理；国内商业贸易。

股利政策是上市公司对盈利进行分配或留存用于再投资的决策问题，在公司经营中起着至关重要的作用，关系到公司未来的长远发展和资本结构的合理性。适度的股利政策不仅对投资者有吸引力，同时也能使公司获得长期、稳定的发展条件和机会。2012 年，恒州集团实施了每 10 股送 2 股派 0.25 元的的股利政策，公司股本由 272 936 882 股变更为 545 873 764 股。

恒州集团实施分红、转增股本办法进行股利的分配主要有以下两种：

1. 现金红利的派送办法

已办理指定交易的投资者可于红利发放日在其指定的证券营业部领取现金红利，未办理指定交易的股东红利暂由中国证券登记结算有限责任公司上海分公司保管，待办理指定交易后再进行派发。

2. 红股及转增股本的派送办法

根据股权登记日登记在册的持股数，向全体股东分配股利，每 10 股转增 8 股，共计转增股本 218 349 505 股。通过送转股方案实现了企业的再融资，促进了新项目的建设。同时扩大了企业的影响力。

恒州集团的各项财务数据如表 8-25、表 8-26、表 8-27 所示。

表 8-25　　偿债能力指标

指标	2011 年	2012 年	2013 年
流动比率(%)	105.19	166.05	238.03
速动比率(%)	52.50	114.44	144.70
产权比率(%)	133.935 2	163.405 8	122.388 0
资产负债率(%)	56.886 3	61.654 8	54.960 0

表 8-26 营运能力指标

指标	2011 年	2012 年	2013 年
存货周转率(次)	1.404 8	1.274 4	1.012 1
应收账款周转率(次)	18.967 2	23.817 6	27.694 2
流动资产周转率(次)	0.958 6	0.984 4	0.959 3
总资产周转率(次)	0.576 3	0.558 1	0.637 6

表 8-27 获利能力指标

指标	2011 年	2012 年	2013 年
每股收益(元)	0.216 0	0.482 0	0.744 0
销售净利率(%)	7.861 1	14.603 2	22.950 5
销售毛利率(%)	24.443 2	29.413 1	19.960 5
每股净资产(元)	2.050 0	2.180 0	2.440 0
净资产报酬率(%)	36.345 9	50.165 8	61.166 7

【实训要点】

1. 分析恒州集团 2011 年、2012 年、2013 年的偿债能力、营运能力、盈利能力。
2. 结合三种能力的分析,进一步分析恒州集团的发展能力。

实训 2 大明乳业股份有限公司发展能力分析

【实训资料】

大明乳业股份有限公司(简称大明乳业)于 2002 年在上海证券交易所上市,主要从事乳和乳制品的开发、生产和销售,奶牛和公牛的饲养、培育,物流配送,营养保健食品的开发、生产和销售。公司拥有世界一流的乳品研发中心、乳品加工设备以及先进的乳品加工工艺,形成了消毒奶、保鲜奶、酸奶、超高温灭菌奶、奶粉、黄油干酪、果汁饮料等系列产品,是目前国内最大规模的乳制品生产、销售企业之一。

大明乳业相关财务指标如表 8-28、表 8-29、表 8-30、表 8-31 所示。

表 8-28 大明乳业获利能力指标

指标	2009 年	2010 年	2011 年	2012 年	2013 年
每股收益(元)	0.15	0.20	(0.27)	0.12	0.19
每股净资产(元)	2.09	2.29	1.90	2.02	2.22
毛利率(%)	31.58	31.74	32.64	37.55	34.50
总资产净利率(%)	4.05	4.93	(6.53)	3.15	4.51
资产报酬率(%)	37.36	56.49	27.51	39.28	32.63
净资产收益率(%)	7.00	9.00	(14.40)	5.81	8.34

表 8-29　　大明乳业偿债能力指标

指标	2009 年	2010 年	2011 年	2012 年	2013 年
流动比率(%)	131	142	110	123	121
速动比率(%)	95	105	76	93	90
现金比率(%)	46.03	—	38.87	52.91	—
权益乘数	1.69	1.69	1.94	1.88	2.22
资产负债率(%)	40.82	40.73	48.50	46.69	55.03

表 8-30　　大明乳业经营效率指标

指标	2009 年	2010 年	2011 年	2012 年	2013 年
应收账款周转率(次)	3.96	15.03	13.31	14.58	12.90
存货周转率(次)	10.77	10.76	3.56	8.81	12.90
流动资产周转率(次)	14.88	4.13	8.52	3.84	3.64

表 8-31　　大明乳业成长能力指标

指标	2009 年	2010 年	2011 年	2012 年	2013 年
营业收入(万元)	744 343.00	820 601.00	261 344.00	794 317.00	957 211.00
净利润(万元)	16 717.90	20 085.50	3 428.96	15 201.90	22 769.50
主营业务收入增长率(%)	4.47	10.25	-10.33	7.94	20.51
净利润增长率(%)	-27.61	20.14	-233.21	343.34	77.26
净资产增长率(%)	2.86	2.80	-15.69	5.70	22.23
总资产增长率(%)	5.72	4.51	-2.98	2.11	44.91

【实训要点】

1. 分析大明乳业 2011 年、2012 年、2013 年的偿债能力、盈利能力、营运能力。
2. 结合上述三种能力的分析，对大明乳业的发展能力进行分析。

综 合 测 试

一、单项选择题

1. 现金流量表的编制基础是(　　)。
   A. 权责发生制与收付实现制　　B. 收付实现制
   C. 权责实现制　　D. 没有编制基础
2. 下列属于经营活动流入的现金的是(　　)。
   A. 购买商品支付的现金　　B. 支付的各项税费
   C. 销售商品所收到的现金　　D. 支付其他与经营活动有关的现金
3. 下列属于经营活动流出的现金的是(　　)。
   A. 购买商品支付的现金　　B. 销售商品所收到的现金

C. 收到的税费返还　　D. 提供劳务所收到的现金

4. 现金流量表中的“现金”是指企业的(　　)。

A. 存货　　B. 现金和现金等价物

C. 应收账款　　D. 收入

5. 现金流量表中的三大活动不包括(　　)。

A. 经营活动　　B. 投资活动　　C. 筹资活动　　D. 销售活动

6. 现金流量表又叫(　　)。

A. 现金版负债表　　B. 现金版利润表　　C. 现金版权益表　　D. 现金版资产表

7. 一个指标(　　)越高越好,越高说明企业财务质量好。

A. 含金量　　B. 质量　　C. 收益　　D. 利润

8. 当现金版净利润远远大于净利润,则(　　)。

A. 报喜　　B. 报警　　C. 正常情况　　D. 以上情况都可以

9. 当现金版净利润远远大于净利润,说明(　　)多。

A. 应收账款　　B. 应收票据　　C. 预收账款　　D. 存货

10. 净利润的含金量的分母是(　　)。

A. 收入　　B. 经营活动产生的现金流量净额

C. 净利润　　D. 利润总额

11. 现金流量表与其他三张报表中(　　)关系更密切。

A. 资产负债表　　B. 利润表

C. 股东权益变动表　　D. 流量表

12. 短期债务保障率的分母是(　　)。

A. 流动负债　　B. 长期负债　　C. 负债总额　　D. 资产总额

13. 现金版净利润是指(　　)产生的流量净额。

A. 经营活动　　B. 投资活动　　C. 筹资活动　　D. 销售活动

14. 三大能力的综合体现的是企业的(　　)。

A. 发展能力　　B. 偿债能力　　C. 盈利能力　　D. 营运能力

15. 现金流量表的基础等式是(　　)。

A. 收入-费用=利润　　B. 流入量-流出量=净流量

C. 资产-负债=所有者权益　　D. 以上均可

16. 反映企业投资能力的现金流量比率主要是(　　)。

A. 现金再投资比率　　B. 债务保障率

C. 现金净流量　　D. 营运指数

17. 下列等式错误的是(　　)。

A. 流入量-流出量=净流量

B. 收入的含金量=经营活动产生的现金流量净额/净利润

C. 名义利率=实际利率

D. 营业利润增长率=净利润/营业收入

18. 股票价值是(　　)所特有的。

A. 有限责任公司　B. 上市公司　C. 个人独资企业　D. 合伙企业

19. 财务数据中每隔一年或一年以上进行比较的是(　　)。

A. 比较分析　B. 环比分析　C. 同比分析　D. 横向比较

20. 财务数据中,在不到一年的时间中进行比较的是(　　)。

A. 比较分析　B. 环比分析　C. 同比分析　D. 横向比较

二、多项选择题

1. 发展能力是企业(　　)的综合体现。

A. 生产能力　B. 偿债能力　C. 盈利能力　D. 营运能力

2. 下列属于企业平衡发展的情况的有(　　)。

A. 企业营业利润增长率高于通货膨胀率

B. 当年利润能够支付管理费用,流动资金需求有盈余,可用于企业发展

C. 企业资金结构合理,财务费用不超过一定标准

D. 企业大量举债投资

3. 企业发展能力的分析内容有(　　)。

A. 企业竞争能力分析　B. 企业周期分析

C. 企业营业发展能力分析　D. 企业财务发展能力分析

4. 下列属于企业发展能力的影响因素的有(　　)。

A. 政策环境　B. 核心业务　C. 企业制度　D. 行业环境

5. 企业发展能力分析主要是分析(　　)。

A. 企业的业务成长性　B. 持续发展趋势

C. 企业的负债情况　D. 净利润

6. 企业发展能力分析主要是对(　　)进行分析预测。

A. 销售增长指标　B. 资产增长指标

C. 资本增长指标　D. 营业利润增长指标

7. 资本积累率又叫(　　)。

A. 股东权益增长率　B. 资本增长率

C. 净资产增长率　D. 保值增长率

8. 综合财务分析与单项分析相比具有(　　)的特点。

A. 分析问题的方法不同　B. 反映事物的本质不同

C. 比较的基准不同　D. 财务指标地位不同

9. 在进行会计报表综合分析时应遵循的原则有(　　)。

A. 综合性原则　B. 有用性原则

C. 定性分析与定量分析结合分析　D. 以上都不对

10. 决定净资产收益率的因素有(　　)。

A. 营业收入净利率　B. 总资产周转率

C. 权益乘数　D. 净资产周转率

11. 综合财务分析具有(　　)。

A. 实务性　B. 实证性　C. 抽象性　D. 概括性

12. 企业综合财务分析的方法包括(　　　　)。

A. 杜邦分析法　B. 沃尔评分法　C. 比较分析法　D. 趋势分析法

13. 现金流量表的结构包括(　　　　)。

A. 经营活动　B. 投资活动　C. 筹资活动　D. 运营活动

14. 下列指标属于上市公司所特有的指标的是(　　　　)。

A. 市盈率　B. 股票价值　C. 每股股利　D. 每股利润

15. 趋势百分比分为(　　　　)。

A. 环比　B. 定比　C. 相比　D. 纵比

16. 决定收益质量因素的有(　　　　)。

A. 会计政策的选择　B. 会计政策的运用

C. 收益与经营风险的关系　D. 经营者的决策

17. 从现金流量表的角度评价收益质量主要的指标有(　　　　)。

A. 营运指数　B. 现金股利保障倍数

C. 营运能力　D. 现金股利支付额

18. 下列说法正确的是(　　　　)。

A. 权益乘数反映企业资本结构和长期偿债能力

B. 权益乘数对净资产收益率具有倍率作用

C. 权益乘数受资产负债率的影响

D. 权益乘数与资产负债率呈正相关

19. 提高总资产周转率的措施包括(　　　　)。

A. 需要开拓市场增加营业收入　B. 控制资产占用资金的数额

C. 合理安排资产的结构　D. 对资产进行分析

20. 杜邦分析法的优点有(　　　　)。

A. 它是一个综合指标

B. 将六大要素囊括其中

C. 全面、系统地反映了企业整体的财务状况和经营成果

D. 揭示系统各个主要指标变动的影响因素

三、判断题

1. 一个指标含金量越高说明企业财务质量越好。(　　)
2. 当现金版净利润远远大于净利润则说明应收账款多。(　　)
3. 同比分析是指财务数据相隔一年或一年以上进行比较。(　　)
4. 当企业处于平衡状态则企业营业利润增长率高于 CPI。(　　)
5. 股票价值是上市公司所特有的指标。(　　)
6. 发展能力是盈利能力、负债能力、营运能力的综合体现。(　　)
7. 名义利率=实际利率-CPI 。(　　)
8. 现金流量表的编制基础是收付实现制。(　　)

9. 现金版净利润就是经营活动产生的现金净额。(　　)

10. 杜邦分析法的缺点是容易造假。(　　)

四、计算分析题

1. A、B 两家上市公司的相关财务数据如下。请分别计算两家公司的各项能力指标并对其发展能力进行分析。

A 公司的财务数据如表 8-32 所示。

表 8-32　　A 公司相关财务数据

指标	期末
成长能力	
营业收入增长率(%)	9.126 9
净利润增长率(%)	58.346 7
净资产增长率(%)	39.918 8
总资产增长率(%)	46.637 5
营运能力	
应收账款周转率(次)	12.460 9
应收账款周转天数(天)	28.890 4
存货周转天数(天)	348.364 6
存货周转率(次)	1.033 4
固定资产周转率(次)	7.533 1
总资产周转率(次)	0.648 8
总资产周转天数(天)	554.870 5
流动资产周转率(次)	0.962 1
流动资产周转天数(天)	374.181 5
股东权益周转率(次)	0.920 4
盈利能力	
总资产利润率(%)	15.698 4
主营业务利润率(%)	67.770 2
总资产净利润率(%)	18.666 9
成本费用利润率(%)	40.192 7
营业利润率(%)	25.407 3
销售净利率(%)	28.772 6
股本报酬率(%)	56.069 2
净资产报酬率(%)	27.014 4
资产报酬率(%)	18.678 1
销售毛利率(%)	70.674 8
主营利润比重(%)	212.534 5
主营业务利润(元)	494 527 005.1
净资产收益率(%)	25.43
偿债及资本结构	
流动比率(%)	2.636 4
速动比率(%)	1.801 1
现金比率(%)	138.005 6

续表

指标	期末
利息支付倍数(倍)	-9 266.563 7
长期债务与营运资金比率(%)	0.089 2
股东权益比率(%)	69.141 1
长期负债比率(%)	3.888
股东权益与固定资产比率(%)	949.757 3
负债与所有者权益比率(%)	44.631 7
产权比率(%)	44.131 1
固定资产比重(%)	7.279 9
资产负债率(%)	30.858 9
总资产(元)	1 337 441 919
现金流量	
经营现金净流量对销售收入比率(%)	0.154 7
资产的经营现金流量回报率(%)	0.084 4
经营现金净流量与净利润的比率(%)	0.537 6
经营现金净流量对负债比率(%)	0.273 5
现金流量比率(%)	31.700 3

B 公司财务数据如表 8-33 所示。

表 8-33　　B 公司相关财务数据

指标	期末
成长能力	
营业收入增长率(%)	12.251 9
净利润增长率(%)	37.849 4
净资产增长率(%)	16.642 8
总资产增长率(%)	11.015 1
营运能力	
应收账款周转率(次)	5.825 3
应收账款周转天数(天)	61.799 4
存货周转天数(天)	42.217 8
存货周转率(次)	8.527 2
固定资产周转率(次)	3.151 5
总资产周转率(次)	0.706
总资产周转天数(天)	509.915
流动资产周转率(次)	1.598 8
流动资产周转天数(天)	225.168 9
股东权益周转率(次)	1.049 9
盈利能力	
总资产利润率(%)	10.486
总资产净利润率(%)	11.033 3
成本费用利润率(%)	20.198 6
营业利润率(%)	16.122 9

续表

指标	期末
销售净利率(%)	15.628 2
股本报酬率(%)	107.650 7
净资产报酬率(%)	23.790 7
资产报酬率(%)	16.372 1
销售毛利率(%)	34.903 1
净资产收益率(%)	16.02

2. A 公司、B 公司、C 公司是电器行业的三家上市公司,三家公司的相关财务数据如表 8-34 所示。

表 8-34　　A、B、C 三家公司的相关财务数据

项目		财务比率	A		B	C
			2013 年	2012 年	2013 年	2013 年
短期偿债能力		流动比率	1.48	1.26	1.31	1.22
		速动比率	1.28	1.07	0.94	0.90
		现金比率	72%	54%	43%	32%
长期偿债能力		资产负债率	50%	68%	67%	74%
		产权比率	100%	212.5%	203.03%	284.62%
		已获利息倍数	2.62	1.65	1.9	0.5
		有形净值债务率	102.22%	216.74%	260.74%	304.17%
盈利能力		毛利率	26.43%	13.38%	15.60%	16.32%
		销售净利润率	6.13%	5.28%	3.92%	0.17%
		总资产收益率	12.68%	9.94%	1.5%	0.5%
		净资产收益率	11.51%	8.12%	3.47%	2.98%
		成本费用利润率	4.91%	6.94%	3.96%	0.21%
营运能力		应收账款周转率	27.37	28.29	3.7	21.16
		应收账款周转天数	13.15	12.73	97.30	17.01
		存货周转率	13.92	13.05	1.5	9.4
		存货周转天数	25.86	27.59	240.00	38.30
		流动资产周转率	2.56	2.57	0.55	2.94
		固定资产周转率	13.40	19.10	2.04	27.66
		总资产周转率	1.89	2.07	0.38	2.53
现金流量	现金偿债比率	现金流动负债比率	53.19%	29.90%	-3.1%	-0.37%
		资产现金流量比率	52.90%	28.23%	-2.47%	-3.54%
	获取现金能力	销售获现比率	0.72	0.93	2.25	0.43
		每股经营活动现金净流量	3.46	4.17	-0.26	-0.36

要求:计算三家上市公司的发展能力指标,并结合行业特点重点分析 A 公司的发展能力。

09 综合财务分析实训

模块 9

【知识目标】

通过本模块的学习,掌握杜邦分析法的方法、程序、特点,理解指标间的依存关系,掌握财务分析报告的内容、结构及撰写报告时应注意的问题。

【能力目标】

通过本模块的学习,能运用杜邦财务分析体系等方法对企业的综合财务状况、经营绩效进行评价与判断,能撰写企业财务分析报告。

【素质目标】

通过本模块的学习,培养学生具备扎实的财务综合分析能力,初步撰写财务分析报告的能力,良好的会计职业判断能力,团队协作和沟通能力,及在大数据时代下熟练运用计算机软件进行财务指标的计算、分析及财务决策的能力。

9.1 案例演练

案例1 四川浪莎控股股份有限公司综合财务分析

【案例资料】

四川浪莎控股股份有限公司(简称浪莎公司)前身系四川省长江造纸厂,1998年4月16日在上交所上市交易。其营业范围包括:针织内衣、针织面料制造销售,货物进出口、技术进出口,投资管理咨询等业务。公司2013年部分资产负债表和利润表如表9-1、表9-2所示。

表 9-1　　部分资产负债表项目　　单位:万元

项目	2013 年	2012 年
流动资产:		
货币资金	16 301	14 676
应收票据	16	0
应收账款	7 130	9 630
预付款项	1 790	1 429
其他应收款	345	262
存货	15 811	16 659
流动资产合计	41 393	42 656
非流动资产:		
固定资产	11 844	12 285
在建工程	—	212
无形资产	5 107	5 244
长期待摊费用	800	916
递延所得税资产	358	302
非流动资产合计	18 109	18 959
资产总计	59 502	61 615
流动负债合计	13 244	16 123
非流动负债合计	353	404
负债合计	13 597	16 527
所有者权益合计	45 905	45 088
负债和所有者权益(或股东权益)总计	59 502	61 615

表 9-2　　利　润　表　　单位:万元

项目	2013 年
一、营业收入	43 782
减:营业成本	36 485
营业税金及附加	325
销售费用	2 881
管理费用	2 935
财务费用	-67
资产减值损失	389
二、营业利润	834
加:营业外收入	205
减:营业外支出	9
三、利润总额	1 030
减:所得税费用	213
四、净利润	817

【任务要点】

运用杜邦分析方法对浪莎公司 2013 年的财务状况和经济效益进行综合分析。

【任务分析】

任务1 浪莎公司综合财务分析方法的选取

综合财务分析方法包括杜邦分析法、比率分析法、雷达图分析法，浪莎公司选取杜邦分析法进行公司的综合财务分析。

1. 杜邦分析法知识要点回顾

（1）杜邦分析法的含义。杜邦分析法（DuPont Analysis）又称杜邦分析体系，是指利用各主要财务指标之间的内在联系，对企业财务状况及经济效益进行综合、系统分析评价的方法。该体系以净资产收益率为主体指标，以总资产报酬率和权益乘数为核心，分别反映企业盈利能力、偿债能力、营运能力及发展能力，并按其内在联系有机结合起来，从而形成一个将资产负债表、利润表的数据综合在一起的指标分析体系。由于这种分析方法最早由美国杜邦公司的财务管理人员在实践中摸索和建立起来，是美国杜邦公司的对净资产收益率进行要素分析的方法，故命名为杜邦分析法。

（2）杜邦体系图。杜邦财务分析图见图9-1。

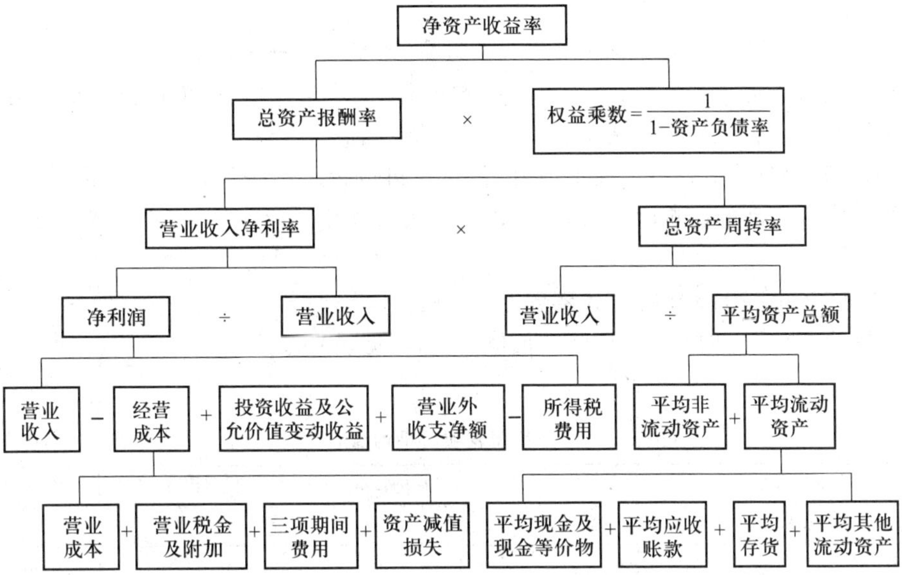

图9-1 杜邦财务分析图

（3）杜邦分析法的具体内容。杜邦分析体系主要反映了财务比率之间的关系。

① 净资产收益率。

$$净资产收益率=\frac{净利润}{平均所有者权益(平均净资产)}$$

$$=\frac{\text{净利润}\times\text{平均资产总额}}{\text{所有者权益}\times\text{平均资产总额}}$$

$$=\text{总资产报酬率}\times\text{权益乘数}$$

② 总资产报酬率。

$$\text{总资产报酬率}=\frac{\text{净利润}}{\text{平均资产总额}}$$

$$=\frac{\text{净利润}\times\text{营业收入}}{\text{平均资产总额}\times\text{营业收入}}$$

$$=\text{营业收入净利率}\times\text{总资产周转率}$$

③ 权益乘数。

$$\text{权益乘数}=\frac{\text{平均资产总额}}{\text{平均所有者权益}}$$

$$=\frac{\text{平均资产总额}}{\text{平均资产总额}-\text{平均负债总额}}$$

$$=\frac{1}{1-\text{资产负债率}}$$

决定净资产收益率的因素有三个:营业收入净利率、总资产周转率和权益乘数,三者之间是相乘的关系。

$$\text{净资产收益率}=\text{营业收入净利率}\times\text{总资产周转率}\times\text{权益乘数}$$

三项指标还可以进一步分解,具体见杜邦体系图(见图9-1)。三个杠杆性质的指标使净资产收益率可综合整个企业的经营活动和财务活动的业绩。

总之,通过杜邦分析体系自上而下地分析,不仅可以揭示出企业各项财务指标的结构关系,查明各项主要指标变动的影响因素,而且可以为决策者优化经营理财状况、提高企业经营效益提供思路。

2. 计算浪莎公司2013年杜邦体系数据

(1) 计算浪莎公司2013年平均资产负债表项目,见表9-3。

表9-3　资产负债表项目平均值表　　单位:万元

项目	2013年12月31日	2012年12月31日	2013年平均值
流动资产:			
货币资金	16 301	14 676	15 489
应收票据	16	0	8
应收账款	7 130	9 630	8 380
预付款项	1 790	1 429	1 609
其他应收款	345	262	304
存货	15 811	16 659	16 235
流动资产合计	41 393	42 656	42 025
非流动资产:			
固定资产	11 844	12 285	12 065

续表

项目	2013 年 12 月 31 日	2012 年 12 月 31 日	2013 年平均值
在建工程	—	212	106
无形资产	5 107	5 244	5 175
长期待摊费用	800	916	858
递延所得税资产	358	302	330
非流动资产合计	18 109	18 959	18 534
资产总计	59 502	61 615	60 559
流动负债合计	13 244	16 123	14 684
非流动负债合计	353	404	378
负债合计	13 597	16 527	15 062
所有者权益合计	45 905	45 088	45 497
负债和所有者权益(或股东权益)总计	59 502	61 615	60 559

注:为简化计算,2013 年平均值保留整数位。

(2)绘制浪莎公司 2013 年杜邦体系分析图。

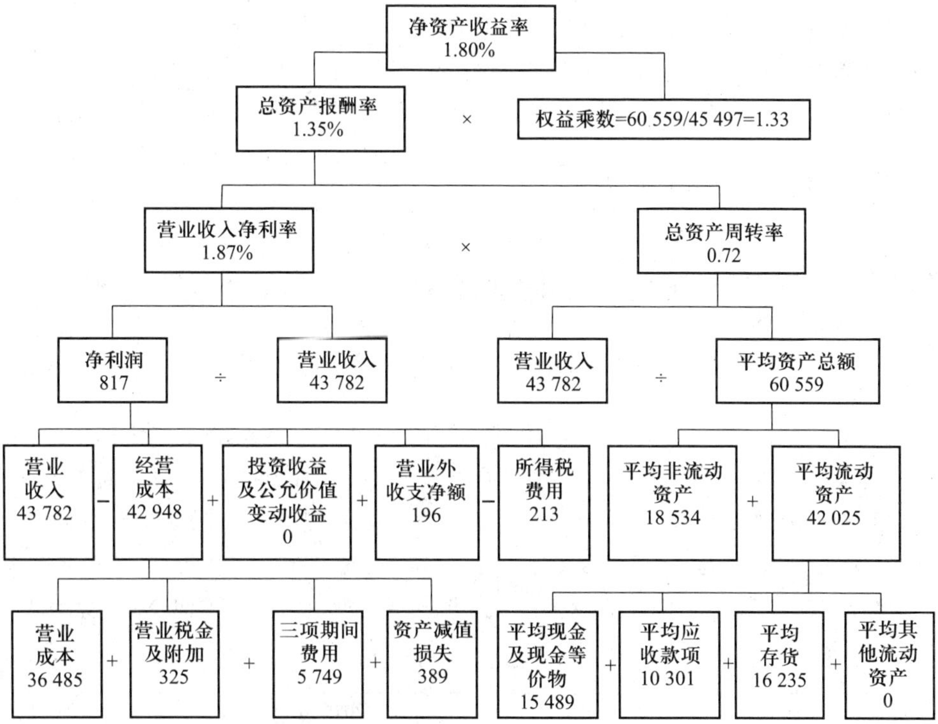

图 9-2　浪莎公司 2013 年杜邦财务分析图

任务 2　浪莎公司财务状况和经济效益综合分析

从杜邦分析图中可以看出,浪莎公司净资产收益率为 1.80%,处于较低的水平。2013 年的无风险报酬率为 3.25%(银行前一年存款利率),公司的净资产收益率低于无风险报酬率。较低的净资产收益率主要是由于总资产周转率和权益乘数都处于较低的水平。

总资产报酬率为 1.35%。该指标反映资产获利能力的大小。由数据可知,浪莎公司资产获利能力很弱。其原因主要是营业收入净利率和总资产周转率都较低。营业收入净利率为 1.87%,经营成本率为 98.13%,说明公司业务的经营成本太高,获利能力太低。那么应该结合公司披露的营业成本构成项目,分析是变动成本高还是固定成本高,致使营业成本居高不下。然后有针对性地对成本进行控制,甚至需要调整业务品种结构,实现降低成本增大收益的效果。总资产周转率为 0.72 次,周转速度比较慢。主要是由于公司占用的资产较大,而取得的营业收入较低,其中占用的流动资产是非流动的 2.27(42 025/18 534)倍。流动资产中平均现金及现金等价物为15 489万元、平均应收款项为 10 301 万元、平均存货为 16 235 万元,三者数据大体相当,可以看出公司持有的现金及现金等价物过多,偿债能力较强,但影响资产的收益性。应收账款的周转率为 5.22 次,存货的周转率为 2.25 次,周转速度较慢,导致了总资产周转速度较慢。

公司的权益乘数为 1.33。该指标反映企业筹资、投资、资产运营等财务活动及管理效率。目前,公司的权益乘数较小,资产负债率较低,财务杠杆作用较小,但公司的财务风险小。

综上所述,浪莎公司 2013 年的财务状况良好,但经营业绩堪忧。公司在未来会计期间应该进行整改,一方面应扩大销售,节约成本,提高营业收入净利率;另一方面应该优化资源配置,提高应收账款的周转率和存货的周转率,进而提高总资产周转率,适度开展负债经营,提高权益乘数,适度放大杠杆效应,加强风险管理意识。

案例 2　天津中新药业集团股份有限公司综合财务分析

【案例资料】

天津中新药业集团股份有限公司(简称中新药业公司)前身为天津市药材公司,成立于 1955 年,是我国大型中成药生产企业之一。公司经营范围为:中药材、中成药、西药制剂、化学药品制剂、新草药、医疗器械、营养保健品、化学试剂等的加工、制造、批发、零售;卫生用品、健身器材、日用百货、服装、鞋帽、家用电器、日用杂品;仓储、宣传广告、技术开发和转让、经济信息咨询服务等业务。公司 2011 年、2012 年、2013 年各项指标如表 9-4、表 9-5、表 9-6、表 9-7 所示。

表 9-4　偿债能力指标　单位:%

指标	2013 年	2012 年	2011 年
流动比率	122	120	115
速动比率	91	83	76
现金比率	20.89	20.14	21.86
资产负债率	51	48	47
产权比率	101	91	85

表 9-5 盈利能力指标

指标	2013 年	2012 年	2011 年
净利润(元)	289 941 646.56	347 580 601.77	237 714 419.22
息税前利润率(%)	7.61	10.80	7.35
营业利润率(%)	6.74	9.74	6.18
销售毛利率(%)	31.88	34.91	35.66
销售净利率(%)	6.00	8.93	6.07
成本费用利润率(%)	7.29	10.57	6.79
三项费用率(%)	26.39	29.50	29.31
净资产收益率(%)	15.45	21.96	13.36
总资产利润率(%)	6.85	10.37	6.43
息税前利润(元)	45 795.66	55 433.47	32 319.14

表 9-6 营运能力指标

指标	2013 年	2012 年	2011 年
应收账款周转率(次)	6.57	7.03	7.92
应收账款周转天数(天)	54.78	51.21	45.46
存货周转率(次)	5.15	4.45	4.26
存货周转天数(天)	69.85	80.94	84.57
固定资产周转率(次)	6.49	4.91	3.83
股东权益周转率(次)	2.48	2.29	2.05
流动资产周转率(次)	2.11	2.20	2.24
流动资产周转天数(天)	170.33	163.44	160.87
总资产周转率(次)	1.24	1.20	1.10
总资产周转天数(天)	290.00	300.50	327.06

表 9-7 发展能力指标

指标	2013 年	2012 年	2011 年
主营业务收入增长率(%)	17.16	16.80	26.44
营业利润增长率(%)	-18.97	84.10	-11.18
利润总额增长率(%)	-19.40	83.73	-20.17
净利润增长率(%)	-20.28	78.19	-15.56
息税前利润增长率(%)	-17.38	71.51	-6.84
总资产增长率(%)	19.04	6.68	8.01

【任务要点】

根据中新药业公司近3年的财务比率指标，评价公司的综合财务状况和经营成果。

【任务分析】

任务1 中新药业公司综合财务分析方法的选取

企业的综合财务状况可以通过多期财务比率指标的比较进行评价，即通过偿债能力指标、盈利能力指标、营运能力指标、发展能力指标的比较进行分析。

偿债能力是指企业利用其资产偿还长期债务与短期债务的能力。企业有无支付现金的能力和偿还债务的能力，是企业能否生存和健康发展的关键。衡量企业偿债能力的指标主要有：流动比率、速动比率、现金比率、资产负债率、产权比率等。

盈利能力是指企业赚取利润的能力。一般来说，公司的盈利能力是指在正常的营业状况下的盈利能力。非正常的营业状况也会给公司带来收益或损失，但这只是特殊情况下的个别情况，不能说明公司的盈利能力。衡量企业盈利能力的指标主要有：息税前利润率、营业利润率、销售毛利率、销售净利率、成本费用利润率、三项费用率、净资产收益率、总资产利润率等。

营运能力是指企业营运资产的使用效率与效益。企业营运资产的使用效率主要指资产的周转率或周转速度。企业营运资产的效益通常是指企业的产出额与资产占用额之间的比率。通过对相关财务比率的分析，可以了解企业资产运行是否合理，是否有多余资产闲置等。衡量企业营运能力的指标主要有：应收账款周转率（天数）、存货周转率（天数）、固定资产周转率、股东权益周转率、流动资产周转率（天数）、总资产周转率（天数）等。

发展能力是指企业通过自身的生产经营活动，不断扩大积累而形成的发展潜能。衡量企业发展能力的指标主要有：主营收入增长率、总资产增长率等。

中新药业公司的综合财务分析可以采用多期四项财务比率指标的比较方式进行，以此来评价公司偿债能力、盈利能力、营运能力和发展能力的强弱。

任务2 中新药业公司综合财务状况和经营成果分析

1. 中新药业公司偿债能力分析

偿债能力指标比较表如表9-8所示。

表9-8 偿债能力比较表

指标	2013年	2012年	2011年	变动数（2013-2012）	变动数（2012-2011）
流动比率	122%	120%	115%	2%	5%
速动比率	91%	83%	76%	8%	7%
现金比率	20.89%	20.14%	21.86%	0.75%	-1.72%
资产负债率	51%	48%	47%	3%	1%
产权比率	1.01	0.91	0.85	0.10	0.06

公司 2011—2013 年流动比率变化较小,变动分别为 2 百分点、5 百分点。其指标值均在 100% 以上,但小于经验值 200%,未达到理想状态。速动比率有所提高,逐渐接近于经验值 100%,发展趋势较理想。现金比率 2012 年比 2011 年有所下降,但 2011—2013 年一直在 20% 左右,说明若公司有 100 元流动负债,每年却只有 20 余元的现金作保障,可用于及时支付的现金不是很充裕。总体来看,公司的短期偿债能力不强。

公司 2011—2013 年资产负债率有所提升,在 2013 年达到 51%,进入了较为合理的资产负债率水平(一般认为资产负债率达到 50% 较为适宜)。产权比率也有所提升,在 2013 年达到了 1.01 倍,说明若公司有 1.01 元的负债,则有 1 元的所有者权益用来偿还。该指标一般为 1 较为适宜,可见公司的产权比率处于合理水平。总体来看,公司的长期偿债能力较强。

2. 中新药业公司盈利能力分析

盈利能力指标比较表如表 9-9 所示。

表 9-9 盈利能力指标比较表

指标	2013 年	2012 年	2011 年	变动数(2013-2012)	变动数(2012-2011)
息税前利润率(%)	7.61	10.80	7.35	-3.19	3.45
营业利润率(%)	6.74	9.74	6.18	-3	3.56
销售毛利率(%)	31.88	34.91	35.66	-3.03	-0.75
销售净利率(%)	6.00	8.93	6.07	-2.93	2.86
成本费用利润率(%)	7.29	10.57	6.79	-3.28	3.78
三项费用率(%)	26.39	29.50	29.31	-3.11	0.19
净资产收益率(%)	15.45	21.96	13.36	-6.51	8.6
总资产利润率(%)	6.85	10.37	6.43	-3.52	3.94

(1) 与收入相关的盈利指标分析。2012 年与收入相关的盈利指标——息税前利润率、营业利润率、销售净利率分别比 2011 年增加了 3.45 百分点、3.56 百分点、2.86 百分点,但销售毛利率下降了 0.75 百分点,说明 2012 年营业收入的获利能力要强于 2011 年。但 2013 年则出现了相反的变化,上述指标均小幅度下降,下降幅度分别为 3.19 百分点、3 百分点、2.93 百分点、3.03 百分点,说明该年营业收入创造利润的能力下降了。同时,将销售毛利率与营业利润率相比,可以从另一方面反映企业经营风险的大小。一般而言,两个指标之间的差距越大,经营风险越大。2011 年两个指标之差为 29.48%(35.66%-6.18%),2012 年两个指标之差为 25.17%(34.91%-9.74%),2013 年两个指标之差为 25.14%(31.88%-6.74%),这表明公司经营风险有所下降。2013 年同行业平均销售毛利率 43.99%,本公司低于同行业水平。

(2) 与成本费用相关的盈利指标分析。2012 年与成本费用相关的盈利能力指标——成本费用利润率、三项费用率[(管理费用+销售费用+财务费用)/营业收入],分别比 2011 年增加了 3.78 百分点、0.19 百分点,说明该年成本费用的获利能力有所增强。但 2013 年则出现了相反的变化,上述指标均为小幅度下降,下降幅度分别为 3.28 百分点、3.11 百分点,说明该年成本费用的获利能力下降了。公司应引起注意,并结合相关资料作进一步分析。

(3) 与资本资产相关的盈利指标分析。2012 年与资本资产相关的盈利指标——净资产收益率、总资产利润率分别比2011年增加了8.6百分点、3.94百分点,说明该年净资产和总资产的获利能力增强了。但2013年则出现了相反的变化,上述指标分别下降了6.51百分点、3.52百分点,说明该年净资产和总资产的获利能力下降了,净资产收益率的下降使得公司股东价值下降,对投资者和债权人利益的保障程度降低。

综上所述,公司的盈利能力在2012年是上升的,2013年又转为下降,公司应从国家政策、市场环境等宏观方面和企业内部管理等微观方面进行剖析,尽快进行整改,提升盈利能力。

3. 中新药业公司营运能力分析

营运能力指标比较表如表9-10所示。

表9-10 营运能力指标比较表

指标	2013年	2012年	2011年	2013年较2012年变动数	2012年较2011年变动数
应收账款周转率(次)	6.57	7.03	7.92	-0.46	-0.89
应收账款周转天数(天)	54.78	51.21	45.46	3.57	5.75
存货周转率(次)	5.15	4.45	4.26	0.7	0.19
存货周转天数(天)	69.85	80.94	84.57	-11.09	-3.63
流动资产周转率(次)	2.11	2.20	2.24	-0.09	-0.04
流动资产周转天数(天)	170.33	163.44	160.87	6.89	2.57
固定资产周转率(次)	6.49	4.91	3.83	1.58	1.08
股东权益周转率(次)	2.48	2.29	2.05	0.19	0.24
总资产周转率(次)	1.24	1.20	1.10	0.04	0.1
总资产周转天数(天)	290.00	300.50	327.06	-10.5	-26.56

2011—2013年应收账款周转率在下降,2012年比2011年下降0.89次,2013年比2012年下降0.46次。应收账款周转天数在延长,2011年平均需要45.46天收回赊销款,而2012年、2013年分别延长了5.75天、3.57天。应收账款变现能力下降,影响了资产的流动性,降低了短期偿债能力,使得企业资金占用额增大,资金成本上升,收账费用上升,坏账损失风险增大。

存货周转率在提高,2012年比2011年提高0.19次,2013年比2012年提高0.7次,存货周转天数在缩短,2011年存货从购入到投入生产到销售完成一次周转平均需用84.57天,2012年、2013年分别缩短了3.63天、11.09天,说明企业对存货的管理能力提升了,使得占用在存货上的流动资金解放出来,转投到下一期的生产周期中,或者投入到扩大生产能力、对外投资等领域,创造更多的价值。

2011—2013年的流动资产周转率都在2次以上,但有微小的下降,流动资产周转天数相应延长,说明公司利用流动资产创造营业收入的能力在下降,流动资产在经历生产和销售各阶段所占用的时间增长了,公司在生产、经营的环节上的效率下降了,流动资产的营运能力下降了。其主要原因是应收账款周转速度下降引起的。公司应该调整应收账款的信用政策、加大账款催收力度,提高资金的周转能力。

2011—2013 年固定资产周转率上升了,2012 年比 2011 年上升了 1.08 次,2013 年比 2012 年上升了 1.58 次。一般情况下,固定资产周转率提高说明公司对厂房、机器设备等固定资产的利用效率在提高,公司的管理水平在提高,会增加公司的获利能力。但结合中新药业公司的盈利指标分析,2013 年的盈利水平在下降,那么,固定资产周转率的提高很可能是公司在经营期间减少了固定资产价值,根据该指标的计算公式,营业收入不变的情况下,分子越小分值越大。而且,一般情况下固定资产周转率低于流动资产周转率,而公司 2011—2013 年的固定资产周转率均高于流动资产周转率,所以,2011—2013 年公司的固定资产价值在下降。

股东权益周转率(销售收入/平均所有者权益)2011—2013 年有微小的上升,指标值在 2 次以上。该指标反映公司运用所有者(投资人)的资产的效率,该比率越高,表明所有者资产的运用效率高,营运能力越强。从 2011—2013 年指标值来看,中新药业公司对投资者资产的运用情况在同行业中处在较好的水平。

总资产周转率 2011—2013 年有微小的上升,指标值在 1 次以上,总资产周转天数在缩短,说明公司利用全部资产进行经营的效率提高了,在同行业中该指标处于较高水平。

综合所述,公司 2011—2013 年除应收账款和流动资产营运能力有所下降外,其他资产的营业能力都在增强,说明公司提高了资产的管理水平。

4. 中新药业公司发展能力分析

发展能力指标比较表如表 9-11 所示。

表 9-11　　发展能力指标比较表

指标	2013 年	2012 年	2011 年	2013 年较 2012 年变动数	2012 年较 2011 年变动数
主营业务收入增长率(%)	17.16	16.80	26.44	0.36	-9.64
营业利润增长率(%)	-18.97	84.10	-11.18	-103.07	95.28
利润总额增长率(%)	-19.40	83.73	-20.17	-103.13	103.90
净利润增长率(%)	-20.28	78.19	-15.56	-98.47	93.75
息税前利润增长率(%)	-17.38	71.51	-6.84	-88.89	78.35
净资产增长率(%)	13.00	3.34	5.66	9.66	-2.32
总资产增长率(%)	19.04	6.68	8.01	12.36	-1.33

(1) 与销售增长情况相关的发展能力指标分析。主营业务收入增长率 2011—2013 年环比变动呈现出先降后升的态势,2012 年比 2011 年下降 9.64 百分点,降幅较大,2013 年比 2012 年有 0.36 百分点的微小上升。该指标反映公司产品市场占有率情况和业务规模的拓展情况。但企业主营业务收入的增长并不能说明企业收益增长了,需要结合利润率指标共同分析产品或业务的增长能力。虽然 2012 年主营业务收入增长率比 2011 年下降了,但营业利润增长率、利润总额增长率、净利润增长率、息税前利润增长率均比 2011 年增长了 95.28 百分点、103.9 百分点、93.75 百分点、78.35 百分点,说明 2012 年产品的发展能力很强。2013 年主营业务收入增长率比

2012 年有微小的提升,但上述相关利润指标都出现不同程度的环比大幅下降,下降幅度分别为 103.07 百分点、103.13 百分点、98.47 百分点、88.89 百分点,当年同行业平均主营业务收入增长率为 18.87%,本企业没有达到行业平均水平,说明 2013 年产品的发展能力下降了。

(2) 与净资产增长相关的发展能力指标分析。净资产增长率 2011—2013 年来环比变动呈现先降后升的态势, 2012 年比 2011 年下降 2.32 百分点,2013 年比 2012 年上升 9.66 百分点。该指标反映企业资本保值增值的情况,其指标值越高,企业的资本规模扩张速度越快,企业应对风险能力和持续发展能力越强。2012 年企业资本扩张规模缩减,2013 年净资产积累增加,资本扩张规模增大,发展能力提升。

(3) 与总资产增长相关的发展能力指标分析。总资产增长率 2011—2013 年环比变动呈现先降后升的态势, 2012 年比 2011 年下降 1.33 百分点,2013 年比 2012 年上升 12.36 百分点。该指标反映企业资产总量的扩张能力,能够衡量企业发展的后劲。2012 年企业总资产增长速度下降,发展能力降低,2013 年总资产增长速度提升较大,企业发展能力较强。

图 9-3 ~ 图 9-7 是广州九舍会信息技术有限公司提供的 2012 年中新药业公司在同行业 133 家上市公司中的能力比较图,通过分析可以看出中新药业公司在同行业偿债能力排名居后,处在 100 名以后,盈利能力居前,净资产收益率在第 15 名,营运能力在第 28 名之前,成长能力居中。

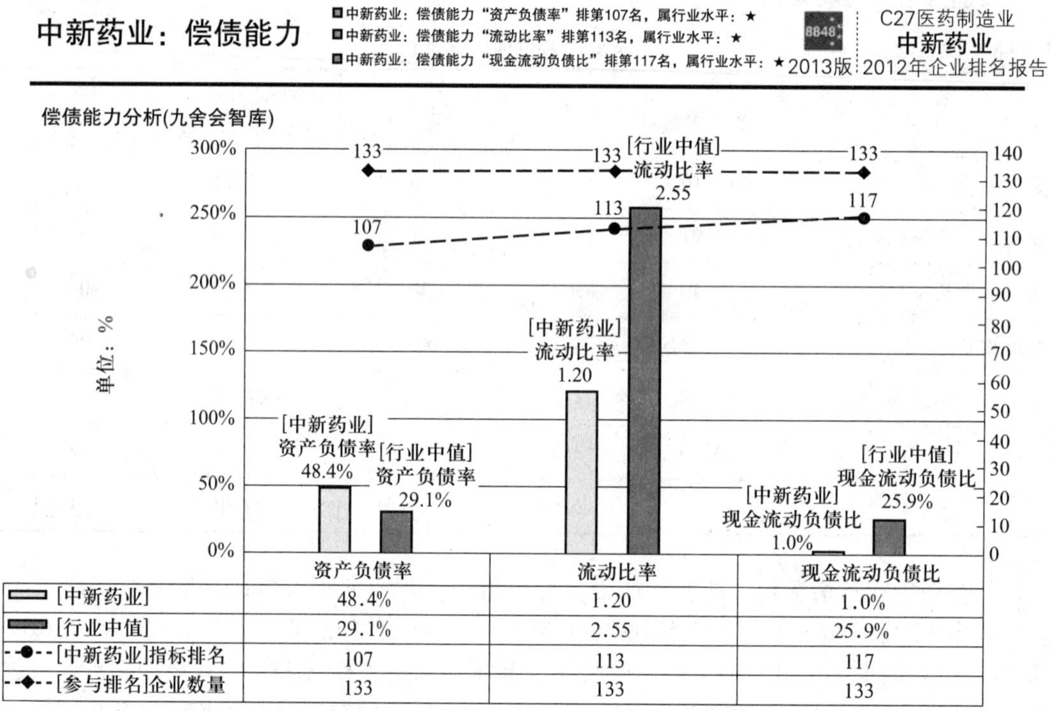

	资产负债率	流动比率	现金流动负债比
[中新药业]	48.4%	1.20	1.0%
[行业中值]	29.1%	2.55	25.9%
[中新药业]指标排名	107	113	117
[参与排名]企业数量	133	133	133

图 9-3　2012 年偿债能力图

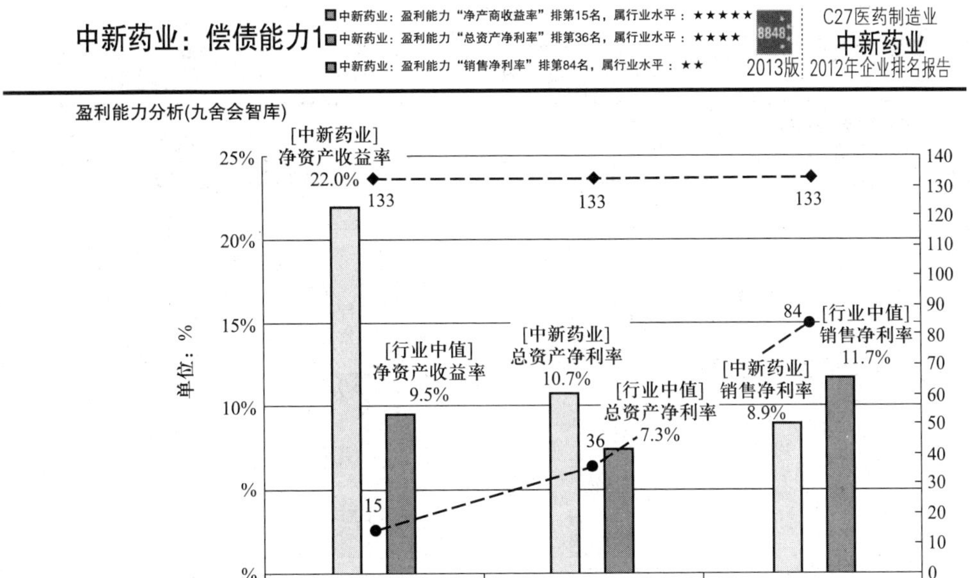

	净资产收益率	总资产净利率	销售净利率
[中新药业]	22.0%	10.7%	8.9%
[行业中值]	9.5%	7.3%	11.7%
[中新药业]指标排名	15	36	84
[参与排名]企业数量	133	133	133

图 9-4 2012 年盈利能力图(1)

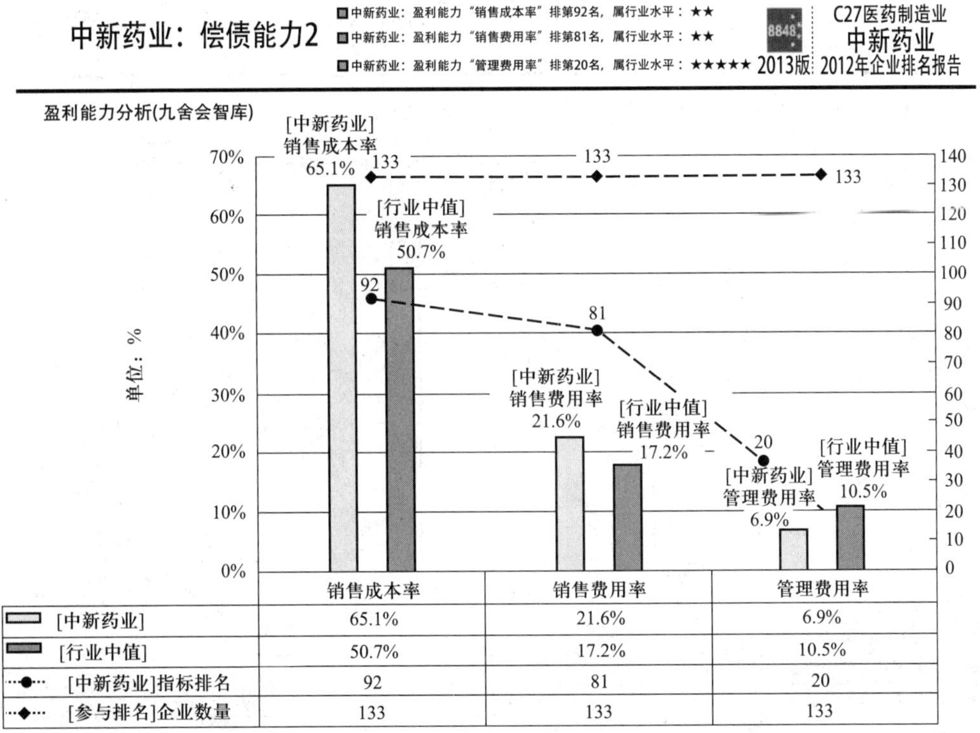

	销售成本率	销售费用率	管理费用率
[中新药业]	65.1%	21.6%	6.9%
[行业中值]	50.7%	17.2%	10.5%
[中新药业]指标排名	92	81	20
[参与排名]企业数量	133	133	133

图 9-5 2012 年盈利能力图(2)

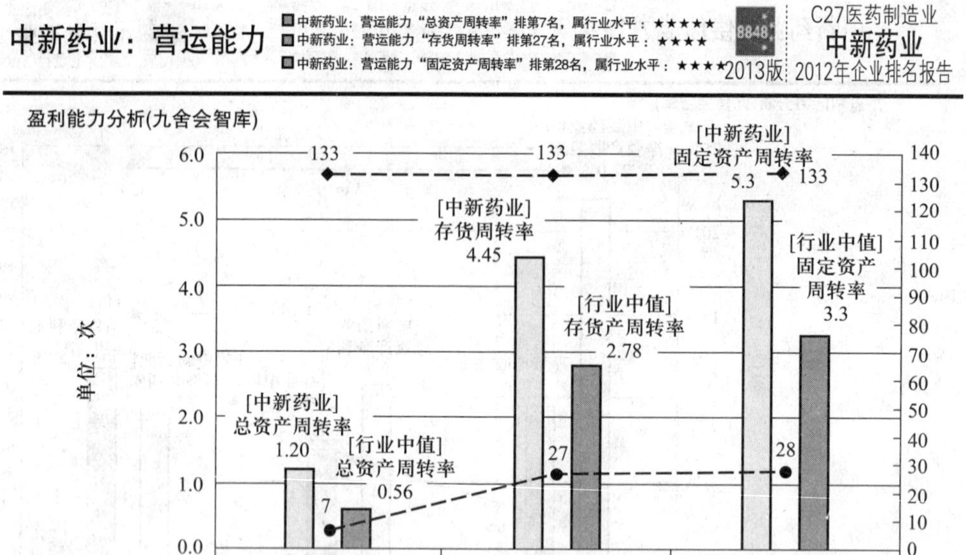

	总资产周转率	存货周转率	固定资产周转率
[中新药业]	1.20	4.45	5.3
[行业中值]	0.56	2.78	3.3
[中新药业]指标排名	7	27	28
[参与排名]企业数量	133	133	133

图 9-6 2012 年营运能力图

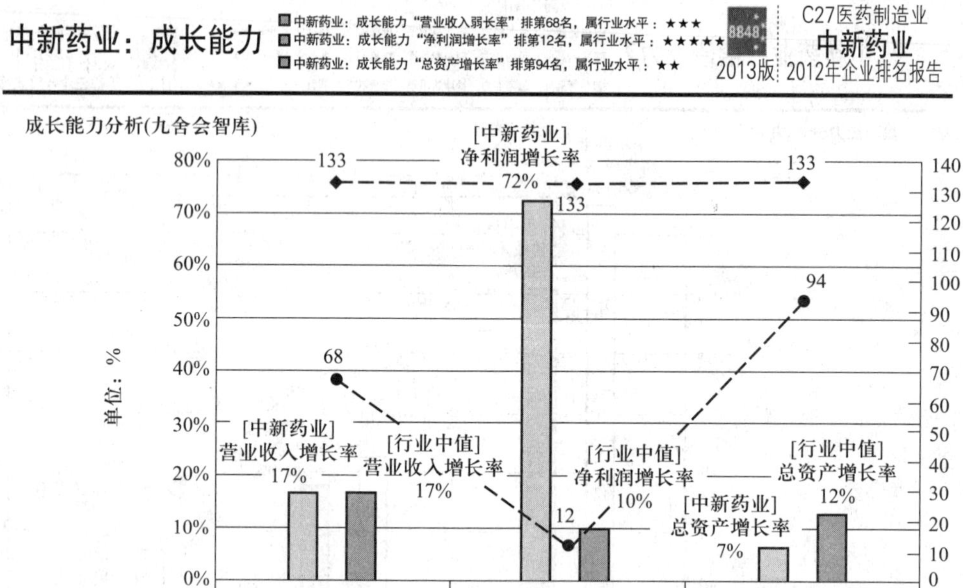

	营业收入增长率	净利润增长率	总资产增长率
[中新药业]	17%	72%	7%
[行业中值]	17%	10%	12%
[中新药业]指标排名	68	12	94
[参与排名]企业数量	133	133	133

图 9-7 2012 年成长能力图

结合在行业中的地位和公司2011—2013年的各项能力的变化，可以得出公司偿债能力、营运能力、发展能力在增强，偿债能力在同行业中处在较差的地位，但公司总体财务状况良好。盈利能力虽然有所下降，但在同行业中净资产收益率、总资产净利率指标较高，收益较好。但公司应该提升销售净利率水平，增强产品的盈利能力和盈利空间，改善经营成果。

案例3 郑州宇通客车股份有限公司财务分析报告的撰写

【案例资料】

郑州宇通客车股份有限公司是一家集客车产品研发、制造与销售于一体的大型现代化制造企业，主营客车的生产与销售。2011—2013年公司财务报表如表9-12、表9-13、表9-14所示。

表9-12　　2011—2013年资产负债表数据　　单位：万元

项目	2013年	2012年	2011年
流动资产：			
货币资金	420 674.00	305 454.00	117 100.00
交易性金融资产	628.51	—	—
应收票据	84 104.50	82 816.20	16 988.10
应收账款	417 535.00	311 557.00	166 126.00
预付款项	20 728.00	16 405.70	114 786.00
其他应收款	10 832.00	77 576.50	20 708.90
存货	140 066.00	125 833.00	112 160.00
其他流动资产	80 732.30	81 998.00	—
流动资产合计	1 175 300.00	1 001 640.00	547 869.00
非流动资产：			
可供出售金融资产	—	—	31 707.40
长期股权投资	14 237.80	14 237.80	8 530.85
投资性房地产	—	—	—
固定资产	297 986.00	314 652.00	101 062.00
在建工程	44 418.90	12 600.90	30 092.00
无形资产	59 236.30	60 187.00	49 265.30
商誉	49.20	49.20	49.20
长期待摊费用	—	3.53	7.64
递延所得税资产	27 547.40	24 540.00	17 423.90
其他非流动资产	984.00	—	—
非流动资产合计	444 460.00	426 270.00	238 138.00
资产总计	1 619 760.00	1 427 910.00	786 007.00
流动负债：			
短期借款	16 040.80	20 444.40	996.93
交易性金融负债	—	186.07	—
应付票据	130 986.00	55 525.40	81 848.00

续表

项目	2013 年	2012 年	2011 年
应付账款	340 651.00	373 624.00	153 831.00
预收款项	85 082.60	38 490.90	73 733.70
应付职工薪酬	46 844.10	41 225.80	37 499.30
应交税费	10 377.20	30 872.20	27 463.50
应付股利	1 709.18	—	—
其他应付款	65 933.00	70 265.80	41 872.00
一年内到期的非流动负债	3 409.23	9 742.32	422.96
流动负债合计	701 033.00	640 377.00	417 667.00
非流动负债:			
长期借款	412.78	15 611.20	1 045.19
预计负债	15 803.98	19 427.1	15 850.91
递延所得税负债	83.24	—	—
其他非流动负债	26 710.00	20 539.70	17 667.90
非流动负债合计	43 010.00	55 578.00	34 564.00
负债合计	744 043.00	695 955.00	452 231.00
所有者权益(或股东权益):			
实收资本(或股本)	127 371.00	70 528.70	51 989.20
资本公积	225 867.00	272 489.00	27 618.60
库存股	—	—	—
盈余公积	86 012.80	67 682.20	52 320.70
未分配利润	435 416.00	320 787.00	201 388.00
归属于母公司股东权益合计	874 666.80	731 486.90	333 316.50
少数股东权益	1 050.2	468.1	459.5
所有者权益(或股东权益)合计	875 717.00	731 955.00	333 776.00
负债和所有者权益(或股东权益)总计	1 619 760.00	1 427 910.00	786 007.00

注:为便于分析,表中合计、总计数四舍五入取整。

表 9-13　　**2011—2013 年利润表**　　单位:万元

项目	2013 年	2012 年	2011 年
一、营业收入	2 209 380.00	1 976 350.00	1 693 190.00
减:营业成本	1 779 430.00	1 581 770.00	1 385 040.00
营业税金及附加	12 358.80	11 678.00	8 242.00
销售费用	124 139.00	114 995.00	92 757.10
管理费用	107 103.00	88 051.30	69 899.90
财务费用	787.16	-3 783.14	926.48
资产减值损失	1 087.63	25 872.70	3 980.63
加:公允价值变动收益	815.57	-186.07	—

续表

项目	2013 年	2012 年	2011 年
投资收益	3 100.61	6 134.20	792.97
二、营业利润	188 390.59	163 714.27	133 136.86
加:营业外收入	21 030.30	14 403.80	6 780.38
减:营业外支出	697.89	1 599.25	4 589.33
其中:非流动资产处置损失	143.14	80.93	66.15
三、利润总额	208 723.00	176 518.82	135 327.91
减:所得税费用	26 538.20	21 539.80	17 094.40
四、净利润	182 184.80	154 979.02	118 233.51
归属于母公司所有者的净利润	182 258.00	154 972.00	118 141.00
少数股东损益	-73.20	7.02	92.51

表 9-14　　2011—2013 年现金流量表　　单位:万元

项目	2013 年	2012 年	2011 年
一、经营活动产生的现金流量			
销售商品、提供劳务收到的现金	2 081 390.00	1 561 790.00	1 610 860.00
收到的税费返还	8 612.59	9 492.16	2 047.72
收到的其他与经营活动有关的现金	23 207.41	48 467.84	12 032.28
经营活动现金流入小计	2 113 210.00	1 619 750.00	1 624 940.00
购买商品、接受劳务支付的现金	1 558 220.00	1 178 410.00	1 225 660.00
支付给职工以及为职工支付的现金	120 430.00	94 572.80	75 259.20
支付的各项税费	101 082.00	81 771.40	69 760.20
支付其他与经营活动有关的现金	139 778.00	127 785.80	109 630.60
经营活动现金流出小计	1 919 510.00	1 482 540.00	1 480 310.00
经营活动产生的现金流量净额	193 700.00	137 210.00	144 630.00
二、投资活动产生的现金流量			
收回投资所收到的现金	1 063 220.00	669 571.00	178 696.00
取得投资收益所收到的现金	243.70	89.89	1 324.36
处置固定资产、无形资产和其他长期资产所收回的现金净额	366.30	124.11	124.39
处置子公司及其他营业单位收到的现金净额	—	—	4 484.25
收到其他与投资活动有关的现金	80 000.00	—	—
投资活动现金流入小计	1 143 830.00	669 785.00	184 629.00
购建固定资产、无形资产和其他长期资产所支付的现金	92 140.00	189 584.00	99 239.47
投资所支付的现金	1 062 060.00	711 833.00	182 328.00

续表

项目	2013 年	2012 年	2011 年
取得子公司及其他营业单位支付的现金净额	—	—	2 975. 53
投资活动现金流出小计	1 154 200. 00	901 417. 00	284 543. 00
投资活动产生的现金流量净额	-10 370. 00	-231 632. 00	-99 914. 00
三、筹资活动产生的现金流量			
吸收投资收到的现金	7 126. 99	259 367. 00	—
取得借款收到的现金	21 516. 65	51 982. 93	7 560. 20
收到其他与筹资活动有关的现金	4 169. 36	7 988. 07	21 037. 70
筹资活动现金流入小计	32 813. 00	319 338. 00	28 597. 90
偿还债务支付的现金	46 977. 10	7 703. 42	13 645. 20
分配股利、利润或偿付利息所支付的现金	49 696. 90	21 524. 90	15 921. 00
支付其他与筹资活动有关的现金	1 698. 50	4 169. 28	—
筹资活动现金流出小计	98 372. 50	33 397. 60	29 566. 20
筹资活动产生的现金流量净额	-65 559. 50	285 940. 40	-968. 30
四、汇率变动对现金及现金等价物的影响	-78. 27	649. 30	-568. 39
五、现金及现金等价物净增加额	117 692. 23	192 167. 70	43 179. 31
期初现金及现金等价物余额	301 285. 00	109 112. 00	65 936. 40
六、期末现金及现金等价物余额	418 977. 23	301 279. 70	109 115. 71

【任务要点】

请收集郑州宇通客车股份有限公司的相应信息,撰写公司 2013 年财务分析报告。

【任务分析】

任务1 郑州宇通客车股份有限公司财务分析报告框架介绍

郑州宇通客车股份有限公司财务分析报告撰写框架如下:

一、财务分析的背景

1. 公司概要

2. 本行业基本情况

3. 公司 2011—2013 年来业务概要及财务状况

二、公司 2011—2013 年财务指标对比分析

1. 资产负债表分析

通过资产负债表结构分析、资产负债表具体项目的趋势分析(突出重点),评价企业资产营运的状况。

2. 利润表分析

通过利润表结构分析、利润表趋势分析,评价企业的盈利能力和发展能力。

3. 现金流量表分析

通过现金流量表结构分析、现金流量表变动趋势分析，评价企业现金流的质量。

三、财务指标分析

1. 偿债能力分析

2. 盈利能力分析

3. 营运能力分析

4. 发展能力分析

四、综合评价

对公司目前存在的主要问题进行归纳和提炼。评价公司财务政策、重大交易、重大事项等对公司财务的影响，以及对公司成长性的影响。对公司拟投资的项目是否具有投资价值做出评价；分析公司财务的总体风险状况。在企业财务分析的基础上，得出企业财务状况的基本结论，并提出对策和建议。

任务 2　撰写宇通客车股份有限公司财务分析报告

一、财务分析的背景

1. 公司设立及上市情况

郑州宇通客车股份有限公司（简称宇通客车），是一家集客车产品研发、制造与销售于一体的大型现代化制造企业。1993 年 12 月 11 日，原郑州客车厂、中国公路机械车辆总公司、郑州旅行车厂三家联合发起，以定向募集方式组建了宇通客车。随后，公司对管理体制进行了大刀阔斧的改革和创新，企业开始逐步走上持续快速、健康发展的道路。宇通客车于 1997 年在上海证券交易所上市（代码 600066），是国内客车行业第一家上市公司。郑州宇通集团有限公司为该公司的控股股东，占 33% 的股份。

2. 公司经营范围

宇通客车属制造业，主要产品为客车。产品按类别可分为大、中、轻三种产品纬度，按市场可分为公路客车、公交车、专用车、校车、出口车等细分市场。主营业务范围主要包括经营本企业自产产品及相关技术的出口业务。其他业务范围主要包括：经营本企业生产、科研所需的原材料、仪器、配件、机械工程设备及相关进口业务；客车及其附属配件、座椅制造，底盘的设计、销售；机械工程加工，与客车相关产品的设计、服务；仓储租赁业务；零售百货、化工原料产品的制作与销售；旧车业务及其附属配件交易；餐饮住宿服务、整车维修服务；信息技术服务、软件开发、咨询服务等。产品业务范围涵盖客车及其相关领域。

3. 公司业绩情况

公司主要经济指标连续十余年快速增长，并连续十余年获得中国工商银行 AAA 级信用等级。宇通客车在国内外经济环境并不宽松的 2012 年，仍然以全年 51 688 辆的销售业绩再次刷新世界客车业的销量纪录，同比增量达 5 000 辆，增幅达 10.71%，销量和增量都位居国内客车业第一。2012 年，宇通客车最高日产能突破 285 台，宇通校车全年销售超过 7 000 台，成为行业内销量最多、影响最广的企业。全年销售新能源客车 1 934 台，市场占有率超过 25%，居行业第一。统计数据显示，2012 年带动宇通客车快速增长的三大引擎分别是洞察先机的校车、厚积薄发的新能源车和逆市而上的海外市场。

4. 2011—2013 年公司财务报表（见表 9-12、表 9-13、表 9-14）

二、2011—2013 年财务指标对比分析

1. 资产负债表分析

(1) 资产负债表结构分析。选取部分占比较大项目分析宇通客车的资产负债结构，如表 9-15 所示。

表 9-15 资产负债结构分析表

项目	2013 年		2012 年		2011 年	
	金额（万元）	比重	金额（万元）	比重	金额（万元）	比重
流动资产：						
货币资金	420 674. 00	25. 97%	305 454. 00	21. 39%	117 100. 00	14. 90%
应收账款	417 535. 00	25. 78%	311 557. 00	21. 82%	166 126. 00	21. 14%
流动资产合计	1 175 300. 00	72. 56%	1 001 640. 00	70. 15%	547 869. 00	69. 70%
非流动资产：						
固定资产	297 986. 00	18. 40%	314 652. 00	22. 04%	101 062. 00	12. 86%
在建工程	44 418. 90	2. 74%	12 600. 90	0. 88%	30 092. 00	3. 83%
非流动资产合计	444 460. 00	27. 44%	426 270. 00	29. 85%	238 138. 00	30. 30%
资产总计	1 619 760. 00	100. 00%	1 427 910. 00	100. 00%	786 007. 00	100. 00%
流动负债						
应付账款	340 651. 00	21. 03%	373 624. 00	26. 17%	153 831. 00	19. 57%
流动负债合计	701 033. 00	43. 28%	640 377. 00	44. 85%	417 667. 00	53. 14%
非流动负债：						
长期借款	412. 78	0. 03%	15 611. 20	1. 09%	1 045. 19	0. 13%
非流动负债合计	43 010. 00	2. 66%	55 578. 00	3. 89%	34 564. 00	4. 40%
负债合计	744 043. 00	45. 94%	695 955. 00	48. 74%	452 231. 00	57. 54%
所有者权益（或股东权益）：						
资本公积	225 867. 00	13. 94%	272 489. 00	19. 08%	27 618. 60	3. 51%
未分配利润	435 416. 00	26. 88%	320 787. 00	22. 47%	201 388. 00	25. 62%
所有者权益（或股东权益）合计	875 717. 00	54. 06%	731 955. 00	51. 26%	333 776. 00	42. 46%
负债和所有者权益（或股东权益）总计	1 619 760. 00	100. 00%	1 427 910. 00	100. 00%	786 007. 00	100. 00%

① 资产结构分析。从 2011 年到 2013 年流动资产占总资产的比重在逐年上升，分别为 69. 70%、70. 15%、72. 56%，其中货币资金和应收账款在总资产中的比重在逐年增加，说明公司资产的流动性和变现能力强，企业的抗风险能力和应变能力强，但这必须以雄厚的固定资产做后盾。如果没有大量的固定资产支持，其经营的稳定性就会较差。公司固定资产在总资产中的比重呈现先升后降的态势，分别为 12. 86%、22. 04%、18. 40%，根据公司年报披露，2013 年固定资产比重下降是由于公司当年采用了加速折旧法导致固定资产价值的下降，如果排除这种因素的影响，公司固定资产在总资产中的占比是逐年上升的。一般来说，当流动资产占资产总额的 60%、固定资产占资产总额的 30% 时，资产结构较为理想，公司作为制造业企业，固定资产比重

偏低，随着公司在建工程的陆续完工，固定资产比重会有所提升。

总体而言，公司资产结构中流动资产比重偏大，固定资产比重偏小，后期应降低流动资产占比，提高固定资产占比。公司总体经营风险较小。

② 资本结构分析。从 2011 年到 2013 年流动负债占总权益的比重在逐年下降，分别为 53.14%、44.85%、43.28%，非流动负债占总权益的比重也在逐年下降且占比不足 5%，分别为 4.40%、3.89%、2.66%。相反，所有者权益占总权益的比重在逐年上升，分别为 42.46%、51.26%、54.06%，说明公司资产的来源逐渐更多地依赖所有者权益，公司一直执行保守的财务政策。保守的财务政策使企业能够更好地控制风险以及追求财务灵活性。对于拥有较多未来成长机会的公司，通过保持较低的财务杠杆，在行业迅速发展中能有足够的资金用来更新固定资产以及扩张经营。通过这种方法使其在激烈的竞争中不断积累财务优势，降低财务风险，保持顺畅的现金流量，从而获取更大的财务灵活性，进而及时抓住出现的投资机会。但它可能使企业不能充分利用债务融资所带来的财务杠杆效应，缺乏债务融资所具有的激励、约束机制，降低了企业的经营效率，减少了税负的好处。任何一项政策都是一把双刃剑，如果宇通客车在低财务风险、高财务灵活性的资本结构下获得的资产收益率远远高于所放弃的抵税优惠，那么，这种政策是值得采纳的。

(2) 资产负债表水平变动趋势分析。选取部分变动率较大的项目分析宇通客车资产负债水平变动趋势，如表 9-16 所示。

表 9-16　　2011—2013 年资产负债表水平变动　　金额单位：万元

项目	2013 年	2012 年	2011 年	2013 年较 2012 年变动额	2012 年较 2011 年变动额	2013 年较 2012 年变动率	2012 年较 2011 年变动率
流动资产：							
货币资金	420 674.00	305 454.00	117 100.00	115 220.00	188 354.00	37.72%	160.85%
应收票据	84 104.50	82 816.20	16 988.10	1 288.30	65 828.10	1.56%	387.50%
应收账款	417 535.00	311 557.00	166 126.00	105 978.00	145 431.00	34.02%	87.54%
预付款项	20 728.00	16 405.70	114 786.00	4 322.30	-98 380.30	26.35%	-85.71%
其他应收款	10 832.00	77 576.50	20 708.90	-66 744.50	56 867.60	-86.04%	274.60%
存货	140 066.00	125 833.00	112 160.00	14 233.00	13 673.00	11.31%	12.19%
流动资产合计	1 175 300.00	1 001 640.00	547 869.00	173 660.00	453 771.00	17.34%	82.82%
非流动资产：							
长期股权投资	14 237.80	14 237.80	8 530.85	0.00	5 706.95	0.00%	66.90%
固定资产	297 986.00	314 652.00	101 062.00	-16 666.00	213 590.00	-5.30%	211.35%
在建工程	44 418.90	12 600.90	30 092.00	31 818.00	-17 491.10	252.51%	-58.13%
非流动资产合计	444 460.00	426 270.00	238 138.00	18 190.00	188 132.00	4.27%	79.00%
资产总计	1 619 760.00	1 427 910.00	786 007.00	191 850.00	641 903.00	13.44%	81.67%
流动负债：							
短期借款	16 040.80	20 444.40	996.93	-4 403.60	19 447.47	-21.54%	1 950.74%
应付票据	130 986.00	55 525.40	81 848.00	75 460.60	-26 322.60	135.90%	-32.16%

续表

项目	2013 年	2012 年	2011 年	2013 年较 2012 年 变动额	2012 年较 2011 年 变动额	2013 年较 2012 年 变动率	2012 年较 2011 年 变动率
应付账款	340 651.00	373 624.00	153 831.00	-32 973.00	219 793.00	-8.83%	142.88%
预收款项	85 082.60	38 490.90	73 733.70	46 591.70	-35 242.80	121.05%	-47.80%
其他应付款	65 933.00	70 265.80	41 872.00	-4 332.80	28 393.80	-6.17%	67.81%
一年内到期的非流动性负债	3 409.23	9 742.32	422.96	-6 333.09	9 319.36	-65.01%	2 203.37%
流动负债合计	701 033.00	640 377.00	417 667.00	60 656.00	222 710.00	9.47%	53.32%
非流动负债：							
长期借款	412.78	15 611.20	1 045.19	-15 198.42	14 566.01	-97.36%	1 393.62%
其他非流动性负债	26 710.00	20 539.70	17 667.90	6 170.30	2 871.80	30.04%	16.25%
非流动负债合计	43 010.00	55 578.00	34 564.00	-12 568.00	21 014.00	-22.61%	60.80%
负债合计	744 043.00	695 955.00	452 231.00	48 088.00	243 724.00	6.91%	53.89%
所有者权益(或股东权益)：							
实收资本(或股本)	127 371.00	70 528.70	51 989.20	56 842.30	18 539.50	80.59%	35.66%
资本公积	225 867.00	272 489.00	27 618.60	-46 622.00	244 870.40	-17.11%	886.61%
盈余公积	86 012.80	67 682.20	52 320.70	18 330.60	15 361.50	27.08%	29.36%
未分配利润	435 416.00	320 787.00	201 388.00	114 629.00	119 399.00	35.73%	59.29%
所有者权益(或股东权益)合计	875 717.00	731 955.00	333 776.00	143 762.00	398 179.00	19.64%	119.30%
负债和所有者权益(或股东权益)合计	1 619 760.00	1 427 910.00	786 007.00	191 850.00	641 903.00	13.44%	81.67%

① 货币资金。货币资金项目2011—2013年的环比比率在下降，2012年比2011年持有的货币资金数额上升了160.85%，其原因有两方面：一方面是由于宇通客车在与供应商进行日常往来结算时，通常使用的是银行承兑汇票，这就需要储备一定量的货币资金质押给银行作为保证金；另一方面，2011—2013年随着宇通客车生产销售规模逐步扩大，市场占有率提升，有更多的客户选择购买宇通客车，而公司在销售产品的过程中要求信用额度低的客户必须全款支付方可提车，这体现了宇通客车在销售信用控制环节增强了风险控制，这是宇通客车2012年货币资金之所以偏高的原因。2013年货币资金的持有量提升幅度放慢，环比上升了37.72%，说明公司开始注意到持有大量货币资金的风险，在保证企业正常运转所需资金的前提下，开始将闲置资金进行短期理财投资，本年增加了629.51万元的交易性金融资产，从而确保增加资金收益。

② 应收账款和应收票据。从2011年到2013年，应收账款和应收票据逐年上升，上升幅度趋缓。这与宇通客车2011—2013年的销量增速放慢有密切关系，结合利润表中的营业收入增长比率变化来看，2011—2013年的营业收入增速从2012年的16.72%下降到2013年的11.79%，说明公司产品的市场占有率在下降。从应收款项的逐年上升可以看出公司目前的销售方式主要以商业信用销售为主，公司应注意控制应收款项的收账风险。

③ 预付款项和其他应收款。预付款项2012比2011下降了85.71%，说明公司原材料市场

开始由卖方市场转向买方市场,公司可以大量赊购原材料,这从应付账款这两年大幅提升就可以看出来。但预付账款2013年比2012年又上升了26.35%,说明宇通客车在原材料市场上的主动权在下降,不得不提前预付货款购买原材料。

其他应收款2012比2011上升274.60%,上升幅度偏高,要结合其他应收款的明细资料,分析债务人的情况,看看是否存在违规记入账户问题。2013年比2012年下降86.04%,主要是债务人开始大量还款造成的。如果不存在违规问题,这种变化属于正常。

④ 存货。从2011年到2013年,存货在上升,上升幅度略微缩小了一些。主要是客车行业近几年持续较快的发展,宇通客车走在了市场的前端,订单增加,加上政府大批量采购校车、城市公共设施的建设对公交车需求的增加、海外订单的交付周期相对较长,导致了包括原材料、库存商品在内的存货量增加。但是大量的存货会导致资金被占用,制约了企业的扩大再生产,宇通客车应在原有物流平台的基础上,优化资源配置,加强供应链管理,合理控制原材料风险库存,积极消化成品库存,降低整个企业的存货周转天数,盘活运营资金。

⑤ 长期股权投资。长期股权投资2012年比2011年增加66.90%,主要原因是郑州宇通集团财务有限公司获准成立,预投资款转入。

⑥ 固定资产和在建工程。固定资产2012年比2011年上升了211.35%,主要原因是新能源及专用车项目完工转入固定资产所致;2013年比2012年下降5.30%,主要原因是公司折旧政策采用加速折旧法,公司新产能固定资产的价值巨大,投入前期的折旧数额较大。在建工程2012年比2011年下降了58.13%,主要原因是新能源及专用车项目完工转入固定资产;2013年比2012年上升了252.51%,主要原因是本期的新能源项目及新能源技术改造项目投资。通过分析固定资产、在建工程项目,可以看出公司2011—2013年在新能源汽车项目上投资增加,随着国家对新能源客车补贴政策的进一步推动,将刺激客户对新能源客车的采购,公司会迎来新的市场机会,先进的生产能力将进一步稳固公司的行业龙头地位。同时,公司也会获得更多的国家财政补贴。

⑦ 短期借款和长期借款。短期借款和长期借款2012年比2011年分别增加了1 950.74%和1 393.62%,主要原因是出口信用证押汇款增加。而这两个项目2013年比2012年分别下降了21.54%和97.36%,主要原因是出口信用证押汇款减少;同时也说明公司海外销售额的增速在下降,根据公司2012年和2013年的年报披露,2012年海外销售环比增长77.24%,2013年海外销售环比增长15.35%。

知识链接:押汇及出口押汇

押汇(documentary bills)又称买单结汇,是指议付行在审单无误的情况下,按信用证条款买入受益人(外贸公司)的汇票和单据,从票面金额中扣除从议付日到估计收到票款之日的利息,将余款按议付日外汇牌价折成人民币,拨给外贸公司。议付行向受益人垫付资金买入跟单汇票后,即成为汇票持有人,可凭票向付款行索取票款。银行做出口押汇,是为了向外贸公司提供资金融通,有利于外贸公司的资金周转。

出口押汇是指出口商将全套出口单据交到业务银行,银行按照票面金额扣除从押汇日到预计收汇日的利息及相关费用,将净额预先付给出口商的一种短期资金融通。

⑧ 应付票据与应付账款。应付票据2012年比2011年减少32.16%,主要因为通过票据结算方式的采购减少;应付账款2012年比2011年增加了142.88%,主要原因是销售订单增加,公

司加大了采购力度,与供应商交易往来业务量增加。应付票据 2013 年比 2012 年增加了 135.90%,主要原因是年末公司对供应商增加票据结算所致。从 2011—2013 年的应付款项总额来看,2011 年为 235 679 万元,2012 年为 429 149.40 万元,2013 年为 471 637 万元,总体是上升的。公司应合理运用财务杠杆原理,将负债控制在一个合理的范围,因为大量的负债会增大与供应商之间的风险,一旦资金链断裂,会造成采购物资无法及时到位,影响正常生产。

⑨ 预收款项。预收款项 2012 年比 2011 年下降了 47.80%,主要原因是 2011 年年末预收款项在 2012 年实现收入;2013 年比 2012 年又上升了 121.05%,主要原因是期末预收海外车款,说明公司产品的市场销售较好,且处于卖方市场的主动地位。

⑩ 其他应付款。其他应付款 2012 年比 2011 年上升 67.81%,主要原因是 2012 年收到中牟县财政局的预算拨款,是一项政府补助款。政府补助是指企业取得的、用于构建或以其他方式形成长期资产的政府补助。

⑪ 一年内到期的非流动负债。一年内到期的非流动负债 2012 年比 2011 年上升了 2 203.37%,主要原因是 2012 年年末出口信用证押汇借款增加;2013 年比 2012 年下降了 65.01%,主要原因是 2013 年年末出口信用证押汇借款减少。

⑫ 实收资本。实收资本 2012 年比 2011 年上升了 35.66%,主要原因是配股增资及股权激励影响;2013 年比 2012 年上升了 80.59%,主要原因是 2013 年实施资本公积转增资本。

⑬ 资本公积。2012 年比 2011 年上升了 886.61%,主要原因是 2012 年配股增资及股权激励政策下增加股本时带来的股本溢价部分;2013 年比 2012 年下降了 17.11%,主要原因是 2013 年实施资本公积转增资本引起资本公积减少。

⑭ 未分配利润。未分配利润 2012 年比 2011 年上升了 59.29%,2013 年比 2012 年上升了 35.73%,均是由于本年利润增加所致。说明公司 2011—2013 年经营成果提升较快,经营状况良好。

2. 利润表分析

(1) 利润表结构分析。宇通客车利润表结构计算表如表 9-17 所示。

表 9-17　　利润表结构计算表

项目	2013 年		2012 年		2011 年	
	金额(万元)	比重	金额(万元)	比重	金额(万元)	比重
一、营业收入	2 209 380.00	100.00%	1 976 350.00	100.00%	1 693 190.00	100.00%
减:营业成本	1 779 430.00	80.54%	1 581 770.00	80.03%	1 385 040.00	81.80%
营业税金及附加	12 358.80	0.56%	11 678.00	0.59%	8 242.00	0.49%
销售费用	124 139.00	5.62%	114 995.00	5.82%	92 757.10	5.48%
管理费用	107 103.00	4.85%	88 051.30	4.46%	69 899.90	4.13%
财务费用	787.16	0.04%	-3 783.14	-0.19%	926.48	0.05%
资产减值损失	1 087.63	0.05%	25 872.70	1.31%	3 980.63	0.24%
加:公允价值变动收益	815.57	0.04%	-186.07	-0.01%	—	
投资收益	3 100.61	0.14%	6 134.20	0.31%	792.97	0.05%
二、营业利润	188 390.59	8.53%	163 714.27	8.28%	133 136.86	7.86%
加:营业外收入	21 030.30	0.95%	14 403.80	0.73%	6 780.38	0.40%
减:营业外支出	697.89	0.03%	1 599.25	0.08%	4 589.33	0.27%
其中:非流动资产处置损失	143.14	0.01%	80.93	0.00%	66.15	0.00%

续表

项目	2013 年		2012 年		2011 年	
	金额(万元)	比重	金额(万元)	比重	金额(万元)	比重
三、利润总额	208 723.00	9.45%	176 518.82	8.93%	135 327.91	7.99%
减:所得税费用	26 538.20	1.20%	21 539.80	1.09%	17 094.40	1.01%
四、净利润	182 184.80	8.25%	154 979.02	7.84%	118 233.51	6.98%

公司总体上利润占营业收入的比重在缓慢上升。营业利润占营业收入的比重 2011—2013 年分别为 7.86%、8.28%、8.53%,较稳定地上升,营业成本占营业收入的比重 2011—2013 年都在 80% ~81%,成本控制较稳定。其他费用占比略有增幅,幅度平稳。说明公司 2011—2013 年销售业务的开展和成本控制方面的经营政策是一致的。利润总额占营业收入的比重 2011—2013 年分别为 7.99%、8.93%、9.45%,递增速度在 1 百分点以内,主要是由于营业外收入的占比递增和营业外支出占比的递减所致。营业外收入的增加是由于每年收到的财政补贴增加,营业外支出的递减是由于每年捐赠支出减少所致。可见,公司 2011—2013 年由于获得国家对新能源汽车项目的补贴,促使了利润总额的增长,新能源汽车项目是一种朝阳产业,在未来还将为企业带来更多利润。但是政府补贴毕竟受国家政策影响,是企业的一种利得,公司应将主要精力投放在主营产品的生产和销售上,提升企业产品的盈利能力。净利润占营业收入的比重 2011—2013 年分别为 6.98%、7.84%、8.25%,增速在 1 百分点以内,主要是由于利润总额的增加,导致所得税费用增加,致使净利润增速缓慢。

综上所述,公司的营业利润、利润总额、净利润的占比都在持续稳定增长,表明公司经营业绩较好,发展前景乐观,市场竞争能力较强。公司在客车制造行业目前处于龙头老大的地位,具有超强的成长能力及获利支撑。

(2) 利润表水平变动分析。宇通客车利润表水平计算表如表 9-18 所示。

表 9-18　　2011—2013 年利润表水平变动　　单位:万元

项目	2013 年	2012 年	2011 年	2013 年较 2012 年变动额	2012 年较 2011 年变动额	2013 年较 2012 年变动率	2012 年较 2011 年变动率
一、营业收入	2 209 380.00	1 976 350.00	1 693 190.00	233 030.00	283 160.00	11.79%	16.72%
减:营业成本	1 779 430.00	1 581 770.00	1 385 040.00	197 660.00	196 730.00	12.50%	14.20%
营业税金及附加	12 358.80	11 678.00	8 242.00	680.80	3 436.00	5.83%	41.69%
销售费用	124 139.00	114 995.00	92 757.10	9 144.00	22 237.90	7.95%	23.97%
管理费用	107 103.00	88 051.30	69 899.90	19 051.70	18 151.40	21.64%	25.97%
财务费用	787.16	-3 783.14	926.48	4 570.30	-4 709.62	-120.81%	-508.33%
资产减值损失	1 087.63	25 872.70	3 980.63	-24 785.07	21 892.07	-95.80%	549.96%
加:公允价值变动收益	815.57	-186.07	—	1 001.64	-186.07	-538.31%	—
投资收益	3 100.61	6 134.20	792.97	-3 033.59	5 341.23	-49.45%	673.57%

续表

项目	2013年	2012年	2011年	2013年较2012年变动额	2012年较2011年变动额	2013年较2012年变动率	2012年较2011年变动率
二、营业利润	188 390.59	163 714.27	133 136.86	24 676.32	30 577.41	15.07%	22.97%
加:营业外收入	21 030.30	14 403.80	6 780.38	6 626.50	7 623.42	46.01%	112.43%
减:营业外支出	697.89	1 599.25	4 589.33	-901.36	-2 990.08	-56.36%	-65.15%
非流动资产处置损失	143.14	80.93	66.15	62.21	14.78	76.87%	22.34%
三、利润总额	208 723.00	176 518.82	135 327.91	32 204.18	41 190.91	18.24%	30.44%
减:所得税费用	26 538.20	21 539.80	17 094.40	4 998.40	4 445.40	23.21%	26.01%
四、净利润	182 184.80	154 979.02	118 233.51	27 205.78	36 745.51	17.55%	31.08%

① 营业收入与营业成本。受国家经济发展速度放缓的影响,2011—2013年,宇通客车营业收入增速放缓,但还是以11%以上的速度在增长,还是处在行业领先地位。随着营业收入环比增速下降4.93百分点(即16.72%-11.79%),营业成本环比增速只下降了1.7百分点(即14.20%-12.50%),这在很大程度上挤压了企业的毛利润空间,所以宇通客车在今后的经营管理中应当加强成本控制。成本控制是宇通客车今后的发展过程中所面临的难题之一。

② 期间费用。2011—2013年,宇通客车的销售费用、管理费用逐年上升。销售费用环比增速下降了16.02百分点(即23.97%-7.95%),下降速度较快,主要是销售规模减小引起的;管理费用环比增速下降了4.33百分点(即25.97%-21.64%),下降速度较慢,主要是公司继续加大研发投入及随业绩增长相应绩效工资和奖金的增加所引起的;财务费用先降后升,环比呈现负增长态势,2012年财务费用为-3 783.14万元,主要是公司存款利息收入增加引起的。2013年财务费用为787.16万元,主要是按揭贴息及海外保函手续费增加引起的。按揭购车贴息是公司促销的一种方式,公司应在销售利润率和贴息率之间进行权衡,尽量减少费用,增加收益。由于海外保函手续费的大幅上升,公司应考虑选择海外担保手续费费率较低的银行办理业务,从而降低手续费支出。

③ 资产减值损失。2011—2013年,资产减值损失波动较大,根据公司报表附注的披露,2012年资产减值损失骤增的原因是应收账款及其他应收款计提坏账准备增加,2013年资产减值损失骤减的原因是转回上年其他应收款计提的坏账准备。这种做法让人怀疑公司可能存在利用计提流动资产减值损失的手段来调节利润,如果存在这种可能,公司的利润就存在人为调节因素,外部投资人应该警惕。

④ 投资收益。2011—2013年,投资收益环比波动较大,2012年比2011年增长了673.57%,2013年比2012年下降了49.45%。2012年投资收益骤增的原因是处置可供出售金融资产收益增加,2013年投资收益骤减的原因是2012年可供出售金融资产出售量减少。在资本市场投资收益的波动属于正常。

⑤ 营业外收入。2011—2013年,营业外收入不断增长,主要原因是公司生产新能源汽车收到的财政补贴增加。

⑥ 净利润。2011—2013年,宇通客车净利润不断增长,主要是来源于营业利润的增长,主营

业务收入稳定并且持续上升。体现了公司盈利结构稳定,可持续发展能力强。

3. 现金流量表分析

(1)现金流量表结构分析。现金流量结构计算表如表9-19所示。

表9-19　　现金流量结构计算表

项目	2013年		2012年		2011年	
	金额(万元)	比重	金额(万元)	比重	金额(万元)	比重
现金流入	3 289 853.00	100%	2 608 873.00	100%	1 838 166.90	100%
其中:						
经营活动现金流入	2 113 210.00	64.23%	1 619 750.00	62.09%	1 624 940.00	88.40%
投资活动现金流入	1 143 830.00	34.77%	669 785.00	25.67%	184 629.00	10.04%
筹资活动现金流入	32 813.00	1%	319 338.00	12.24%	28 597.90	1.56%
现金流出	3 172 082.50	100.00%	2 417 354.60	100.00%	1 794 419.20	100.00%
其中:						
经营活动现金流出	1 919 510.00	60.51%	1 482 540.00	61.33%	1 480 310.00	82.50%
投资活动现金流出	1 154 200.00	36.39%	901 417.00	37.29%	284 543.00	15.86%
筹资活动现金流出	98 372.50	3.10%	33 397.60	1.38%	29 566.20	1.65%

在现金流入项目中,2011—2013年经营活动现金流入占比下降明显,从2011年的88.40%下降到2013年的64.23%,但在三大现金流入比重中还是处于主要地位,这说明宇通公司的盈利模式还是以生产经营活动为主导。投资活动现金流入比重逐年上升,从2011年的10.04%上升到2013年的34.77%,根据现金流量表分析,该项现金流入主要是收回投资所收到的现金增加所致,说明公司注重了资本市场的投资。但从利润表的结构分析表中显示投资收益占营业收入的比重相当小,该值在2011—2013年都在0.31%以内,说明生产、销售活动一直是公司的主业。筹资活动现金流入占比在2012年变动较大,主要是公司进行了配股及股权激励筹资方式收到的现金和出口信用证押汇款借款收到的现金增加所致,2011年和2013年占比变化不明显。

在现金流出项目中,经营活动现金流出和投资活动现金流出在2011—2013年的占比变化与其现金流入变化相匹配,经营活动现金流出占比逐年递减,到2013年占比为60.51%,但还是处于现金流出的主要地位,说明企业经营活动开展正常。投资活动现金流出占比递增,到2013年占比为36.39%,表明投资规模在不断扩大,主要是对外投资的增速较快所致。筹资活动现金流出占比变化较平稳。

(2)现金净流量结构分析。现金净流量结构数据表如表9-20所示。

表9-20　　不同活动形成的现金净流量分析　　金额单位:万元

年份	经营活动现金净流量	投资活动现金净流量	筹资活动现金净流量
2011年	144 630.00	-99 914.00	-968.30
2012年	137 210.00	-231 632.00	285 941.00
2013年	193 700.00	-10 370.00	-65 559.50

2011—2013年经营活动现金净流量均为正数，表明公司日常的生产经营活动产生的现金流入不仅能够满足日常现金流出，而且还有余力为投资活动提供现金支持，经营活动状况良好。2011—2013年的投资活动现金净流量均为负值，根据现金流量表数据可以看出，在对外投资项目上为净流入，在对内的固定资产等长期资产投资项目上净流入是负值，说明企业在不断扩大生产规模，增加生产能力，增强获利支撑。这种负值态势良好。筹资活动现金净流量在2011年和2013年为负值，主要是偿还债务，分配股利、利润或偿付利息等活动支付的现金超过了取得借款收到的现金，说明公司资金量充裕，财务风险低，经营状况良好。

一般说来，一个健康的、正在成长的公司的经营活动现金流量应是正数，投资活动的现金流量是负数，筹资活动的现金流量是正负相间的。显然，从三大类现金流入和流出的结构数据来看，宇通公司是一个正在成长的公司，但是否真正称得上是健康成长，还应与同业比较，综合考虑各种因素，才能得到进一步的结论。

（3）现金流量表趋势分析（环比比率分析）。现金流量表趋势计算表如表9-21所示。

表9-21　　2011—2013年现金流量趋势计算表　　单位：万元

项目	2013年	2012年	2011年	2013年较2012年变动率	2012年较2011年变动率
经营活动现金流入小计	2 113 210.00	1 619 750.00	1 624 940.00	30.47%	-0.32%
其中：					
销售商品、提供劳务收到的现金	2 081 390.00	1 561 790.00	1 610 860.00	33.27%	-3.05%
收到的税费返还	8 612.59	9 492.16	2 047.72	-9.27%	363.55%
收到其他与经营活动有关的现金	23 207.41	48 467.84	12 032.28	-52.12%	302.82%
投资活动现金流入小计	1 143 830.00	669 785.00	184 629.00	70.78%	262.77%
其中：					
收回投资所收到的现金	1 063 220.00	669 571.00	178 696.00	58.79%	274.70%
取得投资收益所收到的现金	243.70	89.89	1 324.36	171.11%	-93.21%
处置固定资产、无形资产和其他长期资产所收回的现金净额	366.30	124.11	124.39	195.14%	-0.23%
处置子公司及其他营业单位收到的现金净额	—	—	4 484.25	—	-100.00%
收到其他与投资活动有关的现金	80 000.00	—	—	—	—
筹资活动现金流入小计	32 813.00	319 338.00	28 597.90	-89.72%	1 016.65%
其中：					
吸收投资收到的现金	7 126.99	259 367.00	—	-97.25%	—
取得借款收到的现金	21 516.65	51 982.93	7 560.20	-58.61%	587.59%
收到其他与筹资活动有关的现金	4 169.36	7 988.07	21 037.70	-47.81%	-62.03%
现金流入总计	3 289 853.00	2 608 873.00	1 838 166.90	26.10%	41.93%
经营活动现金流出小计	1 919 510.00	1 482 540.00	1 480 310.00	29.47%	0.15%

续表

项目	2013 年	2012 年	2011 年	2013 年较 2012 年变动率	2012 年较 2011 年变动率
其中：					
购买商品、接受劳务支付的现金	1 558 220.00	1 178 410.00	1 225 660.00	32.23%	-3.86%
支付给职工以及为职工支付的现金	120 430.00	94 572.80	75 259.20	27.34%	25.66%
支付的各项税费	101 082.00	81 771.40	69 760.20	23.62%	17.22%
支付其他与经营活动有关的现金	139 778.00	127 785.80	109 630.60	9.38%	16.56%
投资活动现金流出小计	1 154 200.00	901 417.00	284 543.00	28.04%	216.79%
其中：					
购建固定资产、无形资产和其他长期资产所支付的现金	92 140.00	189 584.00	99 239.47	-51.40%	91.04%
投资所支付的现金	1 062 060.00	711 833.00	182 328.00	49.20%	290.41%
取得子公司及其他营业单位支付的现金净额	—	—	2 975.53	—	-100.00%
筹资活动现金流出小计	98 372.50	33 397.60	29 566.20	194.55%	12.96%
其中：					
偿还债务支付的现金	46 977.10	7 703.42	13 645.20	509.82%	-43.54%
分配股利、利润或偿付利息所支付的现金	49 696.90	21 524.90	15 921.00	130.88%	35.20%
支付其他与筹资活动有关的现金	1 698.50	4 169.28	—	-59.26%	—
现金流出总计	3 172 082.50	2 417 354.60	1 794 419.20	31.22%	34.72%

2011—2013 年现金流入总计在逐年增长，2012 年比 2011 年现金流入总计增长 41.93%，2013 年比 2012 年现金流入总计增长 26.10%。其中经营活动现金流入环比上升幅度较大，从 -0.32% 上升到 30.47%，2012 年经营活动现金流入环比下降 0.32%，变化不大。2013 年经营活动现金流入环比上升 30.47%，提升幅度较大。根据公司年报的披露，2013 年经营活动现金流入的大幅提升是由于当年销售客车量增加、出口退税款增加、收到的财政补贴增加等几个方面的原因。投资活动现金流入从 2011 到 2013 年一路上升，主要是银行理财收益增加、收回前期的土地款两方面的原因引起的。筹资活动现金流入先升后降，主要是 2012 年公司进行了配股和股权激励收到的投资款增加、出口信用证押汇款借款增加所致；2013 年收到的这两项资金开始减少，造成筹资活动现金流入下降。公司现金流入的变动情况正常。

2011—2013 年现金流出总计也在逐年增长，2012 年现金流出总计比 2011 年增长 34.72%，2013 年现金流出总计比 2012 年增长 31.22%，环比变动不大。其中经营活动现金流出平稳上升，2012 年与 2011 年变化仅为 0.15%，2013 年由于销售客车量增加导致采购现金、工资现金支付增加，由于当年利润的上升导致税费支付增加，致使当年的经营活动现金流出增加 29.47%。投资活动现金流出在逐年增长，环比变动幅度较大。2012 年公司在新能源项目投资的增加、银行理财投资的增加，引起投资活动现金流出环比上升 216.79%。2013 年公司在新能源项目及新能源技术改造项目投资较上年减少,使得投资活动现金流出环比上升28.04%。筹资活动现金流出一路上升,2012年上升比例较小,仅为12.96%,主要是当年偿还借款减少、分配现金股利增加所引起的;而2013年归还借款增加、分配现金股利增加导致筹资活动现金流出环比提升到194.55%。公司的现金流出变动情况正常。

三、财务指标分析

1. 偿债能力分析

偿债能力指标计算如表9-22所示。

表9-22 偿债能力分析表

指标	2013年	2012年	2011年
流动比率	1.68	1.56	1.31
速动比率	1.48	1.37	1.04
现金比率	0.60	0.48	0.28
资产负债率(%)	45.94	48.74	57.54
产权比率(%)	84.96	95.08	135.49

(1)流动比率。流动比率是流动资产与流动负债的比值,该指标为正指标,数值越大对债权人越有保障,偿债能力越强。较为合理的流动比率值为2。如果流动比率过低,说明企业近期可能有偿债的困难,造成财务风险;如果流动比率过高,虽然能说明短期偿债能力强,但也说明企业的现金、存货等流动资产有闲置或流动负债利用不足,获利能力低。宇通客车2011—2013年的流动比率基本上较为平稳,没有太大的波动,数值都介于1.3与1.7之间,且呈逐年上升趋势。这说明宇通客车的短期偿债能力比较稳定,应该不存在大的偿债问题。

(2)速动比率。速动比率是速动资产与流动负债的比值。该指标为正指标,数值越大,对债权人越有保障,短期偿债能力越强。速动比率数值保持在1时较为合理。宇通客车的速动比率在2011—2013年都超过了1,说明短期偿债能力非常强,但是持有过多的速动资产,在收益上会受损失。

(3)现金比率。现金比率是企业经营活动产生的现金流量净额与流动负债的比值,这一指标反映了企业经营活动产生的现金流对流动负债的保障能力。该指标为正指标,数值越大对债权人越有保障。宇通客车的现金比率在逐年提高,以现金偿还流动负债的能力在增强。

(4)资产负债率。资产负债率是负债总额与资产总额的比值,该指标是反指标,数值越小对债权人越有保障,长期偿债能力越强。但对于股东来说,一般该比值越大越好,这样可以充分利用财务杠杆,获得更多收益。一般来说,资产负债率在40%~60%是较为合理的。宇通客车的资产负债率2011—2013年在45%~58%,处在合理范围内。

(5)产权比率。产权比率是负债与股东权益的比值,反映了企业财务结构的稳定性,也就是债权人提供的资本与股东提供的资本之间的相对关系;同时也反映了股东权益对债务的保障程度。该指标是反指标,数值越小,对债权人越有保障,长期偿债能力越强。宇通客车的产权比率2011—2013年在84%~136%,处在逐渐降低趋势,表明宇通客车自有资本对债务资本的保障程度在增强,公司的长期偿债能力在增强。

综上所述,宇通客车不论是短期偿债能力,还是长期偿债能力,在2011—2013年的变动趋势都是在逐渐增强的,同时也说明了公司具有较强的经济实力。

2. 盈利能力分析

盈利能力指标分析表如表9-23所示。

表9-23 盈利能力分析表

指标	2013年	2012年	2011年
营业利润率(%)	8.53	8.28	7.86
销售毛利率(%)	19.46	19.97	18.20
销售净利率(%)	8.25	7.84	6.98
净资产收益率(%)	20.80	21.17	35.42
总资产利润率(%)	11.25	10.85	15.04
权益乘数	1.85	1.95	2.35

注:为计算简便,净资产收益率和总资产利润率分母采用时点数据。

(1)营业利润率。营业利润率是指企业的营业利润与营业收入的比率。它是衡量企业经营效率的指标,反映了在不考虑非营业成本的情况下,企业管理者通过经营获取利润的能力。一般来讲,该指标应大于8%,指标值越大,表明企业综合获利能力越强。宇通公司2011—2013年营业利润率处在增长状态,且2012年、2013年营业利润率均在8%以上,说明公司正常业务有较强的获利能力。

(2)销售毛利率。销售毛利率是销售毛利(销售收入与销售成本的差额)与销售收入的比值,指标越大,说明企业的盈利能力越强,宇通客车的销售毛利率在2011—2013年总体是上升的,表明公司的盈利能力在逐年增强。这主要得益于近几年宇通客车在海外市场销量的上升和校车板块在行业中的地位提升,为企业带来了更多的收益。

(3)销售净利率。销售净利率是净利润与销售收入的比值,该指标越大,说明企业销售收入创造利润的能力越强。宇通客车2011—2013年的销售净利率稳步上升,到2013年达到了8.25%,说明公司产品的获利能力稳定且逐步在增强。

(4)净资产收益率。净资产收益率是净利润与净资产的比值,反映所有者投入资金的盈利能力,是杜邦体系中的核心指标,是正指标,数值越大,表示所有者资本金的回报越高。该指标受企业的总资产利润率和权益乘数的影响。总资产利润率是对企业运用资产进行生产经营活动的效率高低的评价,权益乘数是对企业筹资情况的评价。通过与这两个指标建立的关系,能将企业的经营活动和筹资、投资活动进行良好的分析。宇通公司2011—2013年的净资产收益率从35.42%下降到20.80%,主要是总资产利润率和权益乘数这两个因素的逐年下降导致的。总资产利润率受销售净利率和总资产周转率的影响,从表9-23中可以看出销售净利率2011—2013年是逐年上升的。从表9-16中可以看出,2011—2013年总资产的增长速度分别为81.67%、13.44%,从表9-18可以看出,营业收入增长速度分别为16.72%、11.79%,通过比较可以看出总资产的增长速度超过了营业收入的增长速度,所以导致总资产周转率下降;权益乘数的下降表明公司负债融资逐渐减少,财务政策越来越保守,二者的综合作用导致净资产收益率下降,但是在客车行业,该指标还处于市场领先地位,说明公司净资产的盈利能力在同行业中还是很强的。一般情况下,在总资产净利率高于债务利息率时,公司应该适度负债经营,适当提高权益乘数,充分利用财务杠杆倍增净资产收益率的作用。宇通客车2011—2013年最低的总资产利润率为10.85%,高于同期市场债务利率,所以建议公司适度增大负债规模,提高盈利能力。

3. 营运能力分析

营运能力指标分析表如表9-24所示。

表9-24 营运能力分析表

指标	2013年	2012年	2011年
应收账款周转率(次)	6.06	8.27	11.79
存货周转率(次)	13.38	13.24	11.80
流动资产周转率(次)	2.03	2.55	3.35
固定资产周转率(次)	7.21	9.51	15.93
总资产周转率(次)	1.45	1.79	2.31

(1) 应收账款周转率。应收账款周转率是赊销收入净额与应收账款平均占用额的比值。一般该指标应大于6次。企业应收账款周转速度越快,应收账款平均收款期越短,资金回笼的速度也就越快。宇通客车2011—2013年该指标均在6次以上,但是处在连续下降趋势,说明公司应该着力加强应收账款的催收管理工作。

(2) 存货周转率。存货周转率是营业成本与平均存货余额的比值,反映企业管理存货的效率。一般该指标应大于5次。存货周转速度越快,存货占用水平越低,流动性越强。宇通客车的存货周转率2011—2013年稳步提升,指标值均大于5次。一方面说明企业加强了存货管理,另一方面也反映出产品市场需求在不断增大。

(3) 资产周转率。资产周转率包括流动资产周转率、固定资产周转率、总资产周转率等。这些指标都是正指标,数值越大,资产周转效率越高,相对的使资产得到节约,以此实现企业盈利能力的增强。宇通客车的流动资产周转率呈现逐年下降的趋势,主要是应收账款周率的下降所致,说明了流动资产利用效果在逐年下降。企业的固定资产周转次数也在逐年下降,主要原因是2011—2013年公司新建了新能源汽车生产基地,对固定资产投资增大,在生产能力投入使用初期,生产量和销售量还没有达到预计的标准,还没有产生预计的销售收入,随着新能源汽车的普及,销售量必然增加,未来几年固定资产周转率应该是上升的。总资产周转率也在下降,主要是流动资产周转率、固定资产周转率都在逐年下降导致的。

总体而言,公司2011—2013年资产的营运能力在减弱,决策层一方面应着手加强应收账款的管理,另一方面应该加快新能源基地的建设速度,尽快完成设计的生产能力,加大新老产品的销售力度,盘活各项资产,尽快提高资产营运能力,形成企业盈利支撑。

4. 发展能力分析

发展能力指标分析表如表9-25所示。

表 9-25　　发展能力分析表

指标	2013 年	2012 年	2011 年
主营业务收入增长率(%)	11.79	16.72	25.62
营业利润增长率(%)	15.07	22.97	32.53
利润总额增长率(%)	18.24	30.44	38.98
净利润增长率(%)	17.55	31.08	37.43

(1) 主营业务收入增长率。主营业务收入增长率是本年的主营业务收入减去上年的主营业务收入之差再除以上年主营业务收入的比值。该指标还可用于评价企业的市场扩张能力,是衡量企业规模扩张的重要指标。一般来讲,如果主营业务收入每年增长率不小于8%,说明该企业的主业正处于成长期。如果该比率低于-5%,说明该产品将进入生命末期了。宇通客车2011—2013年主营业务收入处于增长趋势,增长率都超过了8%,说明公司的产品市场需求大,业务扩张能力强,主业处在旺盛的成长期。但是受宏观经济增速放缓的影响,公司主营业务收入的增长速度也在下降,但是,随着宇通客车"重视技术→研发高投入→得到创新成果→转化为商品,形成更高水平的生产力"的创新战术的实施,公司产品会迎来更好的增长前景。

(2) 利润增长率。利润增长率包括营业利润增长率、利润总额增长率、净利润增长率。公司2011—2013年各项利润指标处于增长趋势,其中营业利润的增长说明公司日常的生产经营活动和投资活动盈利能力强,利润总额的增长说明公司营业外项目净收益较高,尤其是2011—2013年公司获得了大量的国家财政补贴收入。净利润的增长是公司成长性的基本特征,净利润增幅较大,表明公司经营业绩突出,市场竞争能力强。反之,净利润增幅小甚至出现负增长就谈不上具有成长性了。公司从2011年到2013年各项利润增长率指标的环比在下降,其中有收入增长下滑的影响,但各项成本的控制仍是提升利润的主要措施之一。2013年净利润增长率为17.55%,是2011—2013年中的最低值,但从整个汽车行业来讲,该指标仍是行业最高,表明公司在整个行业中的成长潜力非常大。

四、综合评价

综上所述,通过对宇通客车2011—2013年的资产负债表、利润表和现金流量表的分析,我们可以做出这样的一些判断:该公司作为我国客车企业的龙头,正处于一个平稳发展阶段,销售收入稳步增长,企业获取利润和现金流的能力在逐步提高。公司执行保守的财务政策,资产结构较为合理。下一步,公司应加强资产利用效率的管理,特别是应该提高应收账款的周转效率和固定资产的周转效率。公司应加强成本控制,宇通客车在销售收入增长的同时,成本增长率也同比例上升,公司应从降低采购成本、降低生产成本、减少能耗的消耗、提升员工的操作技能等方面进行生产成本控制。公司应加强市场营销能力,积极拓展海外市场,提升产品销售量,增强产品盈利能力。据相关专家预测,由于国产大中型客车相对于发达国家产品仍具有较高的性价比,预计未来五年国产大中型客车出口增长率在10%~15%。公司应继续保持多元化经营策略,以客车为主业,在注重传统客车和新能源客车市场开拓的同时,着力开拓校车、房车、机场摆渡车等细分市场，推出具有竞争力的产品和业务管理方法。

9.2　案 例 实 训

实训 1　四川水井坊股份有限公司综合财务分析

【实训资料】

四川水井坊股份有限公司（简称水井坊）是由四川成都全兴集团有限公司（中外合资的投资性企业）控股 39.71% 并在上海证券交易所挂牌的上市公司，股票简称水井坊，公司属饮用酒制造业，主营酒类产品生产和销售，主要酒类产品有水井坊品牌系列、全兴品牌系列等。

2011 年、2012 年、2013 年的杜邦分析图如图 9-8、图 9-9、图 9-10 所示。

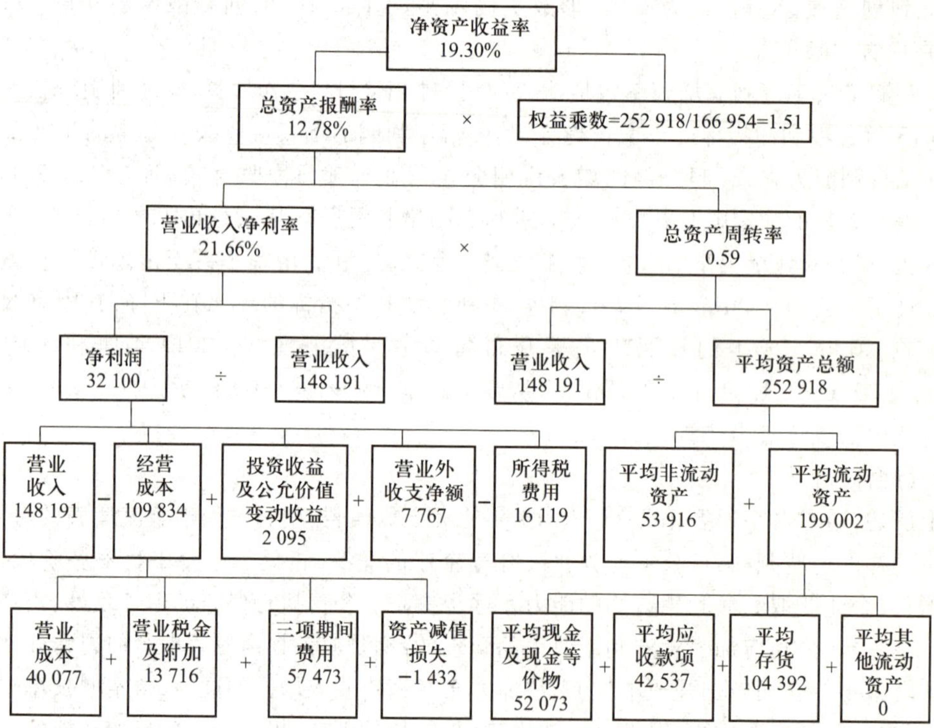

图 9-8　2011 年杜邦分析图（单位：万元）

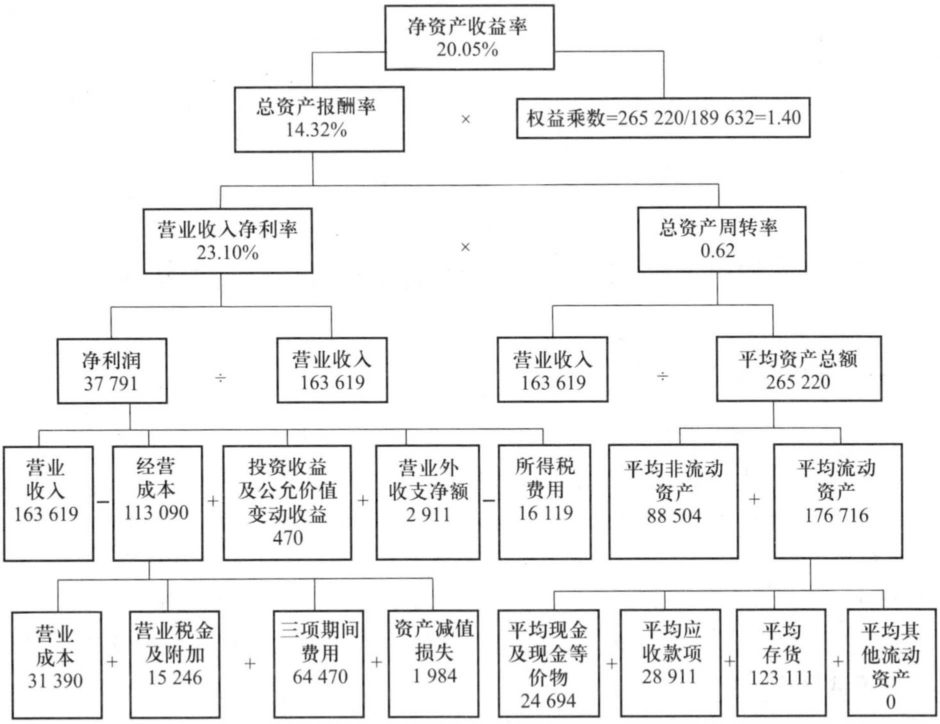

图 9-9　2012 年杜邦分析图(单位:万元)

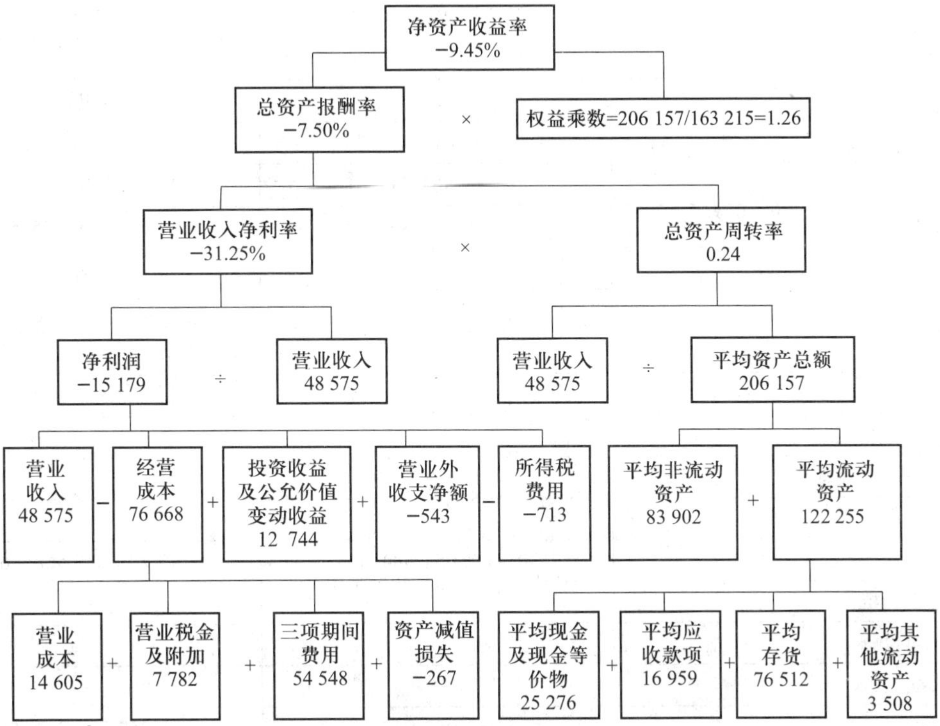

图 9-10　2013 年杜邦分析图

【实训要点】

1. 根据水井坊 2011—2013 年的杜邦分析图，分析公司净资产收益率的变化情况及变化原因。

2. 讨论公司 2011—2013 年的财务状况和经济效益。

实训 2　保利地产（集团）股份有限公司综合财务分析

【实训资料】

保利地产（集团）股份有限公司公司前身为广州保利房地产开发公司，是于 1992 年 9 月 14 日在广州市注册成立的全民所有制企业。2002 年 8 月 22 日，经中国国家经济贸易委员会批准，广州保利房地产开发公司改制为股份有限公司，名称变更为“保利房地产股份有限公司”。2006 年 3 月，保利房地产股份有限公司更名为“保利房地产（集团）股份有限公司”。经营范围包括：一级房地产开发、出租本公司开发商品房、房屋工程设计、旧楼拆迁、道路与土方工程施工、室内装修、冷气工程及管理安装、物业管理、酒店管理、批发和零售贸易等业务。2012 年、2013 年财务报表如表 9-26、表 9-27 所示。

表 9-26　　资产负债表　　单位：元

项目	2013 年 12 月 31 日	2012 年 12 月 31 日
货币资金	33 752 969 830.80	32 672 702 564.71
交易性金融资产	—	—
应收票据	3 224 500.00	450 000.00
应收账款	2 331 813 449.76	1 880 283 617.10
预付款项	19 275 863 743.91	16 418 546 908.33
其他应收款	7 736 887 404.08	2 512 219 395.55
应收关联公司款	—	—
应收利息	—	—
应收股利	—	—
存货	239 907 295 955.86	189 643 823 082.97
其中：消耗性生物资产	—	—
一年内到期的非流动资产	—	—
其他流动资产	—	—
流动资产合计	303 008 054 884.41	243 128 025 568.66
可供出售金融资产	—	—
持有至到期投资	—	—
长期应收款	—	—
长期股权投资	3 382 082 942.90	1 350 794 240.14

续表

项目	2013 年 12 月 31 日	2012 年 12 月 31 日
投资性房地产	4 714 890 472. 13	4 717 957 237. 12
固定资产	1 985 039 517. 32	1 378 431 326. 74
在建工程	—	—
工程物资	—	—
固定资产清理	—	—
生产性生物资产	—	—
油气资产	—	—
无形资产	14 535 584. 92	10 865 134. 46
开发支出	—	—
商誉	10 342 507. 30	10 342 507. 30
长期待摊费用	27 485 719. 48	36 575 772. 80
递延所得税资产	797 422 692. 06	535 625 795. 02
其他非流动资产	—	—
非流动资产合计	10 931 799 436. 11	8 040 592 013. 58
资产总计	313 939 854 320. 52	251 168 617 582. 24
短期借款	1 370 000 000. 00	1 348 000 000. 00
交易性金融负债	—	—
应付票据	—	—
应付账款	18 670 703 415. 17	12 792 887 608. 57
预收款项	107 167 841 700. 08	90 547 363 466. 08
应付职工薪酬	124 633 442. 34	94 122 306. 35
应交税费	-6 218 525 196. 99	-4 084 597 633. 60
应付利息	55 170 317. 97	151 141 842. 94
应付股利	4 812 626. 00	6 158 426. 00
其他应付款	25 835 195 792. 55	15 292 027 631. 39
应付关联公司款	—	—
一年内到期的非流动负债	19 624 724 743. 00	24 324 029 407. 39
其他流动负债	—	—
流动负债合计	166 634 556 840. 12	140 471 133 055. 12
长期借款	75 101 300 578. 37	55 850 413 333. 13
应付债券	2 989 548 695. 82	—
长期应付款	—	—
专项应付款	—	—
预计负债	—	—
递延所得税负债	61 272 278. 97	67 550 710. 19
其他非流动负债	—	—

续表

项目	2013 年 12 月 31 日	2012 年 12 月 31 日
非流动负债合计	78 152 121 553.16	55 917 964 043.32
负债合计	244 786 678 393.28	196 389 097 098.44
实收资本(或股本)	7 137 994 391.00	7 137 994 391.00
资本公积	10 963 716 587.11	10 776 925 472.63
盈余公积	1 100 917 160.02	811 701 777.25
减:库存股	—	—
未分配利润	32 560 241 225.29	23 758 309 752.50
少数股东权益	17 390 306 563.82	12 293 139 735.60
外币报表折算差额	—	1 449 354.82
非正常经营项目收益调整	—	—
归属母公司所有者权益(或股东权益)	51 762 869 363.42	42 486 380 748.20
所有者权益(或股东权益)合计	69 153 175 927.24	54 779 520 483.80
负债和所有者权益(或股东权益)合计	313 939 854 320.52	251 168 617 582.24

表 9-27　　利　润　表　　单位:元

项目	2013 年	2012 年
一、营业收入	92 355 524 195.85	68 905 756 710.27
减:营业成本	62 655 215 219.51	43 972 081 799.46
营业税金及附加	9 522 127 698.60	8 120 267 006.74
销售费用	2 185 176 436.97	1 645 610 859.05
管理费用	1 575 818 588.79	1 222 704 124.65
勘探费用	—	—
财务费用	985 531 951.77	892 093 421.02
资产减值损失	59 882 558.32	70 794 150.32
加:公允价值变动净收益	—	—
投资收益	635 052 586.69	411 368 972.97
其中:对联营企业和合营企业的投资收益	631 751 353.83	400 210 811.42
二、营业利润	16 006 824 328.58	13 393 574 322.00
加:营业外收入	182 283 960.89	189 444 545.43
减:营业外支出	87 411 760.92	50 891 907.42
其中:非流动资产处置净损失	158 318.88	100 774.77
加:影响利润总额的其他科目	—	—
三、利润总额	16 101 696 528.55	13 532 126 960.01
减:所得税	4 237 234 223.24	3 553 528 684.65
加:影响净利润的其他科目	—	—
四、净利润	11 864 462 305.31	9 978 598 275.36

续表

项目	2013 年	2012 年
归属于母公司所有者的净利润	10 747 161 554.27	8 438 233 558.38
少数股东损益	1 117 300 751.04	1 540 364 716.98
五、每股收益	—	—
(一)基本每股收益	1.51	1.18
(二)稀释每股收益	1.51	1.18

【实训要点】

1. 分别计算偿债能力指标、盈利能力指标、营运能力指标和成长能力指标,填入表 9-28 ~ 表 9-31 中。

2. 根据上述指标进行公司的综合财务评价。

表 9-28　　偿债能力比较表

指标	2013 年	2012 年	2013 年较 2012 年变动数
流动比率			
速动比率			
现金比率			
资产负债率			
产权比率			

表 9-29　　盈利能力比较表

指标	2013 年	2012 年	2013 年较 2012 年变动数
营业利润率(%)			
销售毛利率(%)			
销售净利率(%)			
成本费用利润率(%)			
三项费用率(%)			
净资产收益率(%)			
总资产利润率(%)			

表 9-30　　营运能力比较表

指标	2013 年	2012 年	2013 年较 2012 年变动数
应收账款周转率(次)			
应收账款周转天数(天)			
存货周转率(次)			

续表

指标	2013 年	2012 年	2013 年较 2012 年变动数
存货周转天数(天)			
流动资产周转率(次)			
流动资产周转天数(天)			
固定资产周转率(次)			
总资产周转率(次)			
总资产周转天数(天)			

表 9-31　　**发展能力比较表**

指标	2013 年	2012 年	2013 年较 2012 年变动数
主营业务收入增长率(%)			
营业利润增长率(%)			
利润总额增长率(%)			
净利润增长率(%)			
净资产增长率(%)			
总资产增长率(%)			

实训 3　撰写浙江爱仕达电器股份有限公司的财务分析报告

【实训资料】

浙江爱仕达电器股份有限公司(简称爱仕达公司)前身为浙江台州爱仕达电器有限公司，经 2007 年 10 月 8 日爱仕达有限公司股东会决议和 2007 年 12 月 16 日公司创立大会审议通过，浙江台州爱仕达电器有限公司整体变更为浙江爱仕达电器股份有限公司。经营范围包括：炊具及配件、餐具及配件制造和销售；日用电器、玻璃制品、金属模具、非金属模具的设计和制造；金属复合材料、化工产品的销售；货运(普通货运)、货物进出口、技术进出口等业务。公司 2011—2013 年财务报表如表 9-32、表 9-33、表 9-34 所示。

表 9-32　　**资产负债表**　　单位：元

项目	2013 年 12 月 31 日	2012 年 12 月 31 日	2011 年 12 月 31 日
货币资金	370 241 967.10	318 847 750.30	407 873 114.98
交易性金融资产	627 750.00	—	3 717 793.50
应收票据	57 599 988.46	34 644 962.65	41 318 258.76

续表

项目	2013 年 12 月 31 日	2012 年 12 月 31 日	2011 年 12 月 31 日
应收账款	407 867 587.04	392 610 587.84	447 447 081.01
预付款项	31 222 554.32	63 056 464.78	80 831 973.76
其他应收款	20 439 995.97	18 987 413.51	7 068 520.35
应收关联公司款	—	—	—
应收利息	153 576.52	538 264.49	800 855.13
应收股利	—	—	—
存货	589 265 468.29	627 512 651.84	571 945 904.75
其中:消耗性生物资产	—	—	—
一年内到期的非流动资产	6 534 147.54	4 388 841.26	—
其他流动资产	—	—	—
流动资产合计	1 483 953 035.24	1 460 586 936.67	1 561 003 502.24
可供出售金融资产	—	—	—
持有至到期投资	—	—	—
长期应收款	—	—	—
长期股权投资	—	—	1 979 693.90
投资性房地产	1 764 817.58	1 872 255.74	345 566 058.14
固定资产	437 205 733.76	362 622 196.21	45 031 024.47
在建工程	122 843 309.66	109 845 196.80	—
工程物资	—	—	—
固定资产清理	—	—	—
生产性生物资产	—	—	—
油气资产	—	—	—
无形资产	288 696 605.44	322 271 901.27	121 609 771.76
开发支出	—	—	—
商誉	—	—	—
长期待摊费用	16 927 313.54	31 622 396.10	11 842 962.38
递延所得税资产	19 644 870.46	13 714 964.15	8 685 686.90
其他非流动资产	4 907 874.00	5 875 968.99	—
非流动资产合计	891 990 524.44	847 824 879.26	534 715 197.55
资产总计	2 375 943 559.68	2 308 411 815.93	2 095 718 699.79
短期借款	153 000 000.00	343 426 750.00	205 057 650.00
交易性金融负债	—	—	—
应付票据	—	—	50 000.00
应付账款	312 683 070.85	299 496 107.18	256 616 044.93
预收款项	47 883 824.64	47 503 696.43	25 675 963.64
应付职工薪酬	31 578 082.35	29 152 837.94	26 264 202.37
应交税费	-17 686 226.19	-50 070 479.55	-26 862 487.27

续表

项目	2013年12月31日	2012年12月31日	2011年12月31日
应付利息	255 166.67	322 059.92	363 183.78
应付股利	—	—	—
其他应付款	15 277 198.98	4 967 434.79	9 397 839.48
应付关联公司款	—	—	—
一年内到期的非流动负债	—	—	—
其他流动负债	—	—	—
流动负债合计	542 991 117.30	674 798 406.71	496 562 396.93
长期借款	—	—	—
应付债券	—	—	—
长期应付款	—	—	—
专项应付款	68 519 476.04	—	—
预计负债	—	—	—
递延所得税负债	94 162.50	—	557 669.03
其他非流动负债	92 497 819.55	11 243 861.03	10 307 581.03
非流动负债合计	161 111 458.09	11 243 861.03	10 865 250.06
负债合计	704 102 575.39	686 042 267.74	507 427 646.99
实收资本(或股本)	240 000 000.00	240 000 000.00	240 000 000.00
资本公积	1 052 690 717.61	1 052 690 717.61	1 052 690 717.61
盈余公积	21 772 320.40	20 025 457.55	18 309 190.17
减:库存股	—	—	—
未分配利润	312 514 430.46	271 385 157.85	242 142 287.98
少数股东权益	44 863 515.82	38 268 215.18	35 148 857.04
外币报表折算价差	—	—	—
非正常经营项目收益调整	—	—	—
归属母公司所有者权益(或股东权益)	1 626 977 468.47	1 584 101 333.01	1 553 142 195.76
所有者权益(或股东权益)合计	1 671 840 984.29	1 622 369 548.19	1 588 291 052.80
负债和所有者权益(或股东权益)合计	2 375 943 559.68	2 308 411 815.93	2 095 718 699.79

表9-33 **利 润 表** 单位:元

项目	2013年	2012年	2011年
一、营业收入	2 134 693 672.79	1 937 630 382.97	2 202 699 229.43
减:营业成本	1 446 429 251.65	1 288 143 498.60	1 565 835 494.50
营业税金及附加	16 653 970.71	15 953 743.34	15 784 725.60
销售费用	388 424 525.69	378 244 681.15	395 641 511.32
管理费用	206 309 519.23	205 081 248.82	210 755 307.09
勘探费用	—	—	—

续表

项目	2013 年	2012 年	2011 年
财务费用	28 846 476.83	12 563 093.65	15 487 645.34
资产减值损失	8 555 716.22	2 644 495.86	4 503 247.75
加:公允价值变动净收益	627 750.00	-3 717 793.50	3 717 793.50
投资收益	3 456 370.00	1 788 221.90	28 484 892.26
其中:对联营企业和合营企业的投资收益	—	—	—
二、营业利润	43 558 332.46	33 070 049.95	26 893 983.59
加:营业外收入	62 813 508.28	4 290 554.97	59 298 583.38
减:营业外支出	52 346 312.74	2 417 169.34	3 188 959.36
其中:非流动资产处置净损失	36 414 947.90	18 873.37	23 646.47
加:影响利润总额的其他科目	—	—	—
三、利润总额	54 025 528.00	34 943 435.58	83 003 607.61
减:所得税	4 554 091.90	864 940.19	11 674 999.19
加:影响净利润的其他科目	—	—	—
四、净利润	49 471 436.10	34 078 495.39	71 328 608.42
归属于母公司所有者的净利润	42 876 135.46	30 959 137.25	60 155 042.54
少数股东损益	6 595 300.64	3 119 358.14	11 173 565.88
五、每股收益	—	—	—
(一) 基本每股收益	0.18	0.13	0.25
(二) 稀释每股收益	0.18	0.13	0.25

表 9-34　　现金流量表　　单位:元

项目	2013 年	2012 年	2011 年
一、经营活动产生的现金流量			
销售商品、提供劳务收到的现金	1 995 867 812.59	1 965 545 388.29	2 344 995 445.82
收到的税费返还	24 395 237.17	4 355 648.15	32 387 432.04
收到其他与经营活动有关的现金	28 986 355.93	12 133 989.83	28 912 009.72
经营活动现金流入小计	2 049 249 405.69	1 982 035 026.27	2 406 294 887.58
购买商品、接受劳务支付的现金	1 115 627 480.52	1 100 927 363.25	1 776 778 535.69
支付给职工以及为职工支付的现金	284 327 704.82	255 214 693.79	243 624 625.94
支付的各项税费	74 629 211.41	81 420 759.09	64 574 488.41
支付其他与经营活动有关的现金	376 784 398.95	392 025 237.73	419 691 676.88
经营活动现金流出小计	1 851 368 795.70	1 829 588 053.86	2 504 669 326.92
经营活动产生的现金流量净额	197 880 609.99	152 446 972.41	-98 374 439.34
二、投资活动产生的现金流量			

续表

项目	2013 年	2012 年	2011 年
收回投资收到的现金	—	—	20 000 000.00
取得投资收益收到的现金	3 456 370.00	1 788 221.90	28 484 892.26
处置固定资产、无形资产和其他长期资产收回的现金净额	1 332 904.35	362 465.53	77 064 675.38
处置子公司及其他营业单位收到的现金净额	—	—	—
收到其他与投资活动有关的现金	201 753 349.00	2 300 000.00	1 012 300.00
投资活动现金流入小计	206 542 623.35	4 450 687.43	126 561 867.64
购建固定资产、无形资产和其他长期资产支付的现金	125 105 835.67	360 168 695.93	166 962 061.73
投资支付的现金	—	—	20 000 000.00
取得子公司及其他营业单位支付的现金净额	—	—	—
支付其他与投资活动有关的现金	10 469 371.93	10 000 000.00	—
投资活动现金流出小计	135 575 207.60	370 168 695.93	186 962 061.73
投资活动产生的现金流量净额	70 967 415.75	-365 718 008.50	-60 400 194.09
三、筹资活动产生的现金流量			
吸收投资收到的现金	—	—	—
取得借款收到的现金	657 838 231.47	933 407 425.00	746 060 899.00
收到其他与筹资活动有关的现金	—	1 694 080.00	34 054 501.91
筹资活动现金流入小计	657 838 231.47	935 101 505.00	780 115 400.91
偿还债务支付的现金	847 529 932.00	795 054 775.00	599 561 693.00
分配股利、利润或偿付利息支付的现金	17 567 401.83	12 937 473.57	57 271 358.34
支付其他与筹资活动有关的现金	—	1 289 000.00	1 694 080.00
筹资活动现金流出小计	865 097 333.83	809 281 248.57	658 527 131.34
筹资活动产生的现金流量净额	-207 259 102.36	125 820 256.43	121 588 269.57
四、汇率变动对现金的影响	-10 508 506.58	-1 169 505.02	-1 935 745.98
五、现金及现金等价物净增加额			
期初现金及现金等价物余额	317 558 750.30	406 179 034.98	445 301 144.82
期末现金及现金等价物余额	368 639 167.10	317 558 750.30	406 179 034.98
融资租入固定资产	—	—	—
六、现金及现金等价物净变动情况			
现金的期末余额	368 639 167.10	317 558 750.30	406 179 034.98
减:现金的期初余额	317 558 750.30	406 179 034.98	445 301 144.82
加:现金等价物的期末余额	—	—	—
减:现金等价物的期初余额	—	—	—
现金及现金等价物净增加额	51 080 416.80	-88 620 284.68	-39 122 109.84

【实训要点】

收集爱仕达公司相关信息，撰写2013年公司财务分析报告。

综合测试

一、单项选择题

1. 某企业权益乘数高，说明该企业的(　　)。

A. 偿债能力弱　　B. 偿债能力强

C. 盈利能力强　　D. 营运能力强

2. 下列指标中，对权益乘数大小产生影响的主要指标是(　　)。

A. 权益净利率　　B. 资产周转率

C. 资产负债率　　D. 销售利润率

3. 某公司负债总额为40万元，资产总额100万元，则该公司的权益乘数为(　　)。

A. 5　　B. 2

C. 0　　D. 1.67

4. 在杜邦分析体系中，若其他条件相同，下列说法中错误的是(　　)。

A. 权益乘数越大，则财务风险越大　　B. 权益乘数越大，则权益净利率越大

C. 权益乘数等于产权比率　　D. 权益乘数越大，则资产净利率越大

5. 杜邦财务分析的核心指标是(　　)。

A. 总资产周转率　　B. 权益乘数

C. 净资产收益率　　D. 销售净利率

6. 某公司2014年年末资产总额为9 800 000元，负债总额为5 256 000元，据以计算的2014年的产权比率为(　　)。

A. 1.16　　B. 0.54

C. 0.46　　D. 0.86

7. 营业收入净利率与总资产周转率之间的关系为(　　)。

A. 二者相乘等于净资产收益率　　B. 二者相加等于1

C. 二者相除等于总资产报酬率　　D. 二者无任何关系

8. 以下属于负指标的是(　　)。

A. 总资产周转率　　B. 流动资产周转率

C. 流动比率　　D. 不良资产比率

9. A公司2013年实现利润情况如下：主营业务收入4 800万元，主营业务利润3 000万元，其他业务利润68万元，存货跌价损失56万元，营业费用280万元，管理费用320万元，则营业利润率为(　　)。

A. 62.5%　　B. 51.4%

C. 50.25% D. 64.2%

10. 下列关于销售毛利率的计算公式中,正确的是(　　)。

A. 销售毛利率=1-变动成本率

B. 销售毛利率=1-销售成本率

C. 销售毛利率=1-成本费用率

D. 销售毛利率=1-销售利润率

二、多项选择题

1. 某公司当年的税后利润很多,却不能偿还到期债务。为查清其原因,应检查的财务比率包括(　　)。

A. 资产负债率 B. 流动比率

C. 存货周转率 D. 应收账款周转率

E. 已获利息倍数

2. 下列关于资产负债率的叙述中,正确的有(　　)。

A. 资产负债率是负债总额与资产总额的比值

B. 资产负债率是产权比率的倒数

C. 对债权人来说,资产负债率越低越好

D. 对经营者来说,资产负债率应控制在适度的水平

E. 对股东来说,资产负债率越高越好

3. 下列各项中,影响资产周转率的因素有(　　)。

A. 企业所处行业及其经营背景 B. 企业经营周期的长短

C. 企业的资产构成及其质量 D. 资产的管理力度

E. 企业采用的财务政策

4. 杜邦分析中影响净资产收益率的指标有(　　)。

A. 流动比率 B. 销售净利率

C. 总资产周转率 D. 权益乘数

5. 如果某公司的资产负债率为60%,则可以推算出(　　)。

A. 全部负债占资产的比重为60%

B. 产权比率为1.5

C. 所有者权益占资金来源的比例少于一半

D. 在资金来源构成中,负债占60%,所有者权益占40%

E. 负债与所有者权益的比率为66.67%

三、判断题

1. 在评价企业长期偿债能力时,不必考虑经营租赁对长期偿债能力的影响。(　　)

2. 计算任何一项资产的周转率时,其周转额均为营业收入。(　　)

3. 为准确计算应收账款的周转效率,其周转额应使用赊销金额。(　　)

4. 资产的运用效率也会受到资产质量的影响。(　　)

5. 经营杠杆系数为基期贡献毛益与基期营业利润之比。(　　)

6. 长期资本是企业全部借款与所有者权益的合计。(　　)

7. 依据杜邦分析原理,在其他因素不变的情况下,提高权益乘数,将提高净资产收益率。(　　)

8. 营业周期越短,资产流动性越强,资产周转相对越快。(　　)

9. 企业负债比率越高,财务杠杆系数越大,财务风险越小。(　　)

10. 杜邦财务分析体系是指根据各主要财务比率指标之间的内在联系,建立财务分析指标体系,综合分析企业财务状况的方法。(　　)

四、计算分析题

1. 某公司 2013 年资产负债表如表 9-35 所示。

表 9-35　　资产负债表

2013 年 12 月 31 日

单位:万元

资产	金额	负债与所有者权益	金额
现金	30	应付票据	25
应收账款	60	应付账款	55
存货	80	应付工资	10
其他流动资产	30	长期借款	100
固定资产净额	300	实收资本	250
		未分配利润	60
总计	500	总计	500

该公司 2013 年度销售收入为 1 500 万元,净利润为 75 万元。

要求:

(1) 计算销售净利率。

(2) 计算总资产周转率。

(3) 计算权益乘数。

(4) 计算资本金利润率(有关平均数用期末数代替)。

2. 大明公司 2013 年度的流动比率为 2,速动比率为 1,现金与短期有价证券占流动负债的比率为 0.5,流动负债为 2 000 万元,该企业流动资产只有现金、短期有价证券、应收账款和存货四个项目。

要求:计算存货和应收账款的金额。

3. 振华股份有限公司的有关资料如下:

营业收入 756 万元　　净利润 30 万元

营业利润 52 万元　　财务费用 14 万元

利润总额 46 万元　　资产平均总额 460 万元

要求:计算营业利润率、销售净利率、总资产利润率。

4. 某企业 2013 年简化的资产负债表和利润表如表 9-36、表 9-37 所示。

表 9-36　　资产负债表　　单位:元

资　产	年末数	年初数	负债和股东权益	年末数	年初数
货币资金	2 400 000	815 435	流动负债	1 000 000	1 479 625
交易性金融资产	53 000	15 000	非流动负债	683 000	11 600 000
应收票据	246 000	46 000	负债合计	1 683 000	13 079 625
应收账款	499 100	598 200	实收资本	20 000 000	6 551 000
其他应收款	5 000	5 000	资本公积	4 000 000	4 000 000
预付账款	100 000	85 000	盈余公积	1 200 000	131 185
存货	3 680 000	2 484 700	未分配利润	100 100	287 525
流动资产合计	6 983 100	4 049 335	股东权益合计	25 300 100	10 969 710
非流动资产合计	20 000 000	20 000 000			
资产总计	26 983 100	24 049 335	负债和股东权益总计	26 983 100	24 049 335

表 9-37　　利　润　表　　单位:元

项目	金额
一、营业收入	12 500 000
减:营业成本	7 500 000
营业税金及附加	20 000
销售费用	200 000
管理费用	1 580 000
财务费用	415 000
加:投资收益	315 000
二、营业利润	3 100 000
加:营业外收入	500 000
减:营业外支出	497 000
三、利润总额	3 103 000
减:所得税费用	1 023 990
四、净利润	2 079 010

要求:计算净资产收益率,并绘制杜邦体系图。

5. 收集任意一家上市公司 2014 年度年报,撰写该年财务分析报告。

参考文献

1. 王娜. 财务报表分析［M］. 北京:中国人民大学出版社,2013.
2. 张学慧. 会计报表分析［M］. 北京:清华大学出版社,2012.
3. 宋娟. 财务报表分析从入门到精通［M］. 北京:机械工业出版社,2010.
4. 刘玉梅. 财务分析［M］. 大连:大连出版社,2010.
5. 张远录. 会计报表分析［M］. 北京:机械工业出版社,2008.
6. 刘凌冰. 会计报表阅读与分析［M］. 大连:东北财经大学出版社,2010.
7. 朱学军. 公司财务分析［M］. 北京:清华大学出版社,2008.
8. 侯艳蕾. 财务报表分析［M］. 北京:中国金融出版社,2008.
9. 王振华,钟怀振. 财务报表分析与应用［M］. 北京:中国财政经济出版社,2009.
10. 曹军. 财务报表分析［M］. 2 版. 北京:高等教育出版社,2014.
11. 张新民,钱爱民. 财务报表分析［M］. 2 版. 北京:清华大学出版社,2011.
12. 曹冈. 财务报表分析［M］. 北京:中央广播电视大学出版社,2002.
13. 张新民. 从报表看企业:数字背后的秘密［M］. 北京: 中国人民大学出版社, 2012.
14. 崔宏. 财务报表阅读与信贷分析实务［M］. 北京:机械工业出版社, 2011.
15. 穆林娟. 零基础财务报表分析［M］. 北京: 机械工业出版社, 2011.
16. 姚文英. 财务报表分析［M］. 大连:东北财经大学出版社, 2013.
17. 立金银行培训中心教材编写组. 银行客户经理财务报表分析培训［M］. 北京: 中国经济出版社,2012.
18. 阮永平. 上市公司财务报表解读—新会计准则下投资价值挖掘视角［M］. 上海:华东理工大学出版社,2010.
19. 于丽荣 . 彭毅林. 财务报表分析［M］. 北京:经济科学出版社,2011.